今、資源に迫っている危機

資源・食糧問題研究所 代表
元 丸紅経済研究所 代表
柴田明夫

資源に何が
起きているか?
2013-14
最新版

TAC出版

はじめに

ものごとの変化には予兆がある。資源市場での予兆はまず価格の上昇となって表れる。

今世紀に入って、ビジネスに直結する原料・資源をはじめ、我々のくらしに不可欠な食料品まで、あらゆる分野で価格の高騰や資源の枯渇が叫ばれるようになった。

30年以上にわたり資源市場・商品市場の分析を行ってきた立場として、そのような状況に対する危機感と、人々の注目度の高まりを日々感じているところではあるが、一方で「そもそも資源（あるいは資源マーケット）とは何か?」「なぜ、資源が危機にあるのか?」を根本的なところから平易に解説したものは、あまり目にすることがない。

本書はそういった現状にわずかでも役立てばとの想いから執筆するに至っている。

特に、2011年に本書の前版を上梓した直後に起こった東日本大震災と原発事故後の日本のエネルギー問題や、最近米国で急速に進展しているシェールガス革命の影響をどうみるかについても筆者の考え方を加え、データを含め大幅に加筆修正した。

本書では、前半で資源や資源マーケットの基本的な知識に触れつつ、後半には個別資源の現況を、さまざまな資料を用いながら解説した。エネルギー関連資源、水・食料、産業に関係する鉱物資源と、一般的な分野は網羅されていることと思う。

執筆していて改めて実感したのは、あらゆる事象が繋がり始め、ひとつの臨界点に向かいつつある時代にいるということだ。

中国をはじめとする新興国の経済成長に伴う資源枯渇と地球温暖化の進行。モノとカネのグローバルな移動、常態化する異常気象と食料問題。中東市場では、「アラブの春」（反政府運動）が着実に拡散・浸透しつつある一方、イランの核開発問題を巡りイスラエルと緊張が高まっている。中国の新体制の行方も先は見えない。

そんな不確実な時代にあって自分なりの価値判断を行うためには、まずは「知る」ことが重要であろう。そのためにもぜひ、本書をお読み頂ければ幸いである。

２０１３年2月

柴田　明夫

※本書は、２０１１年発行の『資源に何が起きているか？』を最新情報にもとづき内容を一新し、新たな書名を付したものです。

今、資源に迫っている危機

CONTENTS

第1章
「資源争奪戦」の時代をとらえる
―そのポイントと現況

CHAPTER 1

1-1 そもそも資源とは？　エネルギーとは何か？ 026
1-2 枯渇も囁かれている資源の価格はどうなる？ 030
1-3 経済成長と資源の需給はどう関係しているか？ 034
1-4 新興国の資源需要が理解できる「需要強度」とは？ 039
1-5 資源価格はなぜ大きく変動するのか？ 042
1-6 リスクヘッジとしての資源相場 046
1-7 コモディティ市場の規模とヘッジファンド 051
1-8 あらゆる資源の価格曲線が一致する？ 055
1-9 なぜ資源価格が高まっているか？ 060
1-10 新興国の台頭で資源需要に大きな変化が!? 064

第2章 資源の鍵を握る国「中国」と産出国

―日本と世界へ与えるインパクトとは？

2―1 成長しているが故に新たな課題を抱え込む中国 068
2―2 人民元切り上げは中国にとって諸刃の剣 071
2―3 中国政治体制の混乱が景気減速とコモディティ価格への重圧となった 075
2―4 地球規模で見られる欧米資本排斥の動きとは？ 078
2―5 資源輸出国を取り巻く状況の過去と現在の相違 082
2―6 EUの「拡大と深化」から見るグローバル化と地域統合 087
2―7 アジア通貨危機を契機に地域統合に向け覚醒したASEAN 093

CHAPTER 2

第3章

原発事故とシェール革命の影響は？

―エネルギー資源の最新状況と未来への動き

3-1 石油・ガス① シェールガス革命をどう見るか　なぜ起きたのか？ 098
3-2 石油・ガス② 変動激しい価格は今後どう推移していくか？ 106
3-3 ウラン 原子力か再生可能エネルギーか　フクシマ原発事故の世界への影響 112
3-4 再生可能エネルギー 太陽系エネルギー社会の構築に向けて　無限の可能性をもつエネルギー 117

CHAPTER 3

第4章

爆発する需要！人類生存に直結する水・食料資源

4-1 水・食料資源概説① 「水問題はすべてに通ず」 122
4-2 水・食料資源概説② 食料市場で懸念されている問題点とは？ 133
4-3 水・食料資源概説③ 巨大企業が続々登場　水ビジネスの現在と近未来 139
4-4 穀物概説① 史上最高値を更新した穀物価格 148
4-5 穀物概説② 飼料需要を超えた米国のエタノール　トウモロコシ価格とエタノール 155

4-6 **穀物概説③** ブラジルのバイオエタノール　その食糧戦略はどう変化する？ 158
4-7 **トウモロコシ** 生産国でも輸入を開始　急速に進む消費拡大 167
4-8 **砂糖** 現在は需給安定も市場規模の拡大トレンドは続く 173
4-9 **コーヒー** 意外と知られていない「政治商品」 176
4-10 **水産資源** 世界のシーフード・ブームと水産資源枯渇問題 180
4-11 **章まとめ＆今後①** 食料安全保障と主要国の農業政策 185
4-12 **章まとめ＆今後②** 食糧危機にどう備えるか　国内資源のフル活用を図れ 189

CHAPTER 4

CHAPTER 5

第5章 産業に与える影響は？

──採掘資源の現在と未来を考える

5－1 金属の分類・特性 経済情勢とリンクする鉱物価格も均衡点は上昇 196
5－2 鉄鉱石・石炭 一段とプレゼンスを高める中国の鉄鋼業 200
5－3 ベースメタル① 【銅、亜鉛】 中国を中心とした消費拡大で1万ドルの大台を突破 206
5－4 ベースメタル② 【アルミニウム】 供給過剰は解消され、需給はバランスに向かう 210
5－5 レアメタル① そもそもレアメタルとは何か？ 215
5－6 レアメタル② 日本の調達戦略はどうなっていく？ 222
5－7 レアメタル③ 自国に偏在する中 輸出を抑制する中国 225

ブックデザイン・図版作成
Malpu Design（渡邉雄哉）

第2章

2-1	中国 第12次5ヵ年規画の主な内容と影響	069
2-2	中国の経済成長と人民元	074
2-3	中国共産党の新指導部（2012.11.8 第18回党大会）	077
2-4	中国の国家資源戦略の枠組み	079
2-5	新・資源ナショナリズムの高まり	081
2-6	主な国の輸出上位3品目の金額＆シェア（2009年）	083
2-7	一次産品価格指数/工業製品輸入価格	085
2-8	次々と結ばれた国際商品協定	086
2-9	EU統合の歴史	089
2-10	新・旧地域統合（FTA）の比較	091
2-11	TPPの作業部会と21交渉分野	092
2-12	東アジア経済協力・経済統合に向けた経緯	096

第3章

3-1	シェール革命の影響（2013）	099
3-2	資源（化石燃料）とは何か	101
3-3	過去の石油危機と日本への影響	103
3-4	日本のLNG輸入状況	105
3-5	WTI原油価格の推移	107
3-6	過去の原油供給中断	109
3-7	OPEC諸国の原油生産の現状	111
3-8	世界全体の原子力発電量（2010.8月時点）	113
3-9	ウラン鉱石の確認埋蔵量	115
3-10	火力発電と原子力発電の違い	116
3-11	再生可能エネルギーの買取価格	118
3-12	日本の風力発電設備能力	120

図版目次

第1章

1-1 資源の可採年数を算出する式 …… 027
1-2 地殻中の資源埋蔵量と累積生産量 …… 029
1-3 資源の累積生産量と品位・価格の関係 …… 031
1-4 ロンドン金属取引所　銅地金相場の推移 …… 033
1-5 世界経済成長率の推移と10年平均成長率 …… 035
1-6 人口大国の「過渡期」の資源需要イメージ …… 037
1-7 原油および穀物価格の推移 …… 038
1-8 コモディティ生産・需要に占める中国の割合 …… 040
1-9 主要国別にみた1人当たり鉄鋼消費量の推移 …… 041
1-10 先進・途上主要国の1人当たりGDPと鉄鋼消費量 …… 041
1-11 資源価格の変動が激しいのはなぜか？ …… 043
1-12 今後は金融恐慌の反動が生じる？ …… 045
1-13 派生し続けるフロンティア …… 047
1-14 オルタナティブ投資の基本的な考え方 …… 053
1-15 アメリカのファンド規模 …… 054
1-16 一般炭（豪州）価格の長期推移 …… 057
1-17 世界および中国の粗鋼生産 …… 057
1-18 産業革命とエネルギー消費 …… 059
1-19 一般物価（先進国CPI）と一次産品価格指数 …… 061
1-20 太陽系エネルギーに依る21世紀型成長へ …… 063
1-21 中国の30年以上に及ぶ成長 …… 065

4-27　魚介類の1人当たり消費量（2003 ～ 05年平均）…… 184
4-28　穀物の自給力とは？ ～いかに「溜め」をつくるか～ …… 186
4-29　諸外国と日本の食料自給率（カロリーベース）…… 188
4-30　主要国の食糧生産比較 …… 191
4-31　日本が追求してきた「3つの安定」が脅かされる …… 191
4-32　大豆・穀物のさまざまな用途 …… 193

第5章

5-1　金属の分類 …… 197
5-2　需要強度と技術革新 …… 199
5-3　中国の鉄鉱石輸入推移 …… 201
5-4　中国の石炭需要見通し（炭種別）…… 203
5-5　中国の鋼材輸出入の推移 …… 203
5-6　中国の鉄鋼メーカーと粗鋼生産量 …… 205
5-7　ロンドン金属取引所　銅価格の推移 …… 207
5-8　世界銅需給予測 …… 207
5-9　中国の固定資産投資額と伸び率 …… 209
5-10　世界のアルミ新地金・消費見通し …… 211
5-11　世界アルミ地金需給ギャップ（生産 - 消費）の推移 …… 213
5-12　ロンドン・アルミ価格 …… 214
5-13　元素表に見るレアメタルと機能・用途 …… 221
5-14　主要金属の価格指数推移 …… 223
5-15　産業競争力の向上に不可欠なレアメタル …… 223
5-16　資源の囲い込み政策を進める中国 …… 227
5-17　世界の金需給の推移 …… 229
5-18　主要国の金準備高の推移 …… 231
5-19　ニューヨーク金相場とWTI原油価格の比較 …… 233
5-20　金/原油の比価 …… 233
5-21　インフレ＆リスクヘッジ商品として注目される金 …… 234
5-22　銀価格・白金価格と金価格の比価 …… 227

第4章

4-1　ごくわずかしかない利用可能水 …… 123
4-2　人口推移と共に増大する水使用量 …… 125
4-3　世界の水市場規模 …… 129
4-4　非在来型ガス・オイル賦存概念図 …… 131
4-5　世界の穀物生産量・消費量および期末在庫率の推移 …… 134
4-6　世界の穀物生産・耕地面積・単収の推移 …… 136
4-7　主要農・畜産物1kgの生産に必要な水量 …… 138
4-8　水ビジネスの経済発展段階における事業分野 …… 141
4-9　シカゴ穀物相場の推移と異常気象 …… 149
4-10　世界の穀物需給および在庫率 …… 151
4-11　米国の輸出およびエタノール向けトウモロコシ需要 …… 157
4-12　トウモロコシ／原油価格から見たエタノール工場の採算ライン …… 157
4-13　世界のバイオ燃料生産量（石油換算万トン） …… 159
4-14　ブラジルのエタノール生産と貿易量 …… 161
4-15　ブラジルの自動車保有台数 …… 163
4-16　原料別バイオエタノール収量 …… 165
4-17　世界の砂糖の需給動向 …… 166
4-18　中国のトウモロコシ輸出入 …… 169
4-19　中国のトウモロコシ生産と消費量 …… 169
4-20　輸入量を増し続ける中国の大豆 …… 171
4-21　世界の穀物在庫における中国の占有率 …… 172
4-22　ニューヨーク砂糖相場の推移 …… 175
4-23　世界の砂糖需給 …… 175
4-24　NYコーヒー相場価格（期近）の推移 …… 177
4-25　ブラジルのコーヒー生産量とNY相場（期近） …… 179
4-26　中国の水産品生産量 …… 181

プロローグ 「安い資源時代」の終焉

「資源に何が起きているか？」を始めるにあたって、まずひとつのグラフを示したい。おなじみのY＝2^xという指数関数である。なぜこのホッケースティック型（棒状のスポーツ用具型）のグラフをご覧頂いたのか。実は、今世紀に入って、我々を取り巻く至るところで、このような形状のグラフが見られるようになってきているためだ。

我々が戸惑いを覚えるのは、このグラフの延長線上を描くことができないことだ。生物学者がこのグラフを見れば「これは危ないグラフで、滅びの前兆だ」と言うだろう。なぜなら閉じた空間の中でバクテリアなどの生物の個体数がこのような増え方をすれば、ある臨界点を境に生物の崩壊が始まり、個体数が激減するためだ。

当然、これは資源・エネルギー市場に大きな関わりを持っており、地球環境問題にも大きな影響を及ぼすようになっている。世界の人口増加のグラフもこのようなグラフであり、中国のGDPの推移などを見ても、まさにこの指数関数的な伸びをしているのがわかる。当然、食糧の需要（なお本書では、穀物を中心とした主要食物については食糧、それ以外を含めた食物全般を指す場合には食料としている）や、鉱物資源――すなわち鉄鉱石、石炭、あるいは非鉄――の需要もこのような伸びをしてきている。

地球温暖化（グローバル・ウォーミング）という点でも、産業革命直前からの地球の平均気温の推移を見ると、このようなホッケースティック型の上昇をしている。

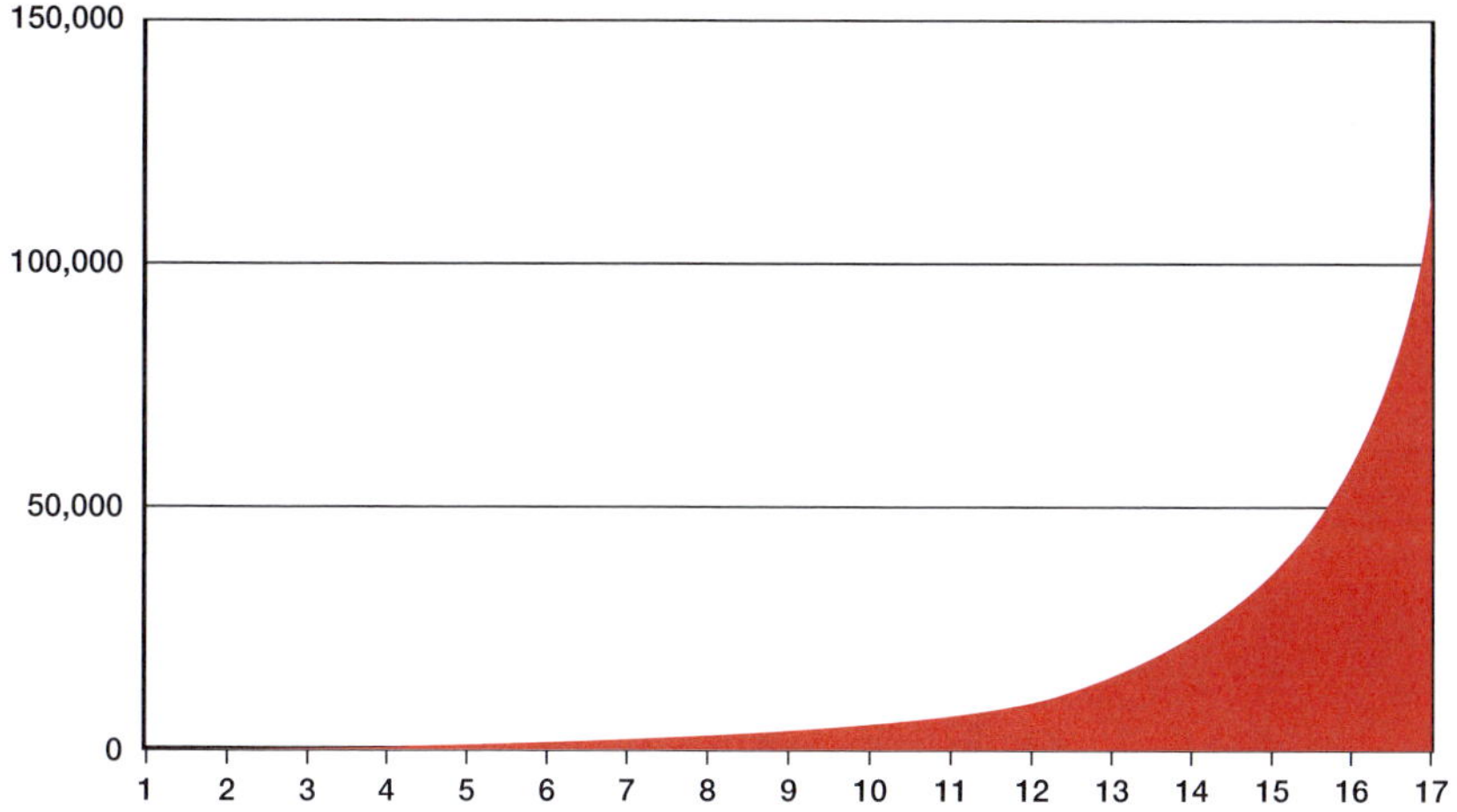
150,000
100,000
50,000
0
1
2
3
4
5
6
7
8
9
10
11
12
13
14
15
16
17

こうした形状のグラフは資源市場にどのような影響を及ぼしているのだろうか。原油をはじめとする鉄鉱石・石炭といった資源価格は、１９９０年台までと比べると、近頃では一段と高騰している。筆者は、これは単なる投機マネーによる一時的な上昇ではなく、価格水準が切り上がる均衡点価格の変化であると捉えている。安い資源時代が終わって、新しい資源価格を模索する時代に入ったということである。

その影響が鮮明になったのが、リーマン・ショック後の世界だ。２００８年９月15日のリーマン・ショックに関しては、幸い主要国が「１００年に一度の危機」との認識を共有し、積極的な財政・金融政策を打ったことから、世界経済は危機を乗り切り、２００９年後半には予想以上のペースで回復傾向に向かった。

その際はっきりしたことは、グローバリゼーションが一段と進む中で世界経済を牽引する力が、中国、インドなどの新興国に移り、いわゆるパワーシフトが鮮明になったことである。パワーシフトは、例えば原油のドル建てによる取引を見直すような動きや、中国、インドなどが外貨準備をドルではなく、金準備に置き換えるといった動きからも見てとれる。90年台まで、世界的な課題はG7（グループオブセブン）などの先進国間の首脳会議で決まったが、いまやG20あるいはGゼロの世界となった。

90年代までは先進国が世界経済をほぼ牛耳って、資源を独占して使っていられた時代といえる。しかし2000年代に入ると、新興国が新たなプレイヤーとして登場した。人口が8億の先進国に対し、人口30億のBRICs（ブラジル、ロシア、インド、チャイナ）が加わってきて、年率10％近い成長を続けるようになった。その成長の中身は工業化である。すなわち、GDPに占める製造業の比率が高まり、自動車や家電などの耐久消費財が急速に普及し、高速道路・高速鉄道・港湾・空港・発電所などの社会インフラが急ピッチで整備される。国民は急速に豊かになり食糧などの消費も拡大する。この結果、まさに資源の需要が一気に拡大するようになった。

それが何をもたらすかというと、「資源の枯渇の問題」と「地球温暖化」という2つの危機である。この2つの危機が、時間の流れのように後戻りすることなく確実に進み始めたのである。

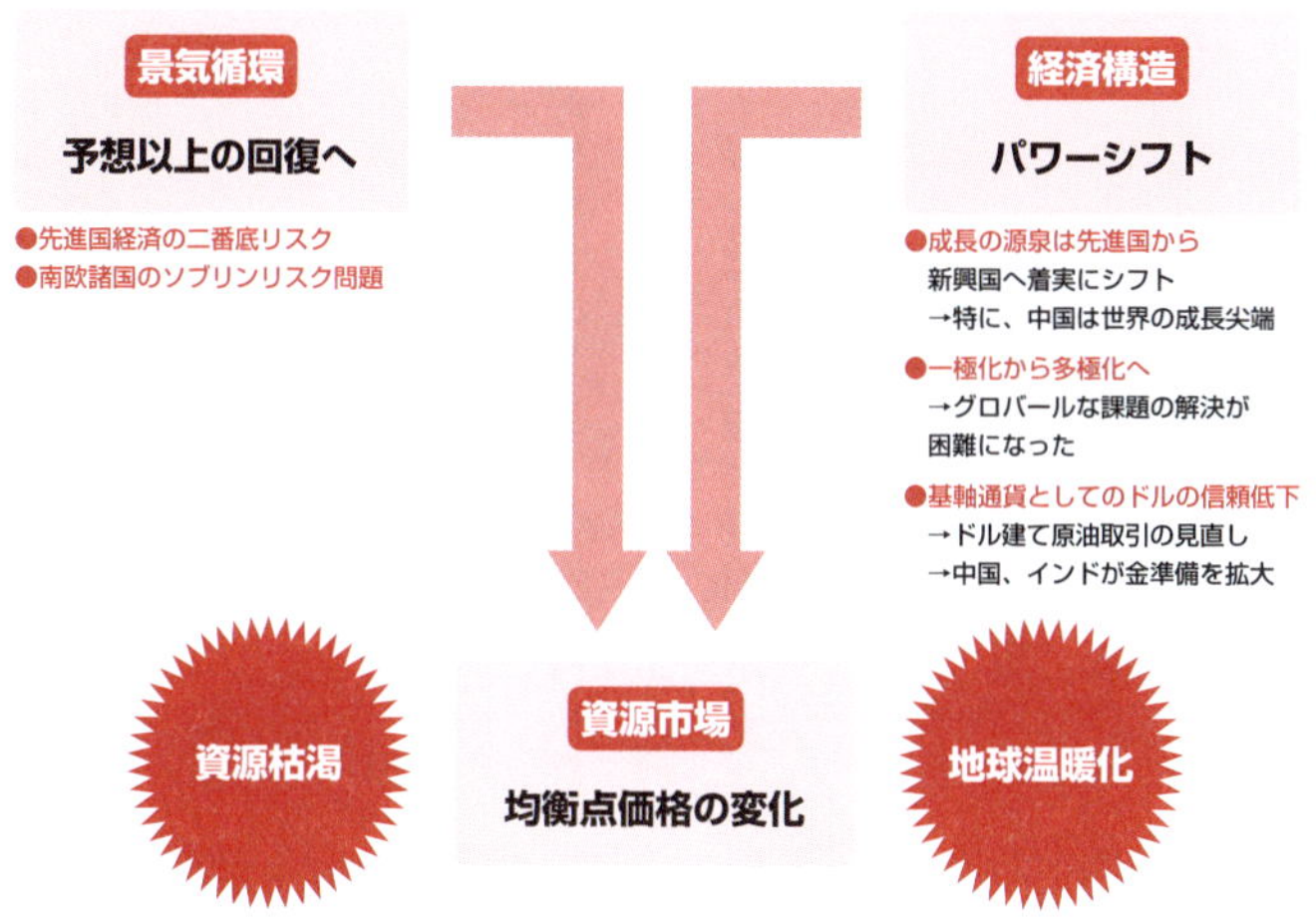
景気循環
予想以上の回復へ
●先進国経済の二番底リスク
●南欧諸国のソブリンリスク問題
経済構造
パワーシフト
●成長の源泉は先進国から
新興国へ着実にシフト
→特に、中国は世界の成長尖端
●一極化から多極化へ
→グロバールな課題の解決が
困難になった
●基軸通貨としてのドルの信頼低下
→ドル建て原油取引の見直し
→中国、インドが金準備を拡大
資源枯渇
資源市場
均衡点価格の変化
地球温暖化

こうした工業化に伴う資源需要の急拡大は、少なくとも中国が1人当たりGDPで1万ドルを超える先進国に至るまでの過渡期の現象といえよう。しかし、人口13億で1人当たりGDPも5400ドル（2011年）の中国が先進国になるのは、まだ10年はかかる話である。

この新興国の経済成長とパワーシフトの2つの影響がより先鋭的に表れているのが資源市場であり、その表れ方が、単なる価格の上昇ではなく、「均衡点価格の変化」ということである。すなわち、リーマン・ショックによる躓きはあったものの、2000年台に入ってからの世界経済は、景気循環面での景気回復、経済構造におけるパワーシフト、資源市場における均衡点価格の変化という3つの潮流によって形づけられる世界となる。

「資源が枯渇する」というと、いや、技術革新でいくらでも資源は出てくる（あるいは生み出せる）という見方もある。実際、この1、2年、米国ではシェールガス、シェールオイル革命が急進展しているではないか。しかし、これは原油価格の水準が90年台と比べて4～5倍に上昇したからこそ起こった動きである。仮に、原油価格が急落すれば革命はたちまち頓挫してしまうだろう。

この意味では、筆者がいう資源とは、あくまでも濃縮されて経済的な場所にまとまってある有用な天然物のことだ。原油で言えば中東などの在来型の陸上油田である。これらは生産コストが安い。だが、このような優良な資源はもう埋蔵量が確認され、生産埋蔵量の半分ぐらいが掘られているという状況で、枯渇の問題が出ている。このため、濃縮されていない資源や経済的な場所にない資源、例えば深海油田やシェールオイルなどの非在来型油田の開発まで総動員しないと拡大する需要に追いつかない。しかし、そこまで総動員させると、環境を悪化させかねないというジレンマにぶつかる。

こうした状況下、多くの分野でこの指数関数的な変化が始まっている。以前は資源といえば、その希少性が問題であった。希少な資源をいかに確保するかということだ。

しかし、最近では資源の希少性の問題ばかりではなく、これまで我々が希少性の問題とは縁がなかった食糧や水、温暖な気候、あるいは多様な生物・植物なども、新たに希少性の問題を抱えだしたのだ。それが、21世紀の非常に悩ましい問題になりつつある。

さらに、原油や鉱物資源など個別の市場では、限られた資源を巡る「資源ナショナリズム」の動きが強まっている。

資源ナショナリズムとは、資源国が自国の資源を囲い込む動きである。中国は資源大国ではあるが、人口で割ると1人当たりでは資源小国であって、今後少なくとも10年にわたって高い成長を続けていくために必要な資源が足りない。そこで成長に必要な資源を海外に求めていくという、新・資源ナショナリズムの動きもみられる。

それは同時に、環境負荷を増大させる動きでもある。環境への影響については、「ギガトンの氾濫」——10億トンを超えるマクロレベルでの環境への影響——と、「ピコグラムの反乱」——1兆分の1グラムというミクロのレベルでの影響——がある。

これは独立行政法人 物質・材料研究機構エコマテリアル研究センター長の原田幸明氏の言葉だが、要するにここにきて環境ホルモンの問題や新しい物質による問題が顕著になっているのだ。これら2つの反乱と、どのように折り合いをつけていくのかが課題になってきている。

結局、何が起こって、我々はどこに向かっているのか。最近の資源価格の高騰は、資源の枯渇の問題と地球の温暖化という、2つの危機が不可逆的な動きで進み出していることを意味し、市場からの「早くなんとかしなさい」というメッセージが、資源の均衡点価格の変化となって表れているといえよう。

この一方で、太陽発電、電気自動車、二次電池、スマートグリッドなどの市場への投資も非常に活発化してきている。筆者は、これは20世紀までの地下系の資源に頼って成長してきた成長モデルに限界が見えてきて、太陽系のエネルギーを取り入れた新しい成長のモデルを模索する動きであると見ている。

資源価格の高騰は、企業の経営者にとってはコストアップではあるが、資源の枯渇と地球温暖化の2つの危機を考えてみれば、太陽系エネルギー社会に向かうための技術革新＝イノベーションを群発させる大きな機会になる。その結果、資源を核にした21世紀型の新しい産業、新しい市場が誕生する時代でもあると思っている。

環境分野、太陽系エネルギー分野で日本は優位性を持っている。こういった分野で日本が再び成長する可能性は高い。今までは成長と環境はトレード・オフの関係にあったが、これからは環境で成長するという視点の転換が必要である。

そのような中で気になる動きは、太陽系エネルギー市場で新たな資源争奪戦が起こっていることだ。特に、中国のレアアースの輸出規制問題は、これから起こるであろう、さまざまな資源争奪戦の動きを先取りしたような感もある。また、最近のシェールガス革命の広がりは、石油に比べ、熱量当たりのCO_2発生量は少ないものの、その資源量の膨大さを考慮すると、世界が再び大量の化石燃料に依存し、地球温暖化を加速させかねないという危惧もある。これらの問題や課題に日本はどう対応したらよいのだろう。

本書は、このような点をひとつひとつグラフやデータで読者と確認していき、我々に与えられた課題を確認していく役割を果たすことであろう。

第1章

「資源争奪戦」の時代をとらえる —そのポイントと現況

CHAPTER 1-1

そもそも資源とは？ エネルギーとは何か？

……………歴史上、形成された「濃縮され大量にある有用な自然物」

WHAT HAS OCCURRED TO THE RESOURCE?

わずか数百年の使用で枯渇しつつある資源

資源とは何だろうか。一般には人類の生活に必要なエネルギー、鉱物および食糧などの自然物を指すだろう。

物理学的にエネルギーを定義した場合には「仕事をする能力」ということになる。具体的には動力、熱、光、音などであり、これらの能力を引き出すことのできる物質がエネルギー資源ということになる（エネルギー・資源学会編『エネルギー・資源ハンドブック』オーム社）。

ただし、筆者が言う「資源」とは「濃縮されて経済的な場所に大量にある有用な自然物」のことである。なんと言っても「濃縮」がキーポイントである。「濃縮」の意味は、ハチ蜜で例えてみるとわかりやすい。資源とは、「ハチの巣に集められた蜜」のことであり、広く薄く花畑に散らばっている花の蜜は資源ではない。濃縮するのに、労力とコストがかかるためだ。

その資源だが、大きく2つに分類される。ひとつは、鉄、非鉄に石油・ガス、石炭などのエネルギー資源を含めた鉱物系資源である。地球は46億年の歴史の過程で、多くの鉱物系資源を濃縮してきた。

図1-1 **資源の可採年数を算出する式**

鉱物系資源の場合

資源枯渇の程度（可採年数） ＝ 資源埋蔵量（トン） ／ 資源消費量（トン／年）

※鉱物系資源とは？……天然に産出される金属・非金属資源のこと。石油、石炭、天然ガスを含める場合もある。

生物系資源の場合

資源枯渇の程度（可採年数） ＝ 資源埋蔵量（トン） ／ （資源消費量（トン／年） − 資源再生量（トン／年））

※生物系資源とは？……農作物、綿糸など衣料用の生産物、薬品原料など、人間の生活に利用される資源のこと。

石炭や石油、天然ガスなどのエネルギー資源は、有機起源説によると鉱物資源よりずっと新しい。地球上に生命が誕生し、海洋で生息したプランクトンや藻類が進化し、海や地上に植物となって生い茂ったものの遺骸が起源である。それも地球の活動過程で偶然の環境の中でつくられたものだ。掘り出して使えば、その分資源の量は減っていく枯渇性資源なのだ。一般に、資源枯渇の程度は可採年数で表わされ、現在の経済状態（技術や資源価格など）で取り出すことのできる資源埋蔵量を毎年の資源消費量で割った値である（**図1-1上**）。

ちなみに、２０１１年のＢＰ統計によれば、世界の原油の確認埋蔵量は１兆３８３２億バレルである。これに対して年間の生産量（消費量）が約３００億バレル（日量８２０９万バレル×３６５日）だから、原油の可採年数は46年となる。

鉱物資源の場合、アメリカ地質調査所（ＵＳＧＳ）によると銅の可採年数は35年、鉛20年、鉄１２１年といった数字となる。ただし、これはあくまでも埋蔵量、消費量ともに現状の数字が将来も続くと見た場合の数字であり、実際に資源が枯渇する年数を示しているわけではない。では、なぜ資源の枯渇が問題になるのか。

資源枯渇が問題になるのは、地球が数億〜数十億年かけて濃縮してきた原油や天然ガス、鉄、銅などの枯渇性資源を、我々人類は18世紀イギリスで始まった産業革命以来、わずか200年の間に使い尽くそうとしているからだ。

自然物でさえも枯渇が囁かれる時代に

もうひとつの資源は、農産物や林産物、水産物のように生物系の再生可能な資源である。

これら資源は採取されても、自然の機能（あるいは栽培や植林、養殖など自然の機能を利用した人為的活動）で、資源は新たに再生される。

したがって、生物系資源の場合、可採年数は、資源埋蔵量を年間の資源消費量から再生量を差し引いた数字で割った数字となる（図1-1下）。しかし、21世紀に入ってからの問題は、再生可能な資源量を上回って消費されるようになったことだ。その結果、いまでは農産物などの再生可能な資源もはや無限の資源ではなくなりつつある。

また、資源には水資源とか、きれいな空気、温暖な気候、多様な生物・植物といったこれまで我々人類が当たり前のように享受してきた自然物がある。しかし、人類の経済活動の結果、最近はこうした自然物までもが希少性、枯渇性の性格を帯びだした。

埋蔵量と同じように着目すべき資源の品位

資源の枯渇問題が急速に深刻化しているとされるのは、鉱物資源である。茨城県つくば市にある産業技術総合研究所によると、これら鉱物資源は2つのグループに分類できる。

第1グループは、埋蔵量が豊富な金属で、需要が急拡大しても向こう50年ほどは枯渇の心配はないとされ

図1-2 地殻中の資源埋蔵量と累積生産量

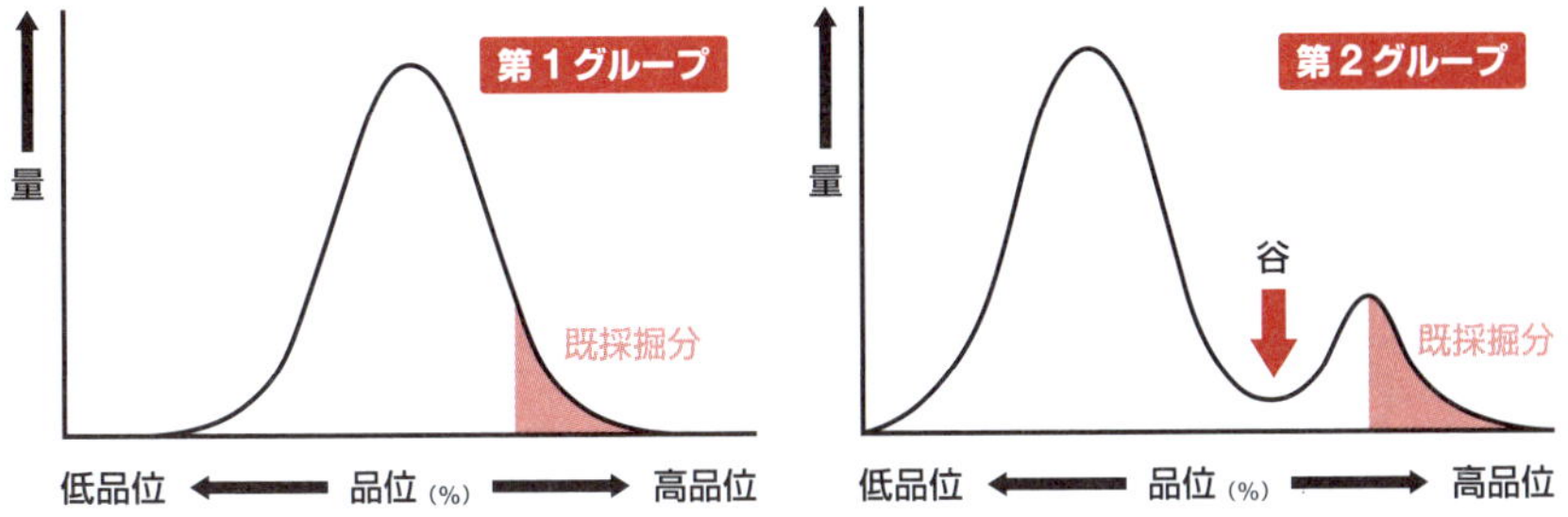

第1グループ

・埋蔵量の豊富な金属の地殻中での分布曲線
　→Fe,Al,Mg,Ti,Mn,Si,Ca…など12元素
・品位を下げれば埋蔵は増加（ただし、コストは上昇）
・ズリ、テーリング（尾鉱）の発生

第2グループ

・埋蔵量の乏しい金属の地殻中の分布曲線
　→Cu,Pb,Zn,Au…など76元素
・極端に品位を下げてはじめて、埋蔵量が急速に増加

る鉄Fe、アルミニウムAl、マグネシウムMg、チタンTi、マンガンMn、シリコンSi、カルシウムCaなどの12元素である。

これらは、品位を下げれば埋蔵量は増加するものの、開発生産コストは上昇する。しかも、ズリ（廃石）、テーリング（有用な鉱物を採取したあとの残りである尾鉱）が大量に発生するために周辺環境を悪化させる。

第2グループは、埋蔵量はそこそこあるものの、需要が急拡大しているため枯渇の心配も生じるようになった重要金属（Critical Mineral）で、銅Cu、鉛Pb、亜鉛Zn、金Au、レアメタルなど76元素がこれにあたる。これら金属は、極端に品位を下げれば埋蔵量が急速に増加するものの、逆に生産コストは急速に上昇する。濃縮されていない資源や、経済的な場所にない資源を開発・生産することになるためだ。

これらの金属の累積生産量と地殻の埋蔵量との関係を描くと、**図1-2**のようなグラフになる。

枯渇も囁かれている資源の価格はどうなる？

……濃縮された資源に枯渇の恐れがある中、価格には上値圧力

WHAT HAS OCCURRED TO THE RESOURCE?

CHAPTER 1-2

12年11月の米大統領選挙では、民主党オバマ大統領が再選されたものの、大型減税の失効と歳出の自動削減が重なる「財政の崖」問題が根強く、国際商品が積極的に買われる状況にはない。

とはいえ、長期的に見れば国際商品に代表される資源価格には上昇圧力が続く可能性が高い。その根拠のひとつは、「資源の枯渇」という問題だ。

資源の埋蔵量は、最近のシェール革命にみるように、価格や技術革新などでいかようにも変化するとの見方は多い。しかし、「濃縮されて経済的な場所にある自然物」は限られる。

調整色が強まるも、長期的に捉えてみて上昇圧力が加わる理由

金、非鉄、原油、穀物、砂糖などの国際商品価格は2011年前半までの上昇から、後半以降下げトレンドに転換し、2012年も調整局面にある。

背景には、①中国の景気減速・資源輸入減少、②ユーロ圏での信用不安の再燃、③米国での二番底懸念などがある。FRB（連邦準備理事会）は9月にQE3（量的緩和第3弾）を実施したものの、強材料出尽くし感からファンド筋の利食い売りの機会となった。

図1-3　資源の累積生産量と品位・価格の関係

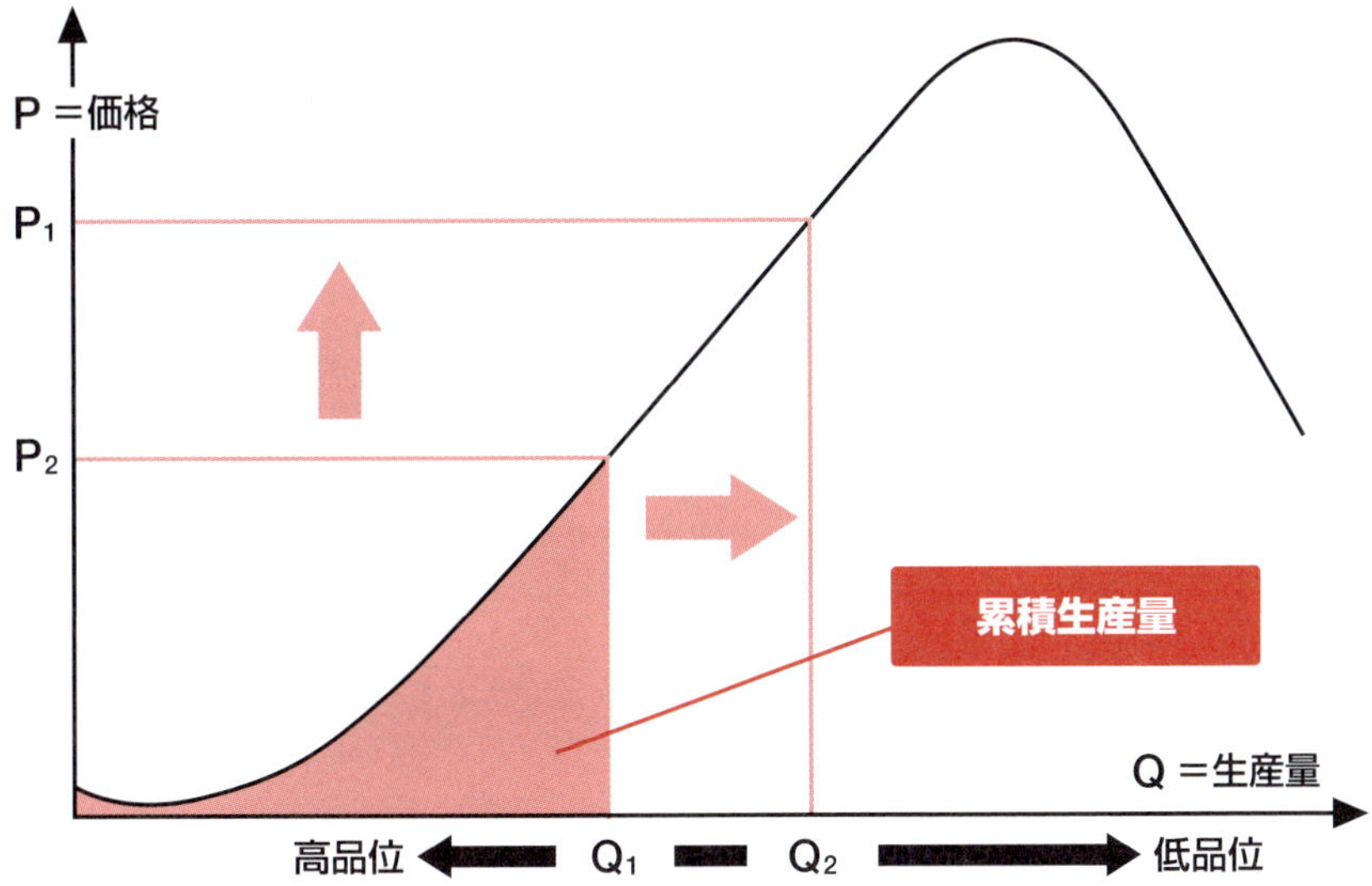
P＝価格
P_1
P_2
累積生産量
Q＝生産量
高品位
Q_1
Q_2
低品位

［出所］筆者作成

濃縮されているために生産コストが安い。その多くは使えば無くなる枯渇性の資源である。

コストのかからない優良な資源の枯渇

問題は21世紀に入ってＢＲＩＣｓなどの人口大国が急速かつ持続的な経済成長過程に入ったことで、産業革命以来、２００年以上にわたって累積的に増大してきた原油、鉄、非鉄、石炭、鉄鉱石などの優良な資源の消費がさらに加速し、枯渇の問題が生じてきたことである。

その結果、コストの安い優良な資源は大半が見つけ尽くされ、枯渇の問題が生じてきた。１人当たりのＧＤＰでみると、中国やインドなど新興国の成長はまだ道半ばで、先進国に至るには少なくとも10年はかかる。

今後、拡大する資源需要に供給が追いつくためには、「濃縮されていない資源」や「経済的な場所にない資源」まで総動員しなければ間に合わない。しかし、これら資源を開発するためにはコストがかかる。言い換えれば、そのための限界生産コストが市場で提示されなければ、新たな開発は進まない。

銅マーケットに見る品位と価格の関係

前ページ**図1-3**は、資源の累積生産量と品位・価格の関係を描いたものである。例えば、銅などの金属鉱物資源の場合、採掘は露天掘りのように高品位の鉱山から始まり、需要の拡大と共に採掘先は徐々に低品位の鉱山に向かう。これに伴って、生産コストは上昇する。世界の需要量が満たされるまで採掘が進み、累積生産量（図では面積部分）も増大する。

この場合、銅地金の市場価格は、最も低品位の限界生産コストをカバーする水準でなければ、需要に見合った開発が進まない。換言すれば、マーケットでの資源価格を決めるものは、最もコストが安い優良鉱山でもなければ、世界の鉱山の平均コストでもなく、最も低品位な鉱山での限界生産コストということになる。

実際、ＬＭＥ（ロンドン金属取引所）銅地金相場は、11年2月に1トン＝10000ドルを突破し、リーマン・ショック前のレベルを抜いて史上最高値を付けた。リーマン・ショック直後の08年12月には一時3000ドルを割り込んだが、すでに当時の安値から3倍を優に越している。この背景には需給逼迫《ひっぱく》がある。

ＪＰモルガンの「GlobalCommodityResearch」（2010.7）によると、世界の銅地金需要は、05年の1690万トンから10年には1870万トンに拡大し、11年は1970万トンとなる見通しだ。一方、この間の鉱山生産量は1230万トンから1260万トン、1299万トンと、1200万トン台で止まり、不足分は市中からのリサイクルで賄う形となる。

採掘の継続により招かれてしまった品位低下

鉱山生産が伸び悩むのは、鉱石の品位低下によるところが大きい。80年代に発見された鉱石の1トン当たり平均銅品位1・02%に対し、90年代に発見されたも

図1-4　ロンドン金属取引所　銅地金相場の推移

［出所］ロンドン金属取引所（LME）

のは0・52％と半分以下に低下（なお、平均銅品位とは採取した岩石1トン当たり、どれくらいの銅が含まれているかの平均を示した数値である。当然、割合の高いほうが高品位となる）。世界最大の鉱石生産者、チリのコデルコ社の銅品位は、90年の1・34％から08年の0・78％に低下した。

一方、世界の銅消費は、大きく電線と伸銅品に分かれるが、中国を中心に電力インフラなどの電線需要、自動車部品、半導体のリードフレーム（半導体チップを固定し外部配線と接続する部品）、住宅の水栓金具などに急拡大している。

程度の差はあれ、銅地金のケースは、その他資源にも当てはまる資源枯渇問題の典型的な構図である。これに伴う需給ギャップは、限界生産コストの上昇に合わせた市場での価格上昇により、省資源、代替材料、新材料の開発を待つしかない。なお、この場合、高品位の鉱山では超過利潤が発生することになり、いかにその超過利潤を人類のために有効に利用するかは別の課題である。

CHAPTER 1-3

経済成長と資源の需給はどう関係しているか?

……………先進国と新興国の非連動が資源需給に大きな影響を与える

WHAT HAS OCCURRED TO THE RESOURCE?

ペティ＝クラークの法則と経済成長の3段階

経済成長の目的は、国民1人ひとりの所得を増やし、生活水準を向上させることにある。その際、一国の経済発展は国民の所得向上をもたらすと同時に、その国の生産方式、需要構造、雇用関係、貿易構造などの経済構造を変化させる。

こうした経済構造の大規模な転換は、少なくとも経済発展が加速する3つの段階で確認することができる（第一次、二次、三次産業の分類に従って、1人当たり国民所得の変化と産業間の労働移動の関係を説明したものが、「ペティ＝クラークの法則」として知られる）。

第1は、経済発展の初期において農業から工業化に転換する段階である。第2は、伝統的な繊維産業や食品、鉄鋼、化学、機械、自動車産業などの生産拡大を通じて工業化・都市化が加速、高度化する段階である。そして第3は、製造業を中心とする経済発展から経済のサービス化・ソフト化が進む段階である。

これら経済発展の3段階のうち、最も経済成長率が高く資源需要を喚起させるのは第2の工業化が加速、高速化する局面である。

図1-5　世界経済成長率の推移と10年平均成長率

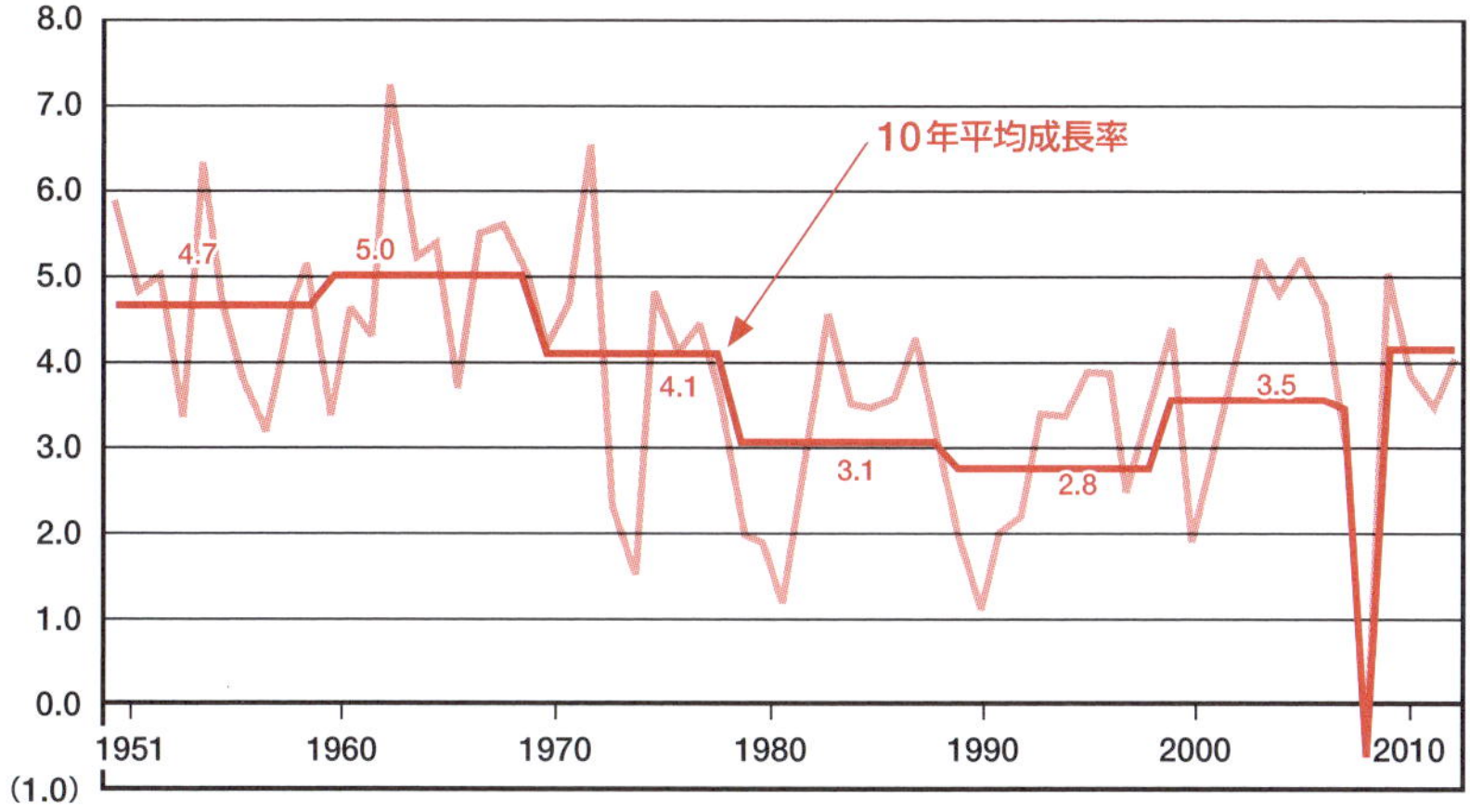

［出所］OECD"The World Economy" より筆者作成

10年ごとに繰り返す5%成長と3%成長

21世紀初頭の世界経済は、どのような発展段階にあるのだろうか。戦後の世界経済成長を10年ごとの平均成長率でみると、5％前後の高成長時代と3％前後の中成長時代に分かれる（**図1-5**）。1950〜60年代にかけて、世界経済は日・欧・米先進国の重厚長大型工業化に牽引される形で年率5％台の成長を続けていた。これを牽引していたのは、日本や旧西ドイツの戦後復興と高度経済成長であった。

1956年の経済白書『日本経済の成長と近代化』で「もはや戦後ではない」と言われたのは、日本経済が終戦から10年経ち、55年にはコメの生産が戦前の900万トンというピークを抜き、粗鋼生産も戦前のピークを超えたことで、日本経済も未知の時代を迎える段階にきたという認識があったためだろう。

この意味では、ゼロからの復興は順調だったけれども、これからは「そうはいかない」というような緊張感もあった。

しかし、結果的には翌57年から73年の第1次オイルショックで成長が止まるまで、日本経済は実質GDPで9％台、名目GDPで16％台で、20年近く成長を続けた。

70年代の石油価格と現在のデカップリング

この間、鉄鋼、石油化学、造船、電力、建設など重厚長大型産業を柱とする成長が続いたことから、資源市場では需要が拡大し、需給は逼迫に向かった。

こうした中、当時の乾き切った資源市場に火を付けたのが1973年の第4次中東戦争であった。

アラブ産油国がイスラエルに荷担するアメリカおよび日本、西側諸国に対して石油の輸出禁止や価格の引き上げを行ったことで、原油価格はそれまでの1バレル（約159リットル）＝2ドル前後から11ドルに上がった。第1次オイルショックである。

79年のイラン革命を契機に第2次オイルショックが起こると、原油は11ドルのレベルから瞬間的には40ドルにまで跳ね上がった。結局、原油価格は70年代に20倍に上昇した。また、73年には世界的な食糧危機も発生した。資源価格が急騰したことで、日本はじめ先進国は塗炭の苦しみの中、省エネ・省資源化を進め、産業構造を高度化させることで対応した。

この結果、世界経済成長は3％台に下方屈折。世界的な資源開発ブームも起こり、80年代に入ると急騰していた資源価格も下落傾向を辿るようになった。ただ、60年代のレベルに戻ることはなかった。資源価格の均衡点が変化したのである。この価格帯は先進国が世界経済を牽引していた90年代まで続いた。

しかし、2000年代に入って中国、インドなどの新興国が工業化による持続的成長を加速させると、世界経済は3％を超えた成長軌道を辿るようになる。04～07年の世界経済の成長率は5％近くになった。

ただ、先進国が年率2～3％成長であるのに対し、新興国は7～8％の成長である。筆者は、これは一時的なものでなく常態化する動きとみている。先進国

図1-6　人口大国の「過渡期」の資源需要イメージ

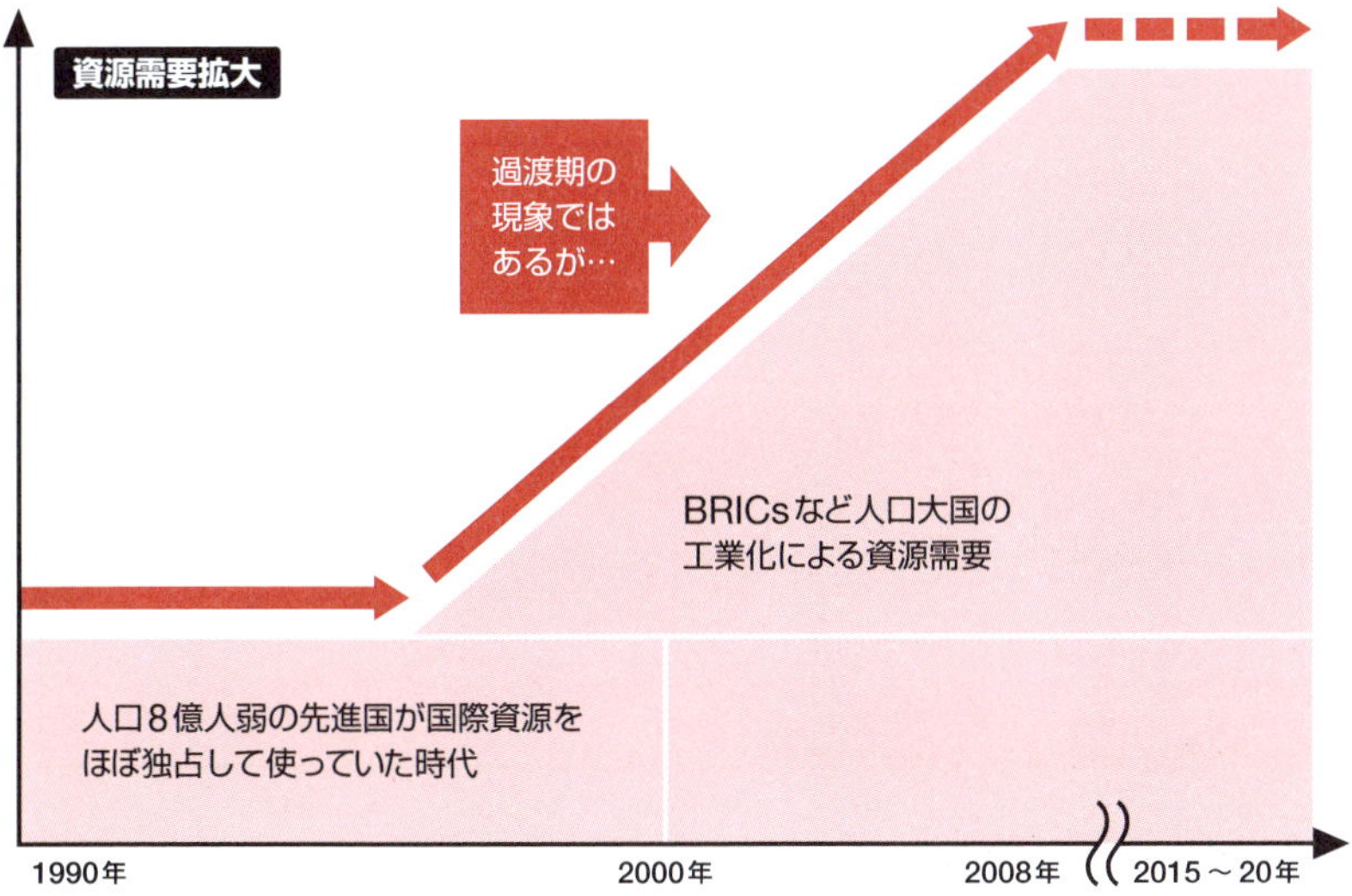
資源需要拡大
過渡期の
現象では
あるが…
BRICsなど人口大国の
工業化による資源需要
人口８億人弱の先進国が国際資源を
ほぼ独占して使っていた時代
1990年
2000年
2008年
2015～20年

［出所］筆者作成

と新興国経済のデカップリング（非連動）である。

このデカップリングの構図は、09年にはリーマン・ショックの影響で一時中断するが、10年以降、世界経済が息を吹き返すと再びみられるようになった。

過渡期にある中国のために押し上げられる資源需要

図1-6は、先述した世界経済における先進国から新興国へのパワーシフトをイメージしたものである。

１９９０年代までは、人口８億弱の先進国が世界経済を牽引し、資源をほぼ独占して使っていた時代である。成熟化した先進国が成長しても新たに資源需要が喚起される状況になく、景気変動に応じて資源需給が変動し、価格がそれに対応するという動きであった。

しかし、２０００年以降はそこに中国、ブラジル、インドなど、人口30億人を擁する新興国の工業化による持続的な成長が加わったことで、資源需要が新たに喚起され、需給が一気に引き締まり価格が上昇した。

こうした需要面からの資源価格の押し上げ圧力は、

図1-7 原油および穀物価格の推移

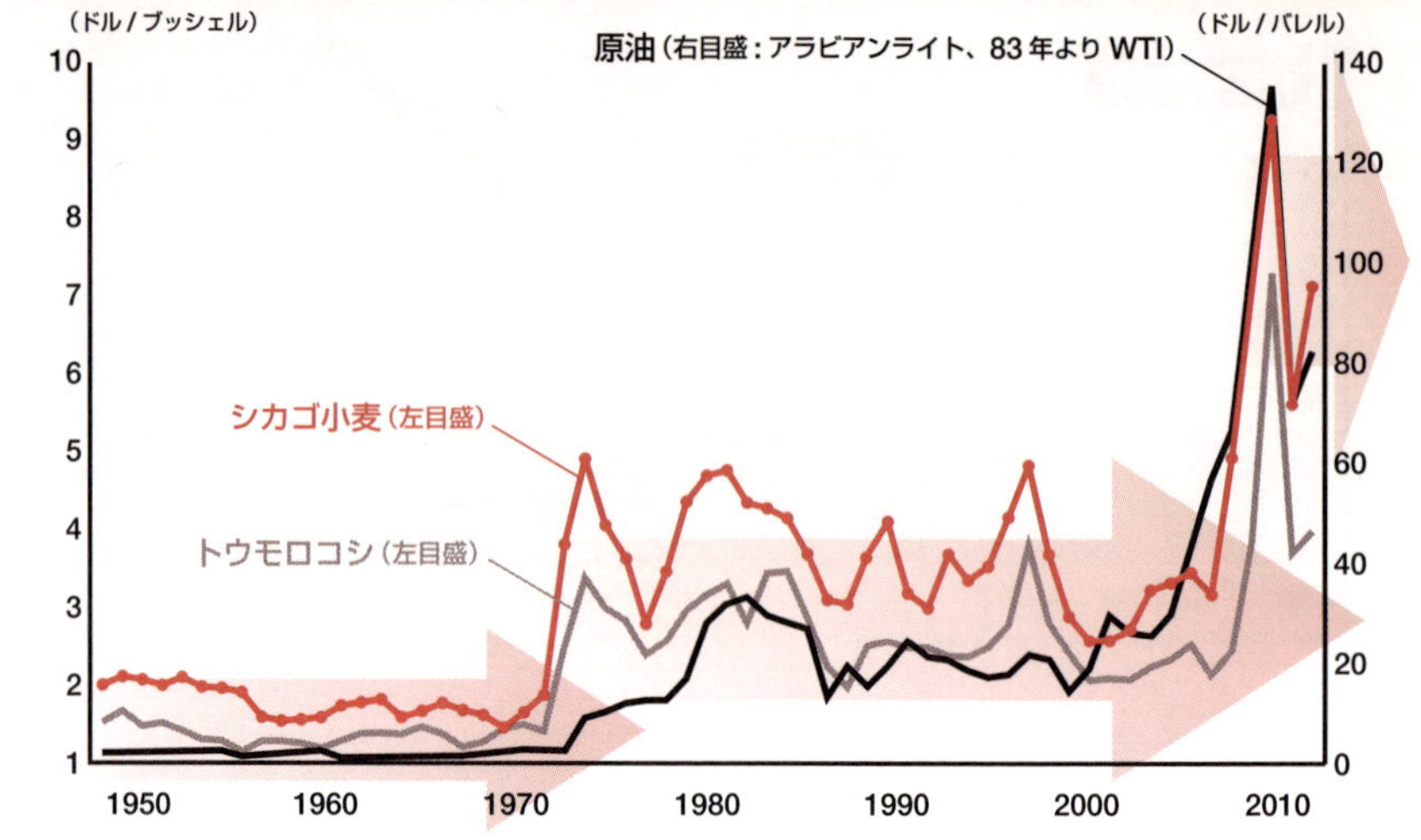
（ドル/ブッシェル）
（ドル/バレル）
原油（右目盛：アラビアンライト、83年よりWTI）
シカゴ小麦（左目盛）
トウモロコシ（左目盛）
10
9
8
7
6
5
4
3
2
1
140
120
100
80
60
40
20
0
1950
1960
1970
1980
1990
2000
2010

［出所］国際通貨基金-国際金融統計（IMF-IFS）資料より筆者作成

少なくとも中国が成熟化し、先進国の仲間入りをするまで継続する公算が大きい。この意味では、ここ数年の資源価格高騰は「過渡期」の現象といえる。

なお、１９７８年の改革開放以降、２０１０年に日本を抜き世界第2位のＧＤＰ大国になるまで、32年にわたり平均10%の成長を続けてきた中国経済は、11年以降減速傾向を強め、12年は7%台に止まった。これをブラジルやインド経済の減速と合わせて「中進国の罠」と言うようになった。

しかし、平均所得水準は依然低く「過渡期」が終わったわけではない。今後中国が7~8%の成長で進むとしても、10年で経済規模が倍になるスピードであり、この間、世界の資源市場では需要面からの価格押し上げ圧力が加わり続ける。

すでに安い資源が枯渇傾向にあり地球温暖化が進んでいる状況では、省エネ・省資源、環境対応によりその進むスピードを緩和させるしかない。そのためには、資源価格が一段と高いレベルに移る必要がある。

新興国の資源需要が理解できる「需要強度」とは？

……実際の資源需要とは別側面でみる物差しに需要強度がある

CHAPTER 1-4

WHAT HAS OCCURRED TO THE RESOURCE?

21世紀になり急伸した中国の資源需要

経済発展に応じて一国の産業構造が農業から工業、サービス産業へと転換し、資源の需要構造も変化する。では、一国の資源需要のインパクトをどのような物差しで捉えたらよいだろうか。

図1-8は世界の資源関連市場における中国の位置づけをみたものである。すでに中国は、２０１０年時点で世界の粗鋼生産14億１４００万トンの44％（6億２７００万トン、11年は6億８３８８万トン）、世界のアルミ新地金、天然ゴム需要のそれぞれ4割弱、大豆の27％、石油の10％を占めている。

しかも、２０００年以降のこれら資源の世界需要の伸びはほぼ、中国の需要の伸びである。にもかかわらず、中国の1人当たり需要は依然として先進国の数分の1なのだ。

歯止めの効かない資源需要に対応が迫られる先進国

1人当たり年間の鉄鋼消費量（２０１１年）は、韓国１１００キロ、日本５００キロに対して、中国は4

図1-8 コモディティ生産・需要に占める中国の割合

年		1995	2000	2003	2004	2005	2009	2010	データ出所
世界粗鋼生産	100万トン	752	847	980	1,035	1,144	1,220	1,414	World Steel Association（世界鉄鋼協会）
うち中国	100万トン	98	126	222	272	353	568	627	
シェア	%	13.0	14.9	22.7	26.3	30.9	46.6	44.3	
世界自動車生産	万台	4,998	5,742	6,221	6,500	6,606	6,053	7,486	マークラインズ
うち中国	万台	150	207	440	500	571	1,379	1,826	
シェア	%	3.0	3.6	7.1	7.7	8.6	22.8	24.4	
世界アルミ新地金需要	万トン	2,000	2,481	2,700	2,820	3,189	3,554	3,757	J.P.Morgan
うち中国	万トン	170	332	500	550	708	1,388	1,544	
シェア	%	8.5	13.4	18.5	19.5	22.2	39.0	41.1	
世界石油需要	万b/d	6,990	7,590	7,810	8,240	8,351	8,408	8,880	BP
うち中国	万b/d	342	498	543	630	698	863	915	
シェア	%	4.9	6.6	7.0	7.6	8.4	10.3	10.3	
世界大豆需要	百万トン	131	161	201	208	215	238	255	USDA（米農務省）
うち中国	百万トン	14	23	39	38	45	59	69	
シェア	%	10.7	14.3	19.4	18.3	20.7	24.8	27.1	
世界天然ゴム需要	万トン	646	729	796	805		955	1,018	IRSG（国際天然ゴム研究会）
うち中国	万トン	84	108	330	350		367	326	
シェア	%	13.0	14.8	41.5	43.5		38.4	32.0	
世界精錬銅需要	万トン				1,702	1,692	1,731	1,953	J.P.Morgan
うち中国	万トン				357	382	652	751	
シェア	%				21.0	22.5	37.7	38.5	

［資料］矢野恒太記念会「世界国勢図絵」2011/12より作成

00キロ台である（**図1-9**参照）。あらゆる資源について同様のことが言えるのだ。

需要強度（Intensity of Use）という言葉がある。経済の発展度合い（1人当たりGDP）と1人当たり資源消費量をグラフに描くと、**図1-10**のような形状になる（鉄鋼を例にしたが、他でも同様だ）。

先進国では、国際市況商品（コモディティ）需要の水準は高いが、経済が成熟化し、成長しても需要は伸びず需要強度は低い。しかし、中国やインドのように1人当たりGDPが低い新興国は、コモディティの需要水準は低いが成長に伴い需要量は拡大する。すなわち需要強度は高い。今後少なくとも7％の成長が10年続くとみても、その影響は計り知れない。引き続きコモディティ需要は拡大するとみるべきである。

限られた資源の争奪戦を回避し、地球温暖化など環境問題を深刻化させないためにも、日本など先進国の役割は、これら新興国の経済発展過程において、省エネ・省資源などの技術革新を導入することで、できるだけ需要強度を弱めることにあるといえよう。

図1-9　主要国別にみた１人当たり鉄鋼消費量の推移

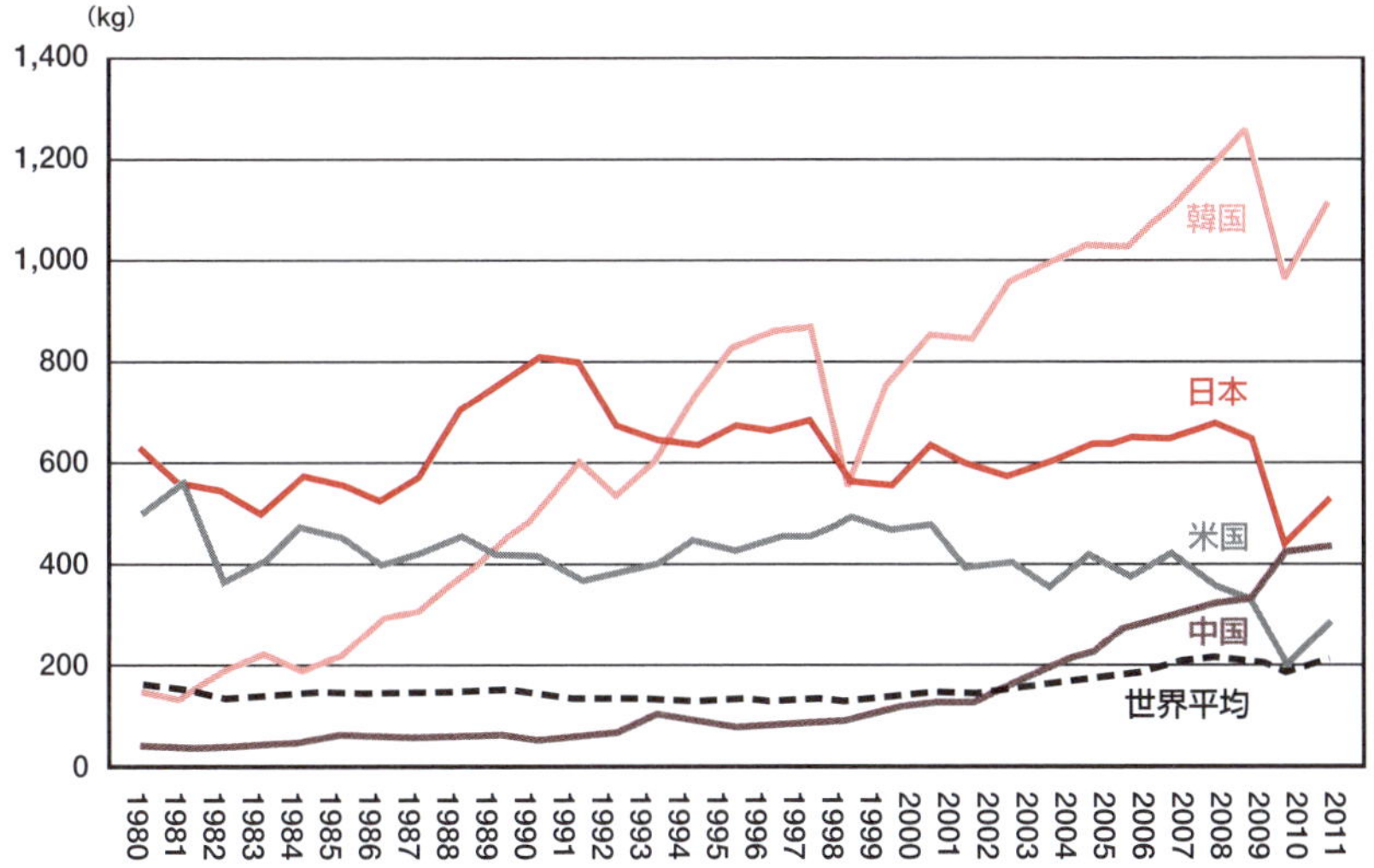

［出所］日本鉄鋼連盟『鉄鋼統計要覧』より筆者作成　※原資料は、国際鉄鋼協会（IISI）

図1-10　先進・途上主要国の１人当たりGDPと鉄鋼消費量

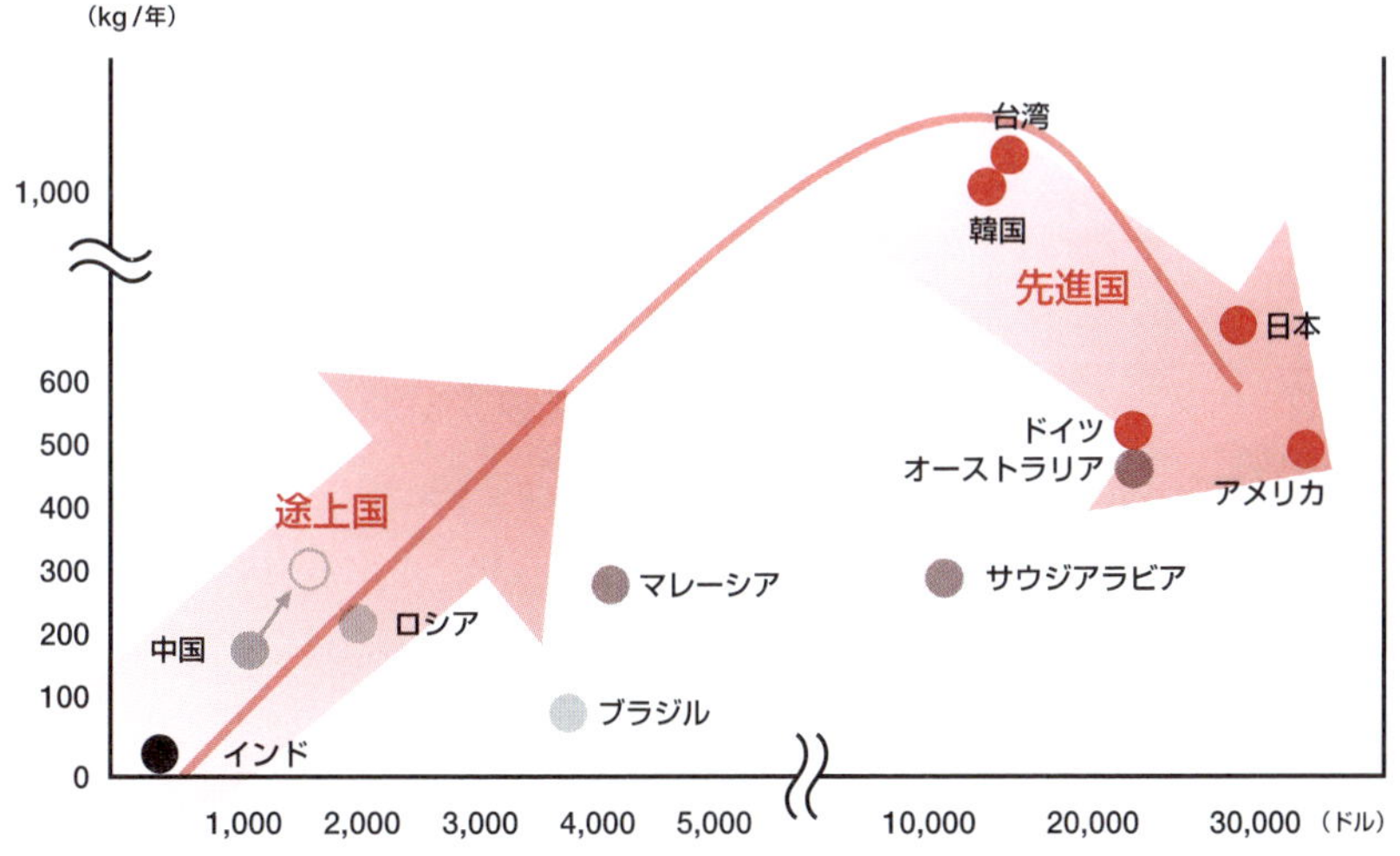

［出所］日本鉄鋼連盟『鉄鋼統計要覧』2005年より筆者作成

Chapter 1-5

資源価格はなぜ大きく変動するのか？

……………需給変動が価格に影響し投機マネーが流入しやすい

WHAT HAS OCCURRED TO THE RESOURCE?

投機マネーが資源市場に流入してくるのはなぜか？

資源あるいは一次産品価格はなぜ大きく変動するのだろうか。資源がしばしば、国際市況商品（コモディティ）と言われるのはなぜか。それだけ投機マネーがコモディティ市場に入ってくるわけだが、逆になぜ投機マネーはコモディティ市場に入って来るのか。

結論から言えば、資源や一次産品は、価格が変動しても需要や供給の変動が小さいという性格をもつためである。換言すれば、「価格変動に対する需要および供給の弾力性が小さい」ことが理由である。

このことは、逆に一次産品は、わずかな需給変動に対して価格が大幅に変動することも意味する。ここに、投機マネーが参入する余地が生まれるのである。

また、一般に原油、銅地金、金、穀物などのように、同質で大量に取引され差別化がされにくい資源や一次産品をコモディティと称するのは、このように需要および供給の価格弾力性が小さく、需給変動に対し価格が大幅に変動するため、スペキュレーション（投機）の対象になりやすいためだ（図1-11）。

これに対し、自動車や家電、パソコンのような工業

図1-11 資源価格の変動が激しいのはなぜか？

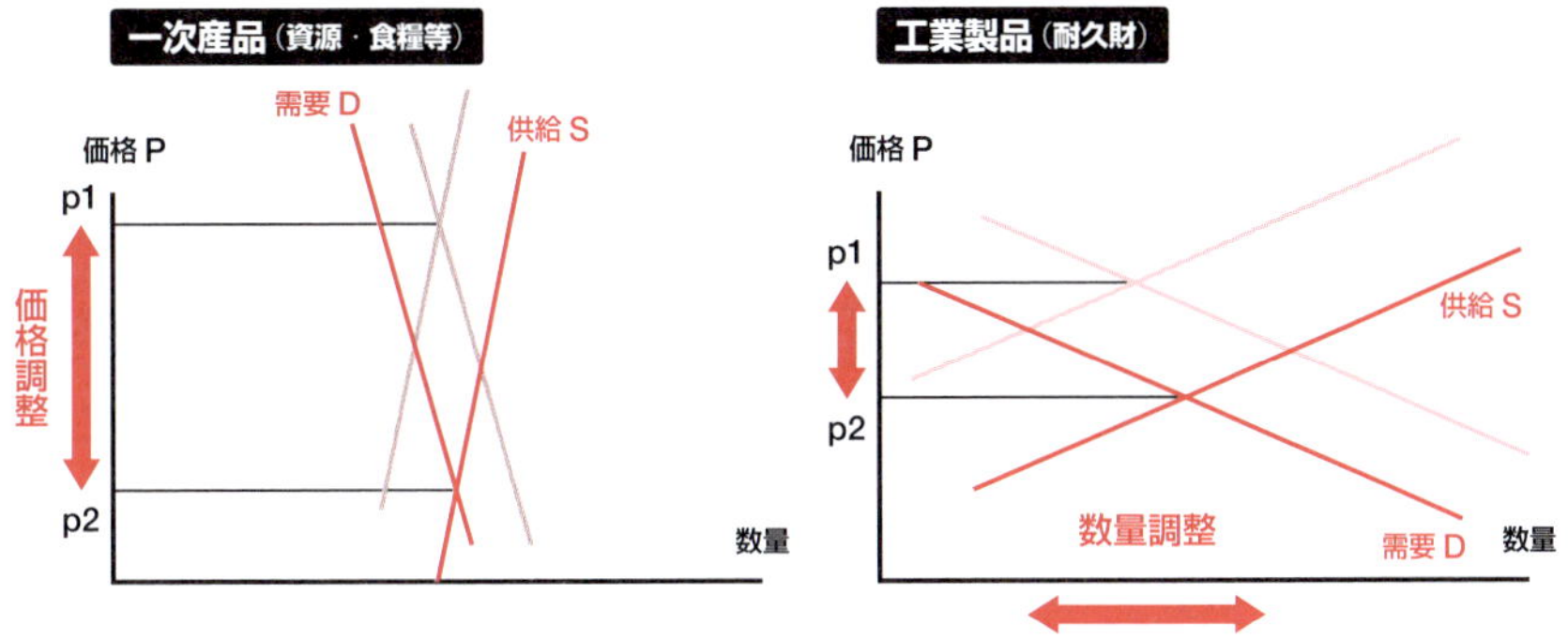
一次産品（資源・食糧等）
需要D
供給S
価格P
p1
p2
価格調整
数量
工業製品（耐久財）
価格P
p1
p2
供給S
数量調整
需要D
数量

［資料］日本鉄鋼連名『鉄鋼統計要覧』2005年より作成

製品（特に耐久消費財）の場合はどうだろう。

エコポイントやエコカー減税でも明らかなように、少しでも値引きが行われれば、一気に需要が伸びる。逆に、値上げが受け入れられるようならば供給も増える。すなわち、耐久消費財の場合、価格変動に対する需要および供給の弾力性が大きいのである。少しでも価格が変化すれば、それに需要と供給が敏感に反応する。こうした市場には投機マネーは入りにくい。

需要の急激な変動が資源価格にもたらすもの

一次産品がコモディティとしての性格を顕著に表したのが、２００７年の米国でのサブプライムローン問題に端を発した世界金融・経済危機でのことだ。

特に、２００８年９月のリーマン・ショックを契機に世界的な信用収縮が起こると、企業、家計は手持ちの現金を厚くするため、売れるものは現金に換えておくという「現金化」行動を強めた。

企業は、住宅および自動車・家電などの耐久消費財の生産調整、中長期的な設備投資の見直し、原材料の在庫調整、製品在庫の投げ売りなどに走った。結果として市場では一時的に需要が消滅した。

さらに、企業の生産調整は雇用調整へと波及し、家計は生活防衛のため住宅購入や耐久消費財の消費を削減。それにより、耐久消費財の減産が強化されるなど負のスパイラルが生じた。

ちなみに、08年1月時点で年間110万戸あった米国の住宅着工件数は、年末に55万戸に半減し、自動車販売台数も1500万台から1000万台へと3分の2に縮小した。それに伴い、これら耐久消費財の生産に必要な原材料・燃料である資源需要も突発的に消え、その結果、資源価格も暴落した。

しかし、これは世界的な信用収縮に対して、企業や家計がなりふり構わず「現金化」という自己防衛行動をとったことによる突発的な現象に過ぎず、今世紀に入って資源価格を押し上げてきた新興国の工業化に伴う構造変化が崩れたわけではない。問題は、新興国の「過渡期の需要」が累積的に積み上がる一方、原油価格が暴落したことで、あらゆる開発投資が止まったことだ。世界景気が回復すれば、再び資源需要が拡大し、価格に上昇圧力が加わるのは必至の状況であった。

対策を怠れば資源価格の急騰・暴落が繰り返される

何事にも「動があれば反動がある」「作用があれば反作用がある」。08年の年末にかけて、原油をはじめとするあらゆる資源価格が暴落する過程で、筆者が思い描いたのは、資源急落の反動であった（図1-12）。

特に、世界金融恐慌という最悪の事態を回避するため、日米欧の金融当局が利下げや流動性供給といった行動を採ったことから、新たな過剰流動性が醸成される格好となった。すなわち、08年後半から09年前半にかけての資源価格の暴落は、長期的には新たな需給逼迫を準備する形となった。実際、09年後半以降、世界景気が急速に持ち直すにつれて、原油をはじめとする資源価格は再び騰勢を強めてきた。

2008年前半にかけて、原油が150ドルに近付

図1-12 今後は金融恐慌の反動が生じる？

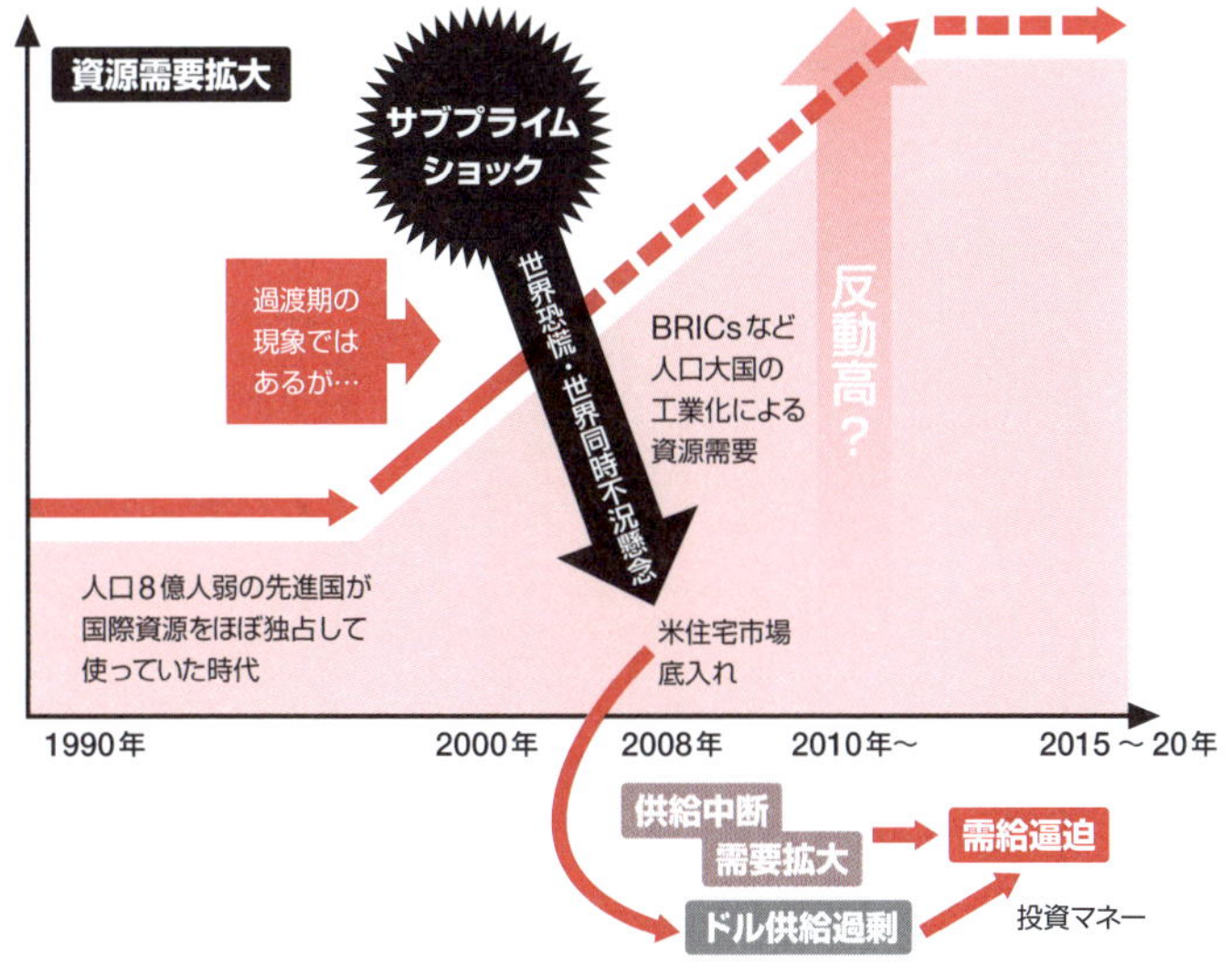
資源需要拡大
サブプライムショック
世界恐慌・世界同時不況懸念
過渡期の現象ではあるが…
BRICsなど人口大国の工業化による資源需要
反動高？
人口８億人弱の先進国が国際資源をほぼ独占して使っていた時代
米住宅市場底入れ
1990年
2000年
2008年
2010年～
2015～20年
供給中断
需要拡大
需給逼迫
ドル供給過剰
投資マネー

［出所］筆者作成

くにつれ、世界的な景気減速により石油需要が一段と減少するとの見方が広がった。しかしこれは、石油はじめ安い資源価格を前提に構築された90年代以前の産業構造が、とても高い価格には耐えられないということでもあった。

しかし、地球が「安い石油資源の枯渇」と「地球温暖化」という不可逆的な「２つの危機」に直面していることを考えれば、一刻も早く、省エネ・省資源・環境問題に取り組み、２つの危機が進む速度を可能な限り緩和させることしかない。これらの課題に同時に取り組むためには、これまでの安い資源価格では不可能で、むしろ高い原油価格を追い風にすることが必要だ。

にもかかわらず、当時は、１５０ドルの原油には、とても世界経済が耐えられないという形で油価が急落したが、その発想そのものが、90年代までの安い資源価格時代の産業構造を前提とした考え方である。

そうである限り原油は、急落すれば新興国の過渡期の需要が拡大し、何度でも上値を試しては再び急落するといったことが繰り返されることになる。

CHAPTER 1-6

WHAT HAS OCCURRED TO THE RESOURCE?

リスクヘッジとしての資源相場

……………市場リスクの回避と投機の場としての機能をもつ先物市場

資源価格決定の場となる先物市場の存在理由とは?

わずかな需給変動で大幅な価格変動が生じる、資源のコモディティ(市況商品)としての性格に対して、原材料としての資源を必要とするメーカーや流通業者の価格ヘッジ機能を提供してきたのが先物市場である。

この点、岩井克人や小幡績は、先物取引の必然性について産業資本と金融資本との関係から解説している(岩井『ヴェニスの商人の資本論』『二十一世紀の資本主義論』ちくま学芸文庫、小幡『すべての経済はバブルに通じる』岩波新書)。

図1-13は、これらを参考に、実体経済における先物取引の必要性について筆者が描いたものである。やや観念的になるが、なぜ先物市場が実体経済を運営する上で必要なのか理解されよう。

まず実体経済がある。世界経済が拡大するということは、実体経済の主体としての産業資本が自らの活動において利潤を獲得し、獲得した利潤を蓄積していく。しかし、蓄積された利潤はやがて産業資本を離れ、金融資本として自らが利潤を求め独立した動きを始めるようになる。

図1-13　派生し続けるフロンティア

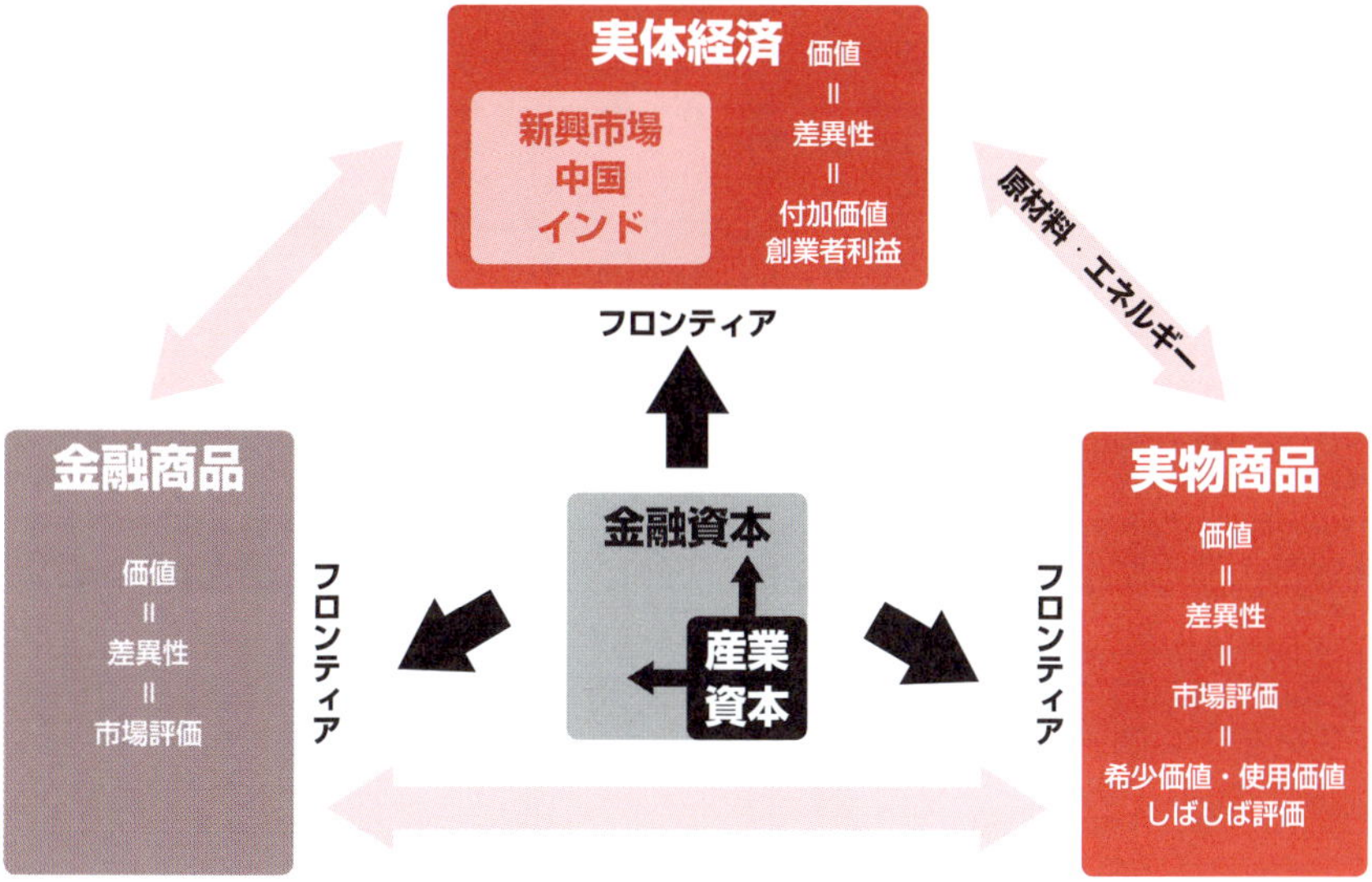
実体経済
新興市場
中国
インド
価値
=
差異性
=
付加価値
創業者利益
原材料・エネルギー
フロンティア
金融商品
価値
=
差異性
=
市場評価
フロンティア
金融資本
産業
資本
フロンティア
実物商品
価値
=
差異性
=
市場評価
=
希少価値・使用価値
しばしば評価

［出所］筆者作成

この点を、実体経済を担う企業すなわち産業資本の立場から見ると、企業が成長し産業資本としての規模が拡大すればするほど、原材料や製品価格の変動リスク（市場リスク）にさらされるようになる。

膨れ上がる市場リスクは、企業成長の足かせとなり、必然的に価格変動に対するリスクヘッジのニーズが生じる。一方、世の中にはこうした価格変動を利用して一儲けしてやろうという投資家あるいは投機家（スペキュレーター）がいる。

両者の出会いの場を提供しているのが先物市場であり、リスクヘッジとスペキュレーションのニーズとをマッチングさせ、両者のニーズに応えたものが先物機能ということになる。

利潤拡大のために進んだ「価値の再生」の探求

ちなみに、岩井によると、1989年に東西冷戦が終焉したことで資本の論理が貫徹される社会が訪れた。資本の論理とは、利潤を強大化しようとする考えのことだ。

ところで利潤はどこから生まれるのだろうか。利潤は「価値の差異性」から生まれると岩井は指摘。ちなみに、情報とは「差異をもたらす差異の集まり」と言ったのは確かアメリカの会計学者ベインだ。「価値の差異性」に注目して、それを埋めることによって利潤が獲得できる。一種の裁定取引である。

例えば、貿易会社であれば安い地域・国から仕入れて高い地域・国で販売する。地域間の価値の差に注目したわけだ。

工場の海外移転は、多くが彼我の国の賃金差に注目したものである。賃金の安いところで製造し、高いところで販売することで利益を獲得することができる。

製造業であれば、原材料を仕入れて工業生産し付加価値を付け、商品として販売することで利潤を得られる。ちなみに、ここで製品とせず敢えて商品としたのは、資本主義社会においては製品と商品は異なるからだ。

製品は市場で販売されて初めて商品となる。ソニーやアップル社などの先端企業では、技術革新により革新的な商品・サービスを開発して、逸早く創業者利益を獲得する。

株式や通貨、コモディティなどの金融市場では、将来の価格変動を予測して安く買って高く売るか、高いところで売って安く買い戻すことで利潤を得る。要するに「価値の差異性」であれば何でも良いという世界が訪れた。

それは次々とさまざまな分野でフロンティア(新たな「価値の差異性」)を求める世界の到来と言ってもよいだろう。特に、21世紀に入り中国やインドなどが急速かつ持続的な成長を遂げるようになると、実体経済において新興国という新たなフロンティアが生じた。

また、金融資本もデリバティブ(派生)取引やリーマン・ショックの原因ともなった債務担保証券:CDO(Collateralized Debt Obligation)や、クレジット・デフォルト・スワップ:CDS(Credit Default Swap)などの金融デリバティブ商品を次々と生み出して行った。

「不確実性の時代」における先物市場の役割

先物市場において、これまでのようにコモディティ価格が経済活動に連動する形で循環的な動きをしている時代にあっては、将来の価格変動リスクはある程度計量化が可能であった。また、価格が大きく変動すれば裁定が働きマーケットは安定に向かった。

しかし、テロとの戦争や市民革命、自然災害、ホッケースティックの形状をした変化に象徴される不確実性の時代は、それこそ何が起こるかわからない「何でもありの世界」の出現を意味する。このため、将来のリスクが計量化できず、それだけ市場のボラティリティ（変動性）が高まることになる。

また、情報化の進展により、かえって世界の不確実性が増している面もある。情報量が増えれば増えるほど確定的なことが言えなくなり、不確実な情報が人々の行動を左右し、群集心理的な動きを生じさせるためである。

こうした不確実性の時代に対処するため、改めて見直されつつあるのが「先物市場の機能」である。原油が08年に150ドルに迫る史上最高値を付け、金も08年に28年ぶりに800ドル台を付け、11年には1900ドルを突破するなど輝きを取り戻した。こうした動きも先物市場再評価の表れであろう。

ニクソンショックを契機に注目を集めた先物取引

これまで先物取引の機能は、時代の大きな変動期において注目されてきた。

特に、「先物の時代」の幕開けとなったのは、1971年8月のニクソンショックで、ドルと金の交換が停止されたのが契機である。これにより、価値基準尺度としてのドル・金価格そのものが大きく変動するようになった。

さらに、折からの石油ショックや穀物危機と相まって、あらゆるモノ（実物商品）の価格変動リスクが高まり、リスクヘッジおよび価格発見の場としての先物取引の機能が見直されるようになった。

これに対し、欧米の商品取引所も、マーケットのニーズを先取りする形で、通貨、エネルギー、金利、指数、オプション、さらに最近はＥＴＦ（Exchange Traded Fund：上場投資信託）などさまざまな新規上場商品・取引手法を積極的に開発し提供してきた。

コモディティ価格は、70年代に入ってボラティリティが一段と高まるようになった。

なお先述したように、企業や投資家の立場からみた場合、リスクには、ある程度コントロール可能なリスク（価格変動リスクや与信リスクなど）と、自らの力ではコントロール不可能なリスク（自然災害や戦争など）とがある。

このうち、前者のコントロール可能なリスクへの対処として有効なのが先物取引や保険である。しかし、21世紀に入って直面している「新たな不確実性」とは、リスクの中でも後者のコントロール不可能なリスクの割合が大きくなったことを意味する。

先物取引に求められる新たなる機能とは？

先物取引においては、この企業家に相当するのが投機マネーの存在であり、先物市場に十分な流動性を提供し、ヘッジ機能が効率的に働くためにも投機が不可欠である。「新たな不確実性の時代」に求められる先物取引の機能としては、具体的には、①取引商品・手法の拡大（電力先物、天候デリバティブ、排出権など）、②ヘッジファンドなど投機マネーの流入による流動性の拡大、③グローバル化に対応した取引所の連携、④マーケット情報の結節点としての情報発信機能　が求められる。

すでに、欧米の先物市場では80年代以降、これら機能を取り入れてグローバルな変革を遂げてきた。世界的なデフレ下にもかかわらず、03年より国際商品市場で原油、貴金属、非鉄、穀物など、ほぼすべての商品市況のベクトルが上向きに転じているのも、需要増と共に「先物時代の到来」を示唆するものと言える。

CHAPTER 1-7

WHAT HAS OCCURRED TO THE RESOURCE?

コモディティ市場の規模とヘッジファンド

……………リスクも大きいがリターンも大きい市場に資金流入が拡大

04年から07年の4年間で原油市場の規模は約4倍に！

コモディティ市場は株式や債券など金融市場に比べてはるかに規模が小さいため、ごく一部の資金がコモディティ市場に流れただけでも、コモディティ価格は暴騰することになる。では実際にコモディティ市場の市場規模は、株式市場と比べてどのくらいだろうか。

この質問に答えるのは意外に難しい。株式市場は、発行株数に株価を掛けた時価総額が市場規模として使われるが、コモディティ市場の場合、そうはいかないためだ。コモディティ市場では、「買った商品」の大半は売り戻され、「売った商品」の大半が買い戻される。すなわち、「買い」であろうと「売り」であろうと、その大半が反対売買によって相殺されてしまうため、実際に商品の受け渡しが行われるのは、全取引高の2～3％程度しかない。このため、株式市場の時価総額にあたる物指しがない。通常、コモディティ市場規模の変化は、出来高（ボリューム）や取組高（オープンインタレスト）の推移でみることができる。

そこで敢えて、原油について市場規模を、【年間の出来高×1枚当たり売買単位×年平均価格】

で求めることにしよう。ニューヨーク商品取引所・NYMEX部門に上場されているWTI（ウェスト・テキサス・インターメディエート）原油の取引量は、04年の5788万枚から07年では1億2150万枚に拡大した（取引単位は、原油1枚＝1000バレルである）。また、この間の平均原油価格はおおよそ1バレル＝40ドルから70ドルに上昇した。

以上より原油市場規模を求めると、

・04年…2兆3152億ドル
（5788万枚×1000バレル×40ドル）
・07年…8兆5050億ドル
（1億2150万枚×1000バレル×70ドル）

とこの期間で約4倍に拡大している。98年の4391億ドル、2000年の1兆1175億ドルと07年を比較するとそれぞれ19倍、8倍になっている。

リーマン・ショックが起こった08年は、年前半と後半で対照的となったが年平均では1バレル当たり約100ドルであり、出来高が変わらなかったとすると原油の市場規模は優に10兆ドルを上回ったとみられる。

コモディティ市場では流入資金が大きいと影響も大

しかしこれに対し、ユーロドル3カ月物は04年時点で300兆ドル弱、米国のTB（財務省手形）は200兆ドル弱と原油や金、大豆などのコモディティに対してははるかに規模が大きいのである。

よく投機マネーが「カネ（金融商品）」から「モノ（実物商品＝コモディティ）」へシフトしたと言われるが、金融市場に入っている投機マネーの一部がコモディティ市場に流入しただけでも、市場は「プールに象が2、3匹飛び込む」格好となる。

金融市場に比べて、コモディティ市場の規模が小さいということは、言い換えればコモディティ価格の変動幅が大きいということである。これは投機マネーにとっては、リスクもあるが儲けるチャンスも大きいことを意味する。

このチャンスに賭けたのがオルタナティブ投資の中核をなすヘッジファンドである。ちなみにオルタナ

図1-14　オルタナティブ投資の基本的な考え方

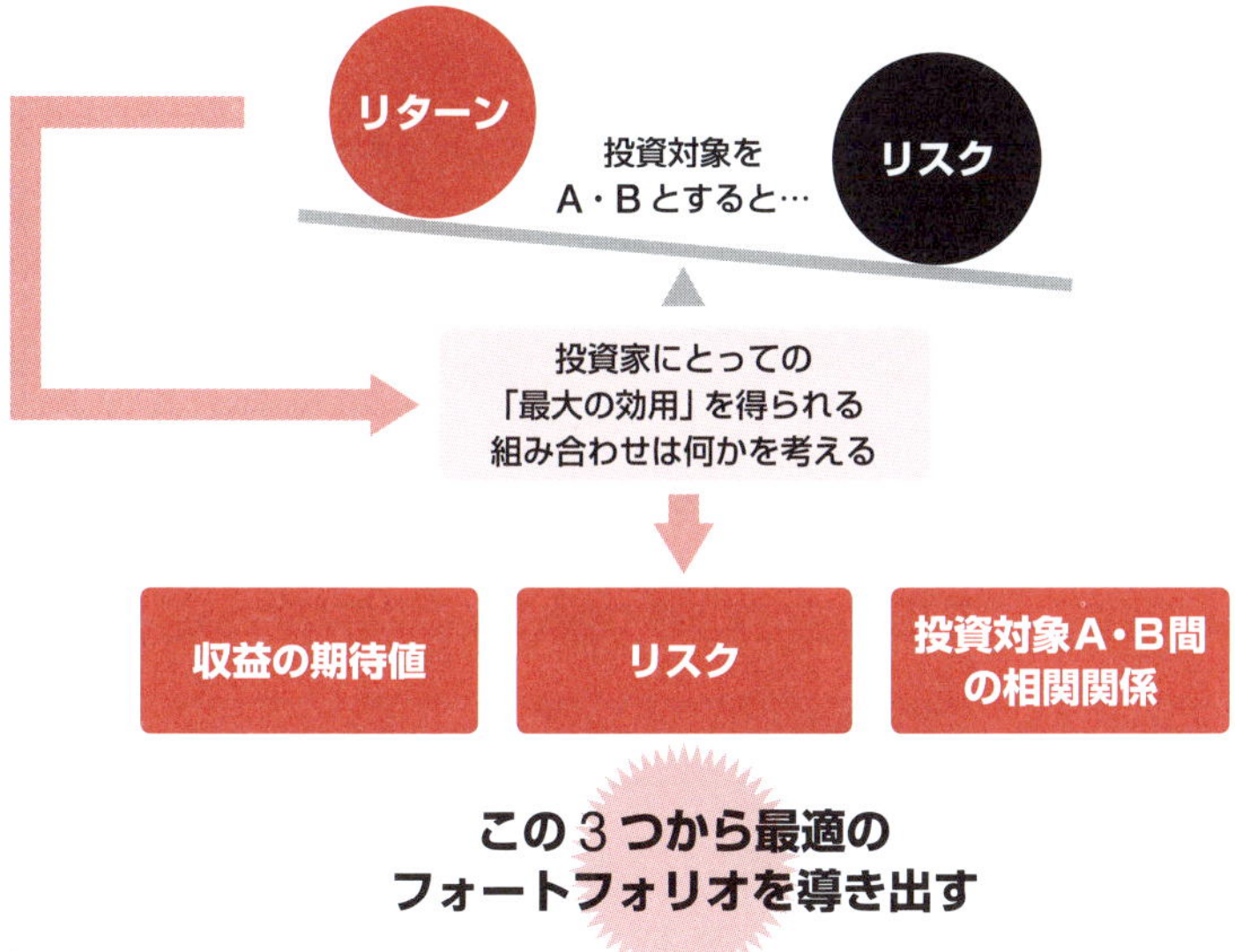
リターン
投資対象を
A・Bとすると…
リスク
投資家にとっての
「最大の効用」を得られる
組み合わせは何かを考える
収益の期待値
リスク
投資対象A・B間
の相関関係
この3つから最適の
フォートフォリオを導き出す

［出所］筆者作成

ティブ投資とは、株式や債券などに対する伝統的な投資に限らず、金や原油などのコモディティ、指数、オプション、プライベート・エクイティ（未公開企業の株式）、不動産など幅広い分野への投資を指す。その際、「ひとつの籠にすべての卵を盛るリスク」を避けるためにリスクの異なる投資対象を組み込むのが特徴だ。

リスクよりリターンに引き寄せられるヘッジファンド

このオルタナティブ投資を行う代表格がヘッジファンドである。リスク、リターンの最適組み合わせを求めることによって、ヘッジファンドは、市場が強気（ブル）でも弱気（ベア）でも動きがありさえすれば、絶対的な利回りを目指すことができる。

運用対象にコモディティを組み込んだものが商品ファンドである。ファンド（基金）であるから、個人投資家や機関投資家から資金を預かり、投資信託の形で運用する。通常、これらヘッジファンドは、原油などのコモディティ価格が短期的に上がれば利食い、下

図1-15 アメリカのファンド規模

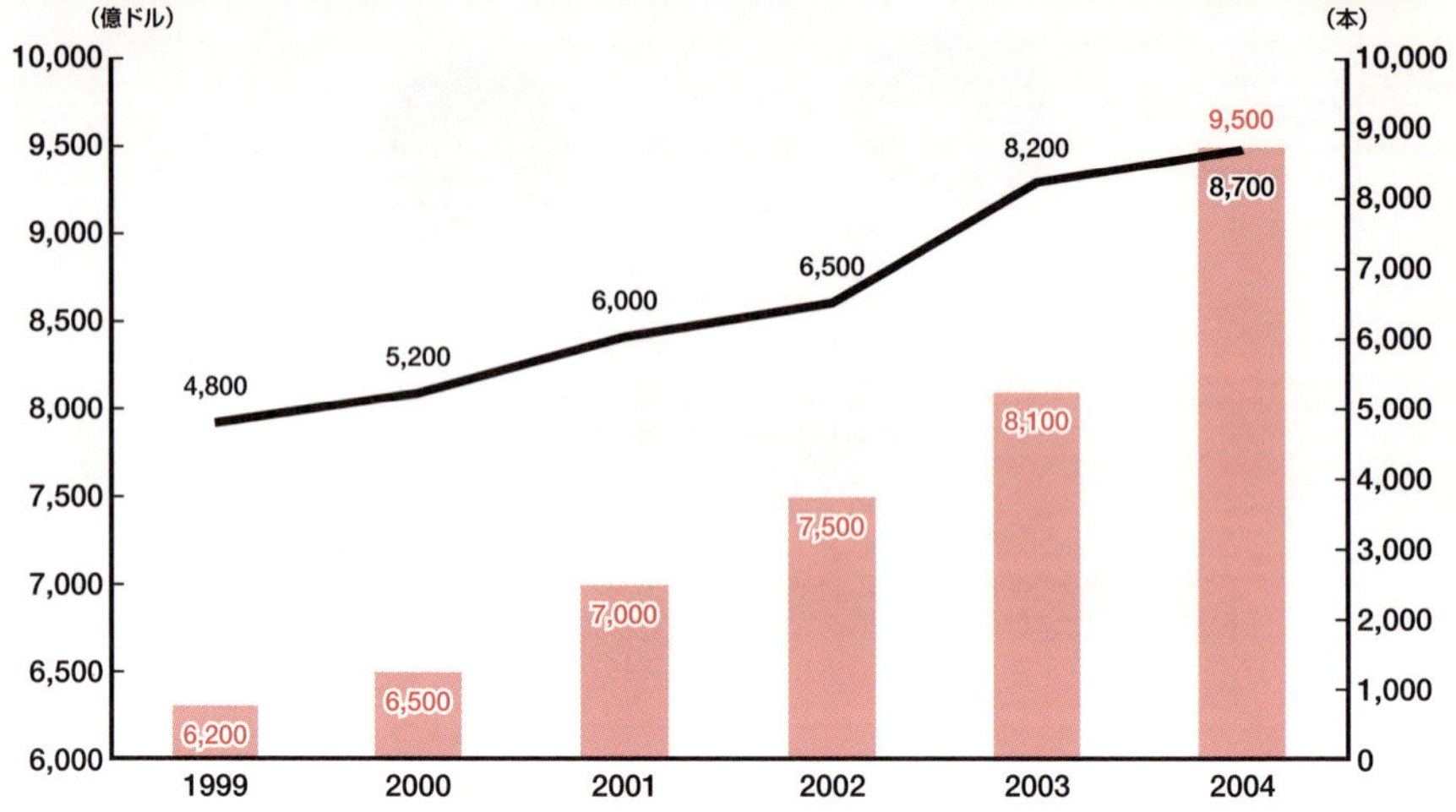
(億ドル)
(本)
10,000
9,500
9,000
8,500
8,000
7,500
7,000
6,500
6,000
0
1,000
2,000
3,000
4,000
5,000
6,000
7,000
8,000
9,000
10,000
4,800
5,200
6,000
6,500
8,200
8,700
6,200
6,500
7,000
7,500
8,100
9,500
1999
2000
2001
2002
2003
2004

［出所］須藤繁『最近の原油価格の動向と今後の見通し』（国際開発センター）
（注）線グラフがファンドの本数、棒グラフが預り資産規模

がれば買い戻すことから、価格変動に与える影響は中立的なはずである。しかし、市場に流入するファンド資金が増えれば、それだけ価格変動を増幅するという意味で、市場かく乱要因である。また、最近は、こうした短期売買を繰り返すヘッジファンドに止まらず、長期的に「買い一辺倒」の年金ファンドなどが原油や金市場に入ってきていると言われる。この場合、これらコモディティ価格の一方的な押し上げ要因となる。

ちなみに、ヘッジファンド・データベースを運営する各社の推計によれば、93年に約1000億ドルだった世界のヘッジファンドの預り資産規模は、99年に6200億ドル、04年は9500億ドルと、1兆ドル（約82００億円）に迫っている（**図1-15**）。ファンド数も99年の4800本から8700本に急増。11年2月9日の日本経済新聞夕刊は、米ヘッジファンド・リサーチ社のデータとして、10年12月末の資産残高は、1兆9173億ドル（約157兆円）となり、リーマン・ショック以前の過去最高（1兆9314億ドル）にほぼ肩を並べたと伝えている。

CHAPTER 1-8

あらゆる資源の価格曲線が一致する？

……不思議なほどの一致を示す資源価格の推移

WHAT HAS OCCURRED TO THE RESOURCE?

2000年代に入り急騰した資源価格

話が資源からややコモディティ市場に入り込み過ぎたようだ。このあたりで当初の話に戻すことにする。

実際、世界経済のパワーシフトは、資源市場における価格高騰を招いている。**図1-16**は、一般炭の価格を長期的に眺めたものである。一般炭のほか、鉄鉱石、原油、銅地金、天然ゴムについても、1960年代まで低位安定し、70年代には上昇したものの、90年代までは総じて安い時代が続いた。しかし、2000年代に入ると、これら資源価格は一斉に強い上昇に転じた。

90年代まで1バレル（＝159リットル）20ドル弱で推移していたニューヨーク原油価格は、03年以降騰勢を強め、08年7月には150ドルに迫った。その後、原油は30ドル近くまで急落したものの、09年4月には上昇に転じ、11年および12年には一時再び100ドルを回復。その後も80ドル台を維持している。

鉄鉱石価格も、過去30年間トン当たり30ドル前後で推移した後、10年には180ドルへ急騰。12年に120ドルまで下落した後、反発の動きにある。

中国の急激な需要増。投機マネーと資源価格

この背景には、世界の粗鋼生産の急増がある。**図1-17**によれば、1970〜90年代まで世界の粗鋼生産量は7億トン台（日本、米国、欧州、旧ソ連で各約1億トン）で推移し、8億トンの壁を抜くことができなかった。しかし、2000年代に入ると粗鋼生産は中国の生産拡大から8億トンの壁を突破。11年には15億トンに達した。このうち7億トン弱が中国一国の生産である。これに伴い、過去30年にわたり4億トン台で推移してきた世界の鉄鉱石貿易量は、10億トンを超えた。中国一国で6億トン以上を輸入するようになったためである。今や日本の鉄鋼メーカーは、中国が決定した価格に追随せざるを得ない状況にある。

鉄の副原料である原料炭を見ても、トン当たり40ドル前後の価格帯から、08年には300ドルに急騰した。世界の石炭生産量（年間約60億トン）の内31億トンを占め、01年まで年間1億トン以上を輸出してきた中国の輸出余力が低下し、純輸入国に転じたことが主要因である。これら一連の動きは資源価格の「均衡点」シフトと捉えることができよう。

一方、市場ではここ数年の資源高騰を投機マネーによるマネーゲームとする見方も多い。確かにここ数年の資源価格高騰は、マネーゲーム的な側面も強い。しかし、なぜ投機マネーが2000年代になって資源市場というリスクの大きな市場に流入したのだろうか。

筆者は、長年資源市場を眺めてきて、価格とはあらゆる情報が圧縮されたものとの思いが強い。あらゆる資源が過去30年にわたる価格帯から新たな価格帯にシフトし始めたというのは、背後にある需給構造の変化であり、単なるマネーゲームでは済まない。それは化石燃料に依存してきたこれまでの成長モデルがもはや限界にきていることの証左だと考えている。

わずか200年で失われゆく「安価な資源」

こうした意味で、08年に原油価格が100ドルを

図1-16　一般炭（豪州）価格の長期推移

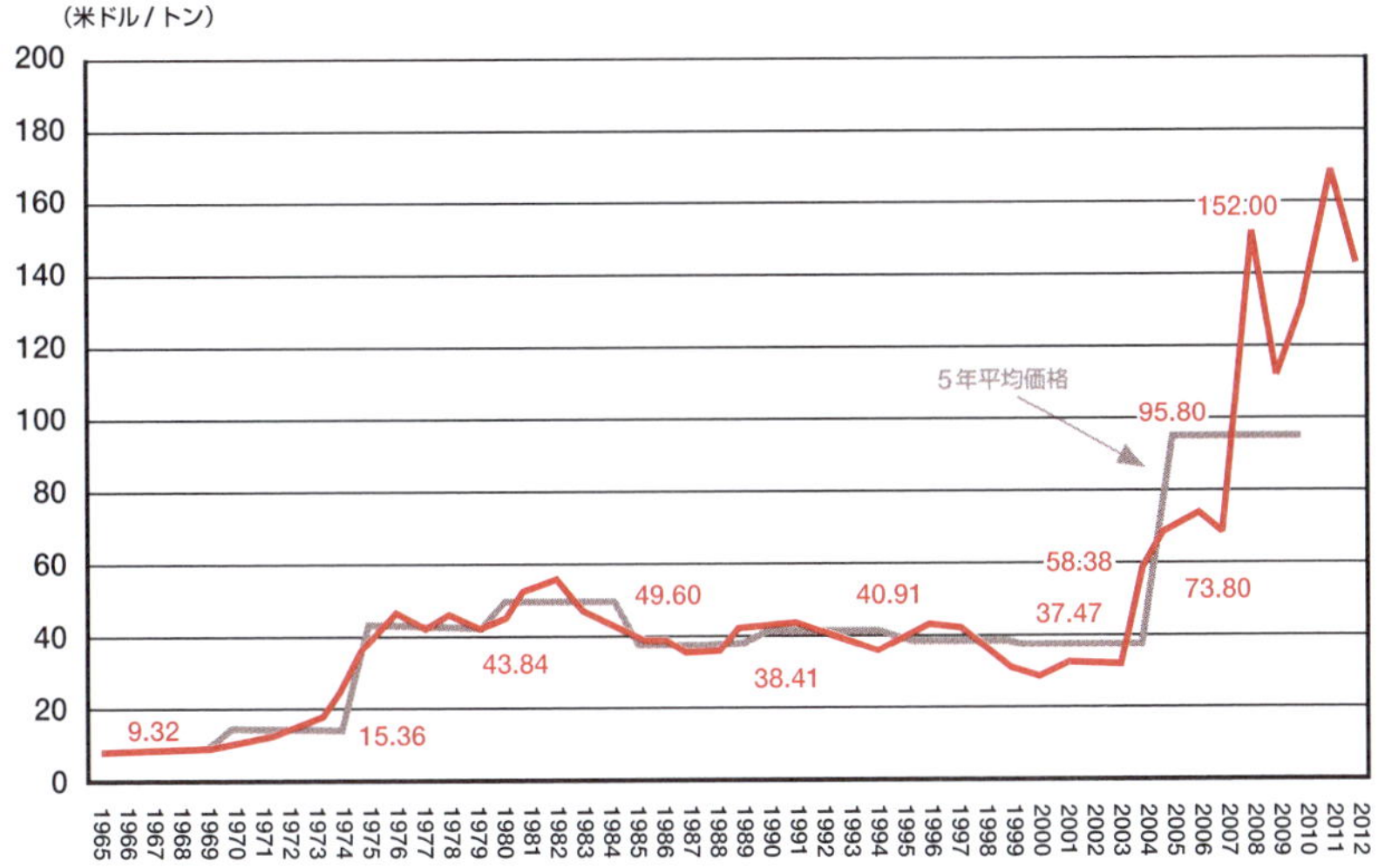
（米ドル/トン）
5年平均価格
9.32
15.36
43.84
49.60
38.41
40.91
37.47
58.38
95.80
73.80
152.00

［出所］国際通貨基金－国際金融統計（IMF-IFS）資料より筆者作成

図1-17　世界および中国の粗鋼生産

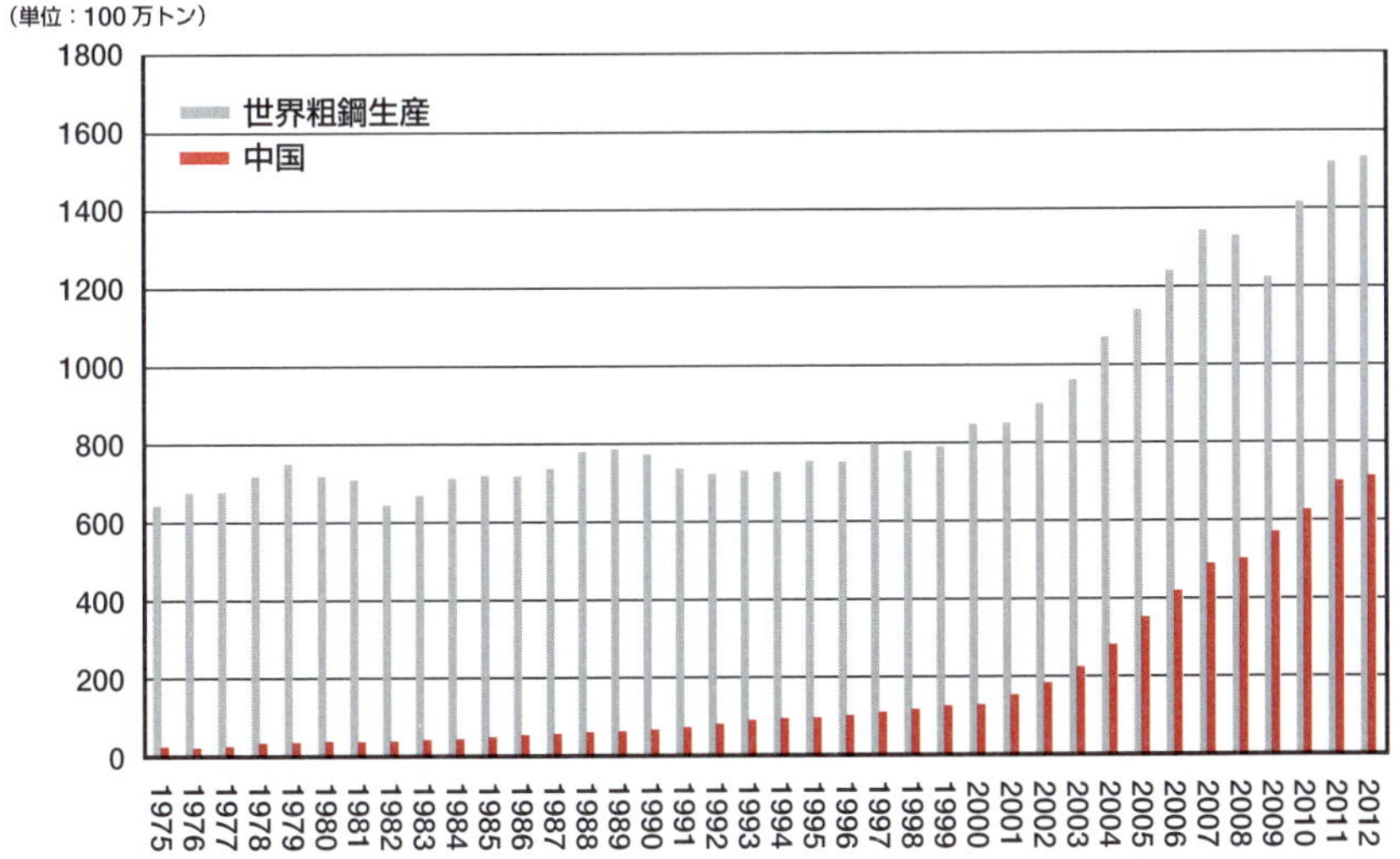
（単位：100万トン）
世界粗鋼生産
中国

［出所］　国際鉄鋼協会（IISI）

超えたのは「安い資源時代」の終焉を物語るものだ。

ちなみに、地球の歴史は46億年と言われる。しかしその内の大半は全球凍結（地球全体が氷床に覆われた状態）や火山の噴火の繰り返しで、単細胞のバクテリア以外は生物のいない世界であった。多くの鉱物資源はこの地球の活動の歴史の過程で偶然に生成された。多くの生物が現れたのはようやく6億年前の先カンブリア紀ということになる。

その後、生物は海から陸上に上陸する。原油や石炭、天然ガスといったエネルギー資源は、8000万～1億年かけて、これら有機物から偶然つくられた（すなわち濃縮された）ものだ。

これに対し、人類らしきものが誕生したのは15万～20万年前で、当時、地球上に人類は100万～500万人しかいなかったと言われる。18世紀頃でも人口は5億人程度であった。しかし、イギリスで産業革命が始まると、経済が飛躍的な発展過程に入った（**図1-18**）。これに伴い、世界人口も1900年初めに10億人を突破し、50年には25億人、そして2011年には70億人を突破した。

この高い経済成長と人口の増加は、過去数十億年、数億年かけて地球が濃縮してきた資源を、工業化という過程の中で、わずか200年の間にふんだんに使うことによって可能になったものである。

人類にとって資源とは、「濃縮されて経済的な場所に大量にある」有用な自然物のことだ。生産コストが安く技術的にも生産が容易なモノが資源だ。

しかし、18世紀の産業革命以来、とりわけ第二次大戦後60余年の間に、そうした良質な資源は見つけ尽くされ生産され続けた。その結果、「安価な資源の枯渇」と「地球温暖化」問題が生じるようになった。

高まる需要に応えるため高コストの生産体制に移行

この背景には、先述したように世界経済の成長におけるパワーシフトがある。

例えば、中国の2010年の自動車生産台数は1800万台に達し、米国の1150万台を大きく上

図1-18 産業革命とエネルギー消費

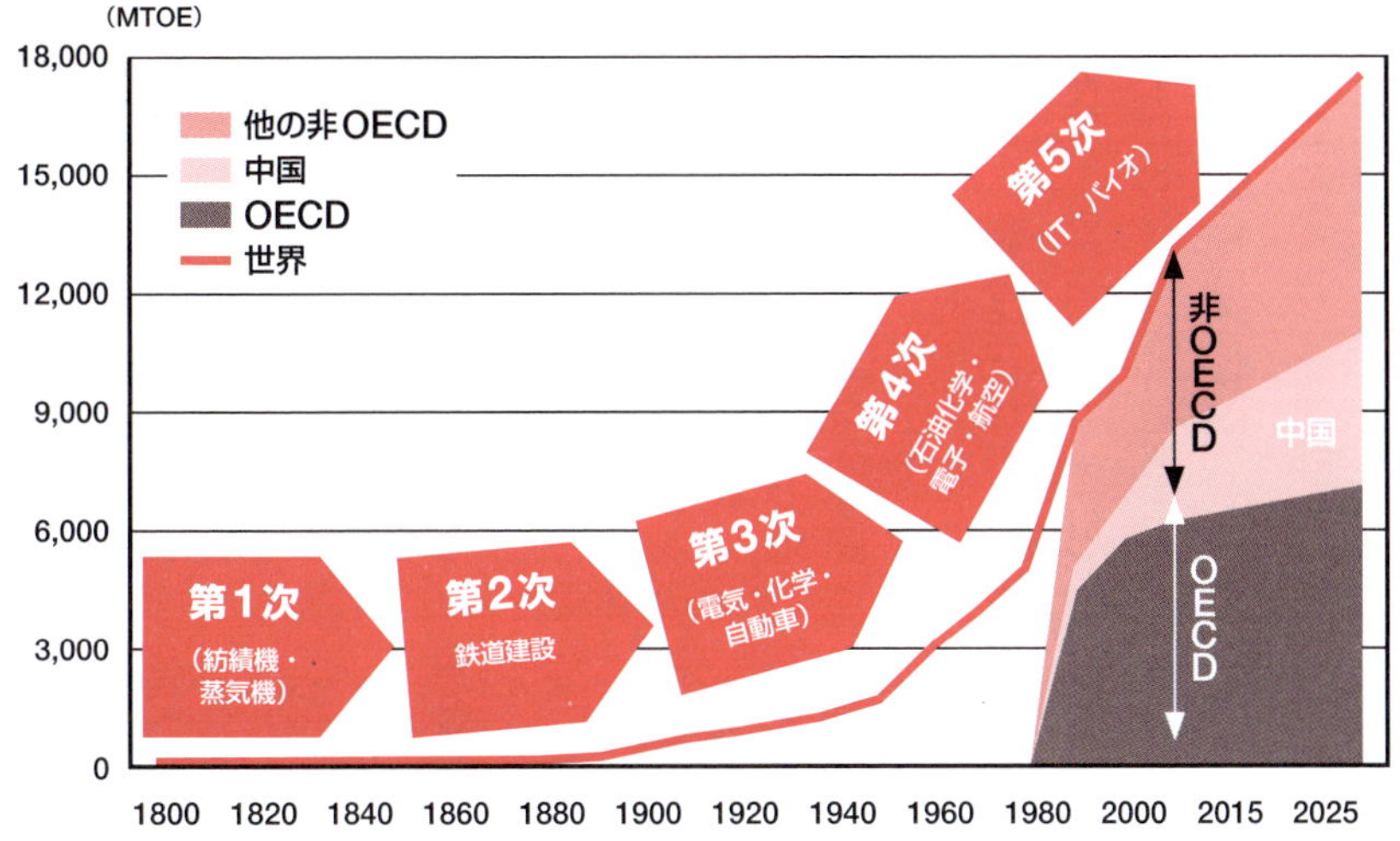
(MTOE)
18,000
15,000
12,000
9,000
6,000
3,000
0
他の非OECD
中国
OECD
世界
第1次
(紡績機・蒸気機)
第2次
鉄道建設
第3次
(電気・化学・自動車)
第4次
(石油化学・電子・航空)
第5次
(IT・バイオ)
非OECD
中国
OECD
1800
1820
1840
1860
1880
1900
1920
1940
1960
1980
2000
2015
2025

［出所］丸紅経済研究所アナリスト・李雪連（オランダ環境評価機関[1800-1980年]、米エネルギー情報局[1990-2030年]を元に作成）
（注）MTOE＝Million Tons of Oil Equivalentの略で、石油100万トンあたりに換算したエネルギー量のこと。

回り世界最大となっている。

しかし、1000人当たり保有台数では約60台であり、米国の800台、日本の600台と比較してもまだまだ今後伸びる余地がある。さらにモータリゼーションが進展すれば、15年までには2000万台を突破するのは必至だ。輸送用燃料需要としてのガソリン、鉄、銅、アルミ、レアメタル、天然ゴムなど資源需要はさらに拡大する。

一方、濃縮されて生産しやすい場所にある安価な資源は枯渇傾向にある。新興国の旺盛な資源需要に応えようとすれば、シェールガス・オイルなど「濃縮されておらず自然条件の厳しい場所」での資源も総動員しなければ間に合わない。しかし、当然それら資源を生産するためのコスト（限界生産コスト）は高くならざるを得ない。加えて、開発のための新たなエネルギー消費を促し温暖化を加速させることになる。

需要面からの資源価格の押し上げ圧力は少なくとも中国が成熟化し、先進国の仲間入りするまで継続する公算が大きい。

CHAPTER 1-9

なぜ資源価格が高まっているか？

……需要の高まり、産出国側の思惑から生じる均衡点価格の変化

WHAT HAS OCCURRED TO THE RESOURCE?

石油価格の上昇はあらゆる市場に影響するか

コモディティ価格の「均衡点変化」は次の3つの面からも確認されよう。

1つ目は、一般物価に対する資源価格、すなわち一次産品価格の調整である。IMF（国際通貨基金）によると、1980年以降、先進国の一般物価は毎年3％程度上昇し、過去30年余りで2・5倍になっている。

これに対し農産物、天然ゴム、コーヒー、砂糖、鉄鉱石、石油など50品目の一次産品価格はほとんど上昇しておらず、実質価格では長期にわたり下落基調にあった（図1-19）。2000年代に入ってからの名目価格での資源急騰は、これまでの下げ過ぎた価格の調整といえる。

図をさらに詳しく見れば、ここ数年、先進国でディスインフレ傾向（物価の鎮静化）が進んできたのに対し、新興国ではインフレ傾向が強まっており、資源価格の上昇は新興国の物価と連動する形にある。日本など先進国企業にとっては製品価格への転嫁を進めるか、事業撤退か、新興国への工場移転かの選択を迫られる。

2つ目には、原油価格の上昇に対する他の資源価格

図1-19　一般物価（先進国CPI）と一次産品価格指数

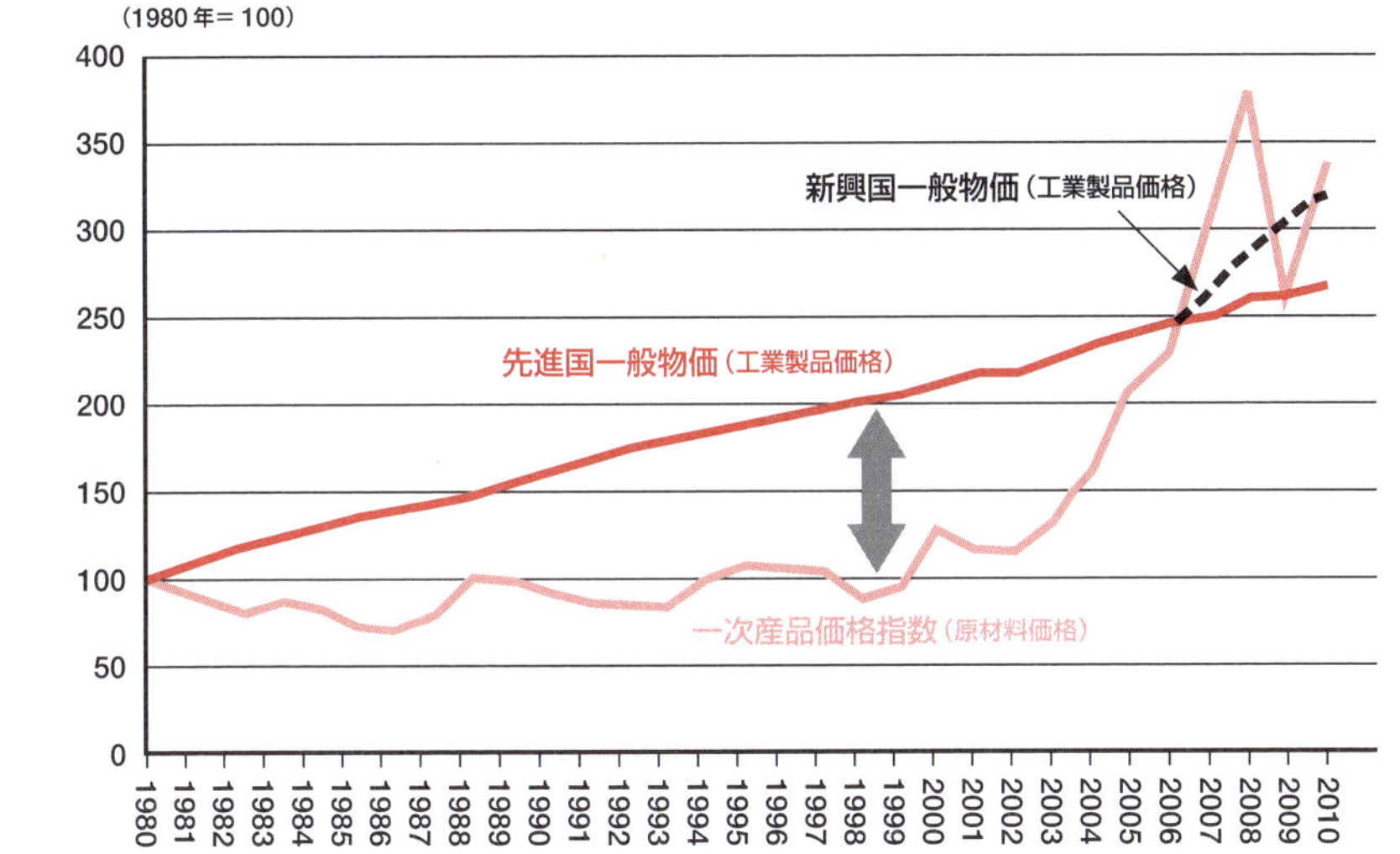

（1980年＝100）
400
350
300
250
200
150
100
50
0
新興国一般物価（工業製品価格）
先進国一般物価（工業製品価格）
一次産品価格指数（原材料価格）
1980 1981 1982 1983 1984 1985 1986 1987 1988 1989 1990 1991 1992 1993 1994 1995 1996 1997 1998 1999 2000 2001 2002 2003 2004 2005 2006 2007 2008 2009 2010

［出所］国際通貨基金-国際金融統計（IMF-IFS）資料より筆者作成

の調整である。

産業の基礎原料である原油価格の均衡点が変われば、それに応じて他の資源の原油に対する相対価格が一斉に調整されることになる。ちなみに、80年代から90年代にかけて原油価格が1バレル＝20ドル弱で推移していた期間、鉄鉱石および石炭価格はトン当たり各30ドル弱、40ドル弱であった。

これに対し原油価格は、０８年に１５０ドルに迫った後急落したものの、11年以降は80〜１００ドル台で推移するなど、4〜5倍に上昇している。

この原油価格の4〜5倍の上昇を考えると、鉄鉱石が１００ドル超、石炭が１５０ドル程度まで上昇しても少しもおかしくはない。一見、原油とは関係がなさそうな穀物も例外ではない。いまや近代農業は、燃料から肥料、農薬に至るまで石油にどっぷりと浸かっているため、原油価格の「均衡点変化」は、穀物の生産コストを押し上げるからだ。

３つ目は、先進国から新興国へ、世界経済におけるパワーシフトが進んだ結果、資源の需給構造が変わり、もはや現物の需給だけで価格が決まる時代ではなく、新興国の将来の需要を織り込む形で価格が決まるようになったことである。

すなわち、今世紀に入ってからの資源価格は、先進国の現物需要プラス新興国の将来需要プラス投機マネーという三層構造になっているといえよう。

「代替資源があるから大丈夫」は安易な発想にすぎない

2012年のコモディティ価格は、中国経済の減速などの影響から調整色を強めたものの、筆者は、長期的に見てもコモディティ価格には上昇圧力が続くとみている。そのように考える根拠の1つは、「資源の枯渇」という問題である。

資源の埋蔵量は価格や技術革新などでいかようにも変化するとの楽観的な見方は多い。しかし、何度も繰り返すが筆者が言う「資源」とは「濃縮されて経済的な場所にある有用な自然物」のことである。なんといっても「濃縮」がキーワードだ。濃縮されているために生産コストが安い。しかしながらその多くは使えば無くなる枯渇性の資源である。

問題は21世紀に入ってBRICsなどの人口大国が急速かつ持続的な経済成長過程に入ったことで、原油、鉄、非鉄、石炭、鉄鉱石などの内、低コスト資源の消費が加速し、枯渇の問題が生じてきたことである。すなわち、コストの安い優良な資源は大半が見つけ尽くされ、枯渇の問題が生じてきた。

太陽系エネルギーに期待もレアメタル需要を招くおそれ

今後、拡大する資源需要に供給が追いつくためにはカナダのタールサンド（油砂）や植物由来のバイオ燃料など、「濃縮されていない資源」や、深海油田の開発など「経済的な場所にない資源」まで総動員しなければ間に合わない。

こうしたなか、特に原油価格の水準が切り上がり、誰もが安くはならないと考えるようになったことで、米国でシェールガス、シェールオイル革命が起こった。

図1-20　太陽系エネルギーに依る21世紀型成長へ

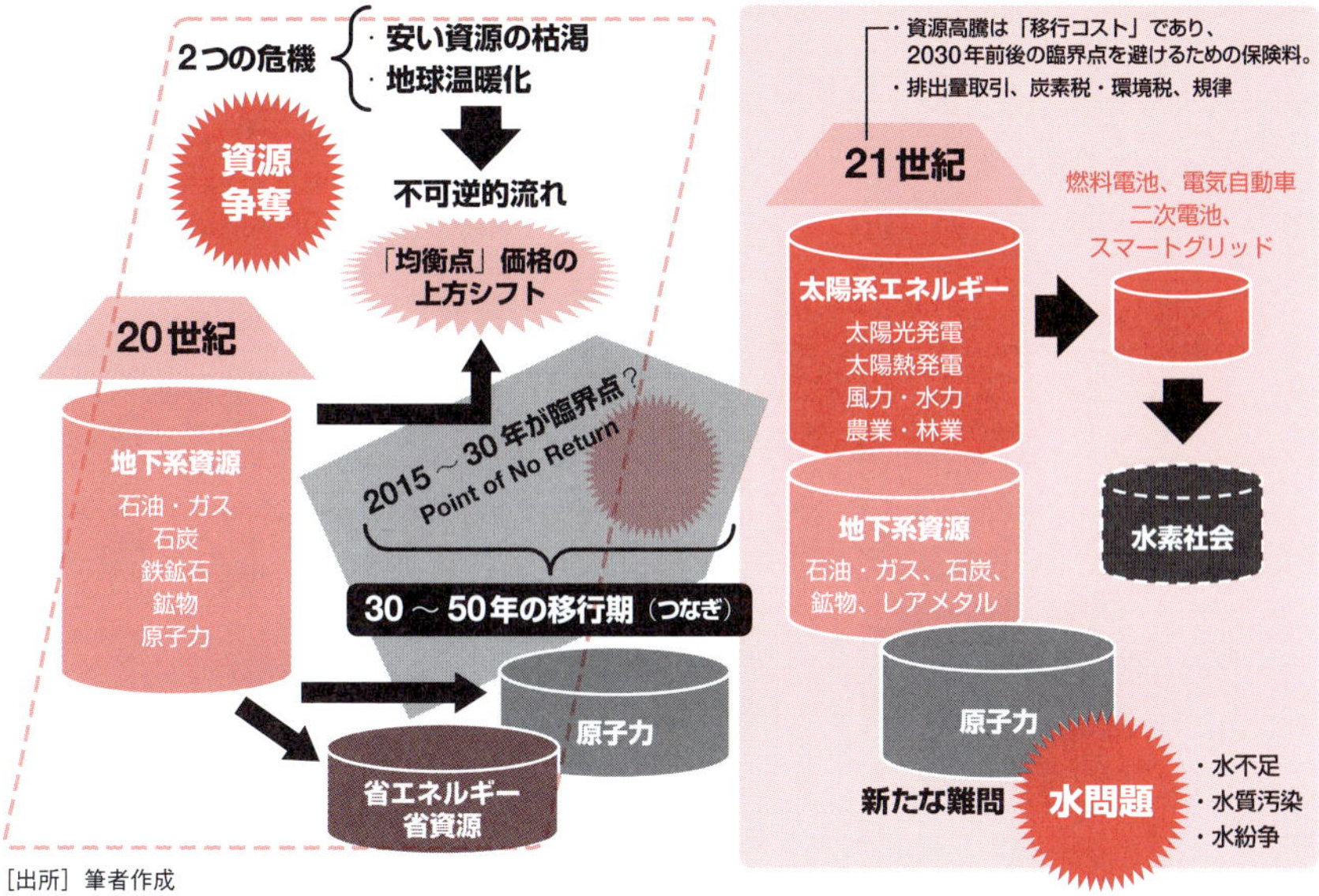
2つの危機
・安い資源の枯渇
・地球温暖化
資源争奪
不可逆的流れ
「均衡点」価格の上方シフト
20世紀
地下系資源
石油・ガス
石炭
鉄鉱石
鉱物
原子力
2015～30年が臨界点？
Point of No Return
30～50年の移行期（つなぎ）
原子力
省エネルギー
省資源
・資源高騰は「移行コスト」であり、2030年前後の臨界点を避けるための保険料。
・排出量取引、炭素税・環境税、規律
21世紀
燃料電池、電気自動車
二次電池、
スマートグリッド
太陽系エネルギー
太陽光発電
太陽熱発電
風力・水力
農業・林業
地下系資源
石油・ガス、石炭、
鉱物、レアメタル
水素社会
原子力
新たな難問
水問題
・水不足
・水質汚染
・水紛争

［出所］筆者作成

しかし、後述するように、このシェール革命が「安価な資源の枯渇問題」を解決するとみるのは早計であろう。むしろ、我々が再び資源が無尽蔵にあると考え、化石燃料への依存を強めてしまう可能性がある。その結果、「地球温暖化」というもう1つの危機が加速してしまう恐れすらある。

これら資源を開発するためにはコストがかかる。言い換えれば、そのための限界生産コストが市場で提示されなければ、新たな開発は進まない。

資源価格の「均衡点変化」は、これまで「地下系資源に依って成長してきた20世紀型成長モデル」の限界を示すものであり、太陽光、風力、地熱発電、二次電池、燃料電池、ハイブリッドカーなどの開発ブームは、「太陽系エネルギーに依って立つ21世紀型経済成長」を模索する動きといえよう（図1-20）。

我々が進めるべきことは、資源価格の高騰を追い風にして、21世紀型の産業革命を引き起こしていくことであろう。日本企業の果たす役割は大きいはずだ。

CHAPTER 1-10

WHAT HAS OCCURRED TO THE RESOURCE?

新興国の台頭で資源需要に大きな変化が⁉

……………GDP第2位に躍り出た中国。まだまだ需要は伸張予定

30年間10%成長を続けた中国の経済力

どのように巨大にみえても、望遠鏡の反対側から見ると大したことはない。現在の中国がそうだ。それは人口で割ってみればわかる。

中国では、1976年に毛沢東主席が死去し、江青ら文化革命を主導し国内を大混乱に陥れた「四人組」が失脚すると、翌77年には鄧小平が生涯3度の失脚から全面的に復帰した。実利的視点を持っていた彼は、78年に「改革・開放」政策を打ち出した。革命路線から建国路線への大転換である。これを契機に中国は市場経済化による持続の成長を遂げる。

以来2011年まで33年が経過した。この間の平均成長率は約10%と、30年以上にわたり2ケタの成長を続けたことになる。78年当時約2000億ドル台だったGDPの規模は、2000年に1兆ドルに達した。93年にはドイツを抜いて世界第3位の経済大国となり、10年には5兆ドルを超え日本を抜き、世界第2位のGDP大国となった（図1-21）。

この中国の30年以上にわたる高成長は資源市場にも大きな影響を及ぼすようになった。特に、01年11月の

図1-21 中国の30年以上に及ぶ成長

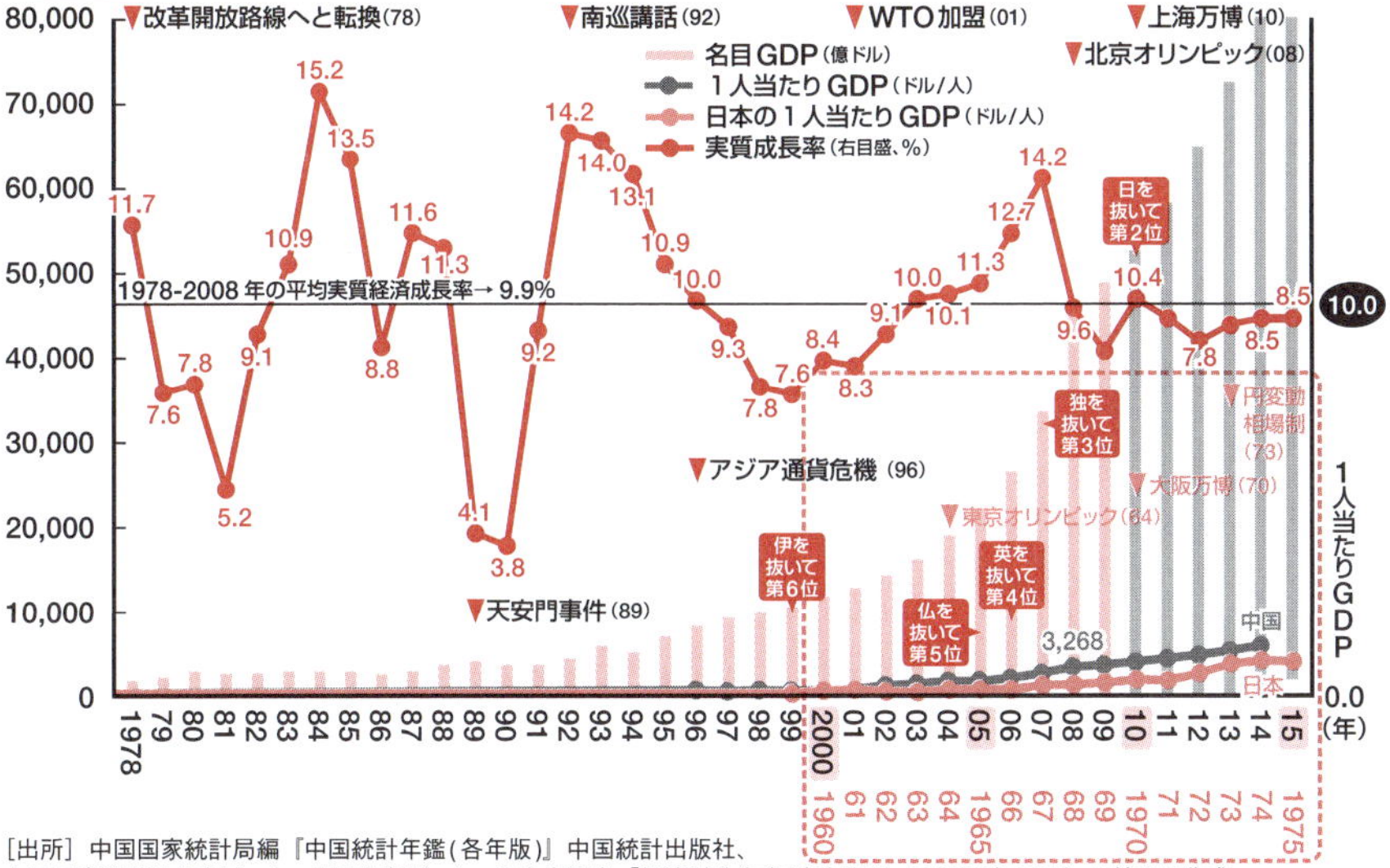

［出所］中国国家統計局編『中国統計年鑑（各年版）』中国統計出版社、
中国国家統計局公表データ、IMF公表データ、日本内閣府『経済財政白書（各年版）』国立印刷局のデータ等より作成
（注）10-15年予測はIMF10年10月

WTO（世界貿易機関）加盟を契機に中国は3つの成長エンジンを手に入れた。第1に輸出、第2に外資、第3が成長に必要な海外資源である。実際、01年に8%台であった成長率は、03年以降10%台に加速した。これに伴い、中国の原油、銅、大豆などの資源輸入が急拡大した。

1人当たりで見ると依然として中国は途上国

ただ、13億4000万の人口で割ると1人当たりGDPはようやく5000ドル台であり、200カ国近い国々の中でも典型的な発展途上国である。

先進国に仲間入りする目安である1万ドルに達するにはさらに2倍拡大させる必要がある。今後、中国が社会安定に必要な8%の成長を続けたとしても達成には10年が必要だ。しかし、8%という成長率は、10年未満で経済規模が倍になり資源需要も倍になるスピードである。需要面からの資源価格押し上げ圧力が今後も続くことは必至といえよう。

ただ、中国はこれまでのような資源爆食型の成長が環境面から持続不可能であると考えている。このため、2011年の全人代（全国人民代表会議。日本の国会に当たる）で第12次5カ年規画（2011～15年）を正式決定。そこでは経済に関する3つの方針転換を打ち出した。

「強国から富民へ」、「外需から内需へ」、「高炭素から低炭素へ」の3つである。この背景には、WTO加盟以降、経済強国を目指し達成したものの、格差が広がってしまった。そこで格差是正のための富民である。その手段として、輸出主導から消費主導に切り替える。さらに環境問題に対しては低炭素社会の構築を目指す、というものである。

これら方針転換が瞬時に行われれば、資源市場も早目に鎮静化しよう。しかし、問題はこれらを達成するために、中国が2020年までに進めようとしているのは高速鉄道（中国版新幹線の建設で、50万以上の都市約200を結び付ける）や電源開発と特別高圧送電線ネットワークの構築だということである。

これに伴い、鉄、銅、アルミ、レアメタル、石油、天然ゴムなど資源需要はもとより、輸送用燃料としてのガソリン、軽油など石油需要の拡大が不可避である。

資源大国にも関わらず国外でも資源確保の必要性

中国は世界でも有数の資源大国だ。鉄鉱石などはブラジルに次ぐような埋蔵量を誇っている。石炭は世界で約61億トンの生産量（2010年）のうちの半分は中国。産油国としてはサウジアラビア、ロシア、イランに次ぐ世界第4位の産油国だ。穀物も22億トンの世界生産量のうち5億トン以上が中国の生産である。

確かに中国は資源大国には違いないが、人口で割ると1人当たり資源貧国であって、今後成長に必要な資源が足りない。そこで海外の資源を使って成長せざるを得ず、資源価格の暴落を招いたリーマン・ショックは、中国にとって権益を含めた資源確保の好機となった。

第2章

資源のカギを握る国「中国」と産出国
―日本と世界へ与えるインパクトとは？

成長しているが故に新たな課題を抱え込む中国

……「粗放型成長」の問題点を自覚し、明確に打ち出す政策転換

WHAT HAS OCCURRED TO THE RESOURCE?

CHAPTER 2-1

中国経済成長目標7・5%をどう見るか「粗放型成長」のツケ

中国全国人民代表会議（全人代）が2012年3月5〜14日にわたり北京の人民大会堂で開催された。胡錦濤国家主席、温家宝首相など9名の政治局常務委員をはじめ2192人の委員が出席。冒頭、温家宝首相が政府活動報告を行い、12年のGDP（国内総生産）成長率の目標を7・5%にすると発表した。これまで政府は「保八」、すなわち雇用維持のために8%の成長が必要であるとしていたが、今回は8年ぶりに目標を引き下げた。リーマンショックの影響から力強く回復した2010年の10・4%からは2年連続の減速となる。

この目標成長率の引き下げをどう評価するかは、2011年にスタートした第12次5カ年規画（11〜15年）」（以下12・5規画）および11月の5年に一度の共産党大会での指導部交代を踏まえた上で、具体的な経済指標を捉える必要があろう（**図2-1**）。

中国の11年のGDPは47・1兆元で、前年比9・2%成長し、06年の21・6兆元から5年間で倍増した。消費者物価は前年比5・4%上昇し目標とする4%を上回った。また、物価の3分の1のウェイトを占める食

図2-1　中国 第12次5ヵ年規画の主な内容と影響

3つの方針転換	主な内容
①強国→富民	1. GDP成長率以上の所得増、労働分配率の改善 2. 所得格差の縮小 3. 社会保障の充実（医療保険、年金、福祉住宅など）
②外需→内需	4. （外需）輸出競争力維持⇔輸入増による貿易収支の均衡化 5. （消費）消費市場の規模拡大⇔節約型消費の提唱 6. （投資）合理的な規模拡大⇔非効率な投資の抑制
③高炭素→低炭素	7. エネルギー消費・CO2排出量の大幅削減を約束性目標に、省エネ業績評価を強化 8. 資源関連税金・費用を改革、環境保護税を導入 9. 資源製品（水、電気、ガソリン、天然ガス）価格を改革
重点産業・地域	
④重点産業	10. 戦略的新興産業：省エネ・環境保護、次世代情報技術、バイオ、ハイテク設備製造、新エネ、新素材、新エネ自動車 11. エネルギー・輸送：石炭・石油・天然ガス備蓄の整備、水力・原子力・太陽光発電、バイオマス、地熱、スマートグリッド、高速鉄道 12. 海洋経済：海底油田・ガス開発、海上輸送、漁業、海水総合利用等の産業を発展させる。海洋権益を保護する
⑤重点地域	13. 西部大開発が最優先 14. 東北地方の振興、中部地域の躍起、東部地域の更なる発展 15. チベット、新疆等の民族地域、国境地域、貧困地域を支援

主な影響

●チャンス
① 内需（国内消費市場、エネルギー資源需要拡大）
② インフラ（電力インフラ、原子力発電、高速鉄道等輸送ネットワーク）
③ 環境（省エネ・低炭素産業機械、消費財、環境インフラ整備）

●懸念
① 資源価格上昇（水、電気、ガソリン、天然ガスなど）
② 要素価格上昇（土地、資本、労働など）
③ 環境規制強化

［出所］「中国国民経済・社会発展第12次5ヵ年規画綱要」2011年3月17日をもとに丸紅経済研究所・李雪連作成

料品は11・8％と2ケタ上昇し、国民の不満が高まった。高速鉄道・道路、港湾など社会インフラの整備に相当する全社会の固定資産投資は、31・1兆元で前年比23・6％増加し、06年以降20％を超える伸びが続いている。

過去5年間を振り返ってみても、中国では固定資産投資を中心に資源爆食型の高成長が続き、インフレが顕著になるなどの弊害も無視できぬようになった。そればかりではない。中国は1978年の改革開放以来、2010年までの32年間、平均10％の成長を続けてきた。それ自体は誇るべきことであるが、環境破壊という大きな犠牲を払いながらの成長でもあった。

電気、ガス、水道、ガソリンなどの資源価格が余りにも安かったため、浪費が進んでしまった。安い資源の大量投入―生産―消費―廃棄という粗放型成長は、もはや環境的に持続不可能であるという認識に政府は至った。この意味では、粗放型成長モデル転換は近年の課題であった。

しかし、08年9月、リーマンショックが発生すると、中国政府はこれに対応するため、鉄道・道路・港湾、電力などを中心に4兆元（約50兆円）の景気刺激策を打ち出し、成長モデルの転換は先送りされる格好となった。

五カ年規画に盛り込まれる節エネ・省エネへの政策転換

これを受け中国政府は、前述のように2011年3月の全人代で、12・5規画の経済政策を発表。（1）強国から富民へ、（2）外需から内需へ、（3）高炭素から低炭素社会へ　という3つの方針転換を打ち出した。これを受けての12年の目標成長率を7・5％とした（実績は7・8％）。この方針転換について、人民日報は「やりやすい改革はあらかた済んでおり、残っているのは全てしゃぶるのが難しい『硬い骨』であるが、避けるわけにはいかず、避けることもできない」と論評している。問題は、中国経済の将来像がどのようなものかである。

この点、政府は2020年を目標にサービス産業中心の経済へ移行させようとしている。具体的には、流通・物流、金融（銀行・保険・証券）、情報、文化・スポーツなどを柱にした産業の育成だ。特に、中国にとって最大の課題は2021年の共産党創設100周年記念という大きな歴史の節目を成功裏に収めることだ。

しかし、それを導くのは11月に交代した習近平や李克強など1950年代生まれの若い指導層だ。革命経験のない彼らにはカリスマ性が無く、経済での失敗は許されない。中国経済には減速が必要だが、過度な減速は避けなければならない。

一方、「課題への対策が新たな矛盾を生んでしまう」のが中国だ。実際、経済構造改革を行うため、政府は高速鉄道建設や電源開発・特別高圧送電線網など、社会インフラの整備を急速に進めている。ちなみに、高速鉄道の建設を急ぐあまり、11年は追突脱線事故を起こしてしまった。皮肉なことに、資源爆食型からサービス産業主導型の経済構造に転換しようとすることが、新たな資源需要を喚起することになり、コモディティ価格の上昇圧力を強めることになる。

人民元切り上げは中国にとって諸刃の剣

……貿易上は利益減となるが資源開発には人民元高が有利に働く

WHAT HAS OCCURRED TO THE RESOURCE?

CHAPTER 2-2

各論では溝が埋まらなかったオバマ・胡錦濤会談

一国の経済政策はその時々の矛盾を解決するために打ち出されるのだが、その政策が長期間続けられる結果、新たな矛盾を生み出すことにもなる。

特に、長期にわたりダイナミックな成長を遂げている中国では、矛盾は気が付けば放置できないほどの問題になる。それが米中関係では人民元の改革問題であり、日中間では尖閣諸島を巡る領土問題といえよう。

２０１１年１月20日、胡錦濤国家主席（当時）が５年ぶりに米国を訪問した。翌日の米中首脳会談の結果については、オバマ米大統領より「米中30年の土台を築くことができた」と総論では成果を挙げることができたとの記者会見があった。しかし、これはあまり意味がない。そもそもどんなに仲の悪い国同士でも「宇宙人が地球を襲ったら協力して戦おう」といった、大きな問題や遠い将来の問題については無条件で合意できるのである。

重要なのは各論である。人民元改革や人権問題、北朝鮮の核開発問題など、具体的な課題では進展がなく、平行線を辿った。

オバマ大統領が、「人民元の切り上げは、中国にとってインフレ抑制につながる」などのメリットを挙げ、切り上げ加速を促したのに対し、胡錦濤は抽象的な回答に止まった。では、なぜアメリカは人民元を切り上げようとしているのか。

切り上げ圧力をめぐる米中両国の攻防と互いの意図

米国にとっては「人民元が安過ぎる」結果、対中貿易赤字が拡大し、中国製品との価格競争に敗れた米国メーカーが廃業するなどで、雇用が失われたとの思いが大きい。このため人民元切り上げ要請の最大の狙いは、中国への輸出拡大と貿易赤字を縮小することだ。

また2012年に選挙を控えたオバマ大統領は、1月の一般教書演説で、成長戦略の柱として「国家輸出戦略」を掲げ、2010年からの5年間で輸出を倍増させ、200万人の雇用を創出するという目標を掲げた。そのターゲットが最も勢いのある中国市場なのだ。その際、人民元高は米国の対中輸出を増やすが、人民元安はこうした目標を阻む。これに対し中国が応じない理由は何か。

胡錦濤にとって人民元切り上げ問題は、対米問題というよりは、むしろ雇用問題であり、社会の不安定に直結する国内問題である。それだけに軽々には切り上げられない事情がある。

中国は人民元切り上げの基本的考え方として、「自主性」「管理可能性」「漸進性《ぜんしん》」を挙げている。他人にとやかく言われずとも自分の判断で、コントロールできる範囲内で緩やかに切り上げるということだ。

事実、人民元は2005年7月に1ドル＝8・28元から8・11元まで2％強切り上がった。その後、08年のリーマンショック対策として固定された時期もあったが、10年6月より「弾力的運用」がなされ、11年初めでは6・6元程度まで、当初よりも約25％切り上がり、12年末では6・3元前後となっている。

ところで人民元が大幅に切り上げられると、どうなるのだろうか。まず中国の輸出競争力は低下する。中国の貿易構造は日本や韓国から部品や資本財を輸入し、中国内で完成品にし、欧米に輸出するというものだ。このため、中国の貿易収支は、対日本で大幅赤字（2011年では▲462億ドル）であり、対米国、対EUで大幅な黒字（各2024億ドル、1448億ドル）を計上している。

人民元切り上げにより米国・日本の貿易は？

こうした関係から、人民元の切り上げ・円安は日本にとっては、中国向け輸出がしやすくなるということになる。

ただ、そう簡単ではないのは、中国から米国への完成品輸出が減少する結果、日本から中国への部品や中間製品の輸出そのものが減少する可能性もあることだ。また、中国に進出した日本企業にとってはデメリットにもなる。経済問題の多くは市場が解決するものの、為替（金融）問題は政治問題でもあるのだ。

では将来的な人民元改革はどのように進むのか。その影響をどうみたらよいのであろうか。いくつかの予想ができる。第1に、人民元の国際化が進むだろう。すでにアセアン諸国とは一部人民元建ての貿易が行われている。第2に中国の海外投資も進むだろう。その結果資源権益や企業を買収する動きが活発になる。第3に中国人観光客も、現在の年間4～5000万人から1億人を超える日も近いだろう。

なかでも注意すべきは、人民元高が海外の資源戦略を進めやすくすることだ。

図2-2は、2000年以降の中国経済発展の構図を示したものである。特に、01年11月のWTO加盟が、中国に新たな3つの成長エンジンをもたらすことになった。それは、輸出で成長し、外資を導入して成長し、成長に必要な資源は海外の資源を利用してさらに成長するというものである。

中国は、経済強国・資源大国であっても、1人当たり人口でみれば経済小国、資源貧国であり、今後も持続的成長を達成するためには、国内資源だけでは足りず、海外の資源を積極的に活用せざるを得ない。

実際、2001年の加盟以降、中国経済は一段と加

図2-2　中国の経済成長と人民元

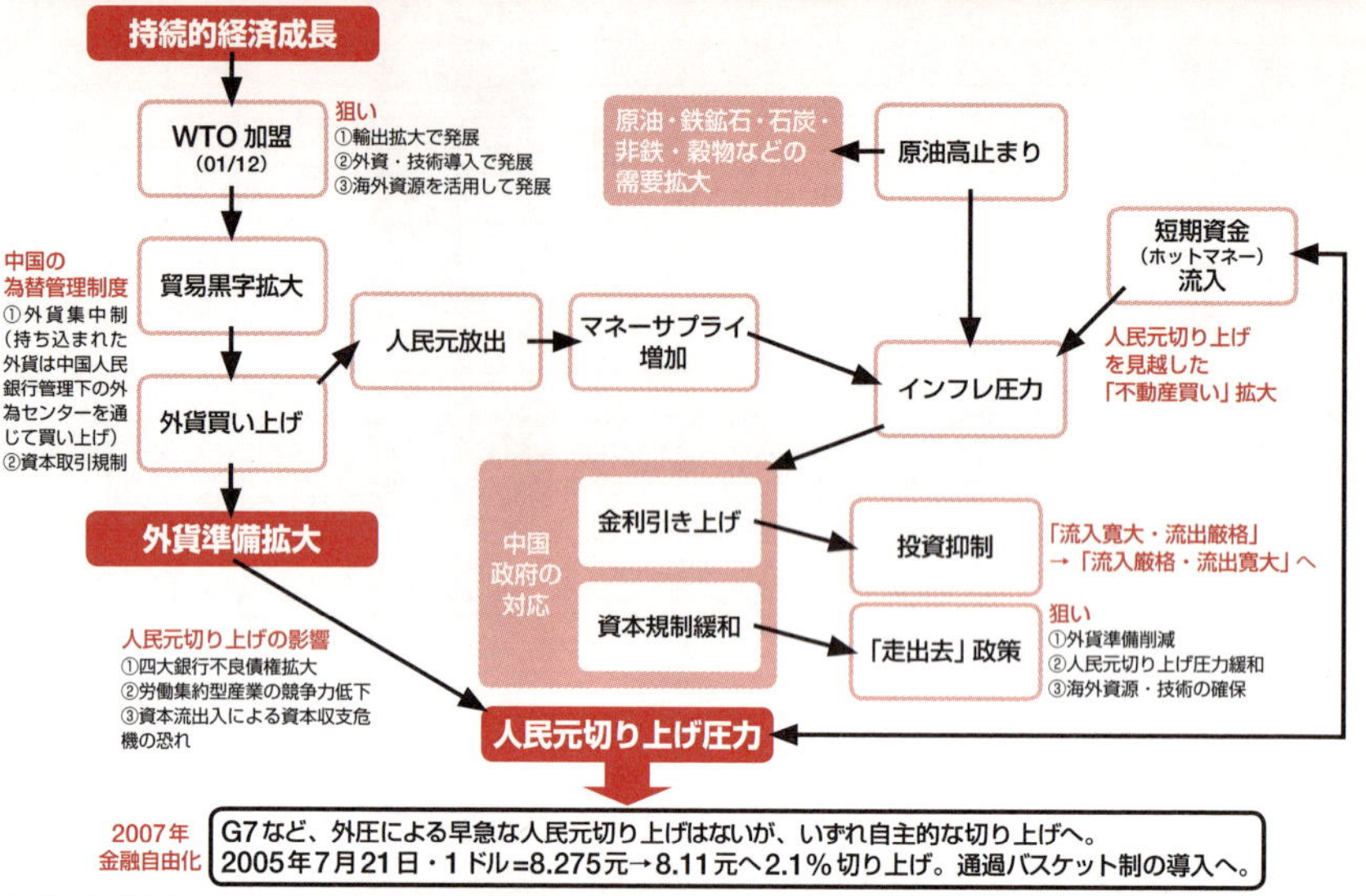
持続的経済成長
WTO加盟
(01/12)
狙い
①輸出拡大で発展
②外資・技術導入で発展
③海外資源を活用して発展
原油・鉄鉱石・石炭・非鉄・穀物などの需要拡大
原油高止まり
中国の為替管理制度
①外貨集中制（持ち込まれた外貨は中国人民銀行管理下の外為センターを通じて買い上げ）
②資本取引規制
貿易黒字拡大
短期資金（ホットマネー）流入
人民元放出
マネーサプライ増加
外貨買い上げ
インフレ圧力
人民元切り上げを見越した「不動産買い」拡大
外貨準備拡大
中国政府の対応
金利引き上げ
投資抑制
「流入寛大・流出厳格」→「流入厳格・流出寛大」へ
資本規制緩和
「走出去」政策
狙い
①外貨準備削減
②人民元切り上げ圧力緩和
③海外資源・技術の確保
人民元切り上げの影響
①四大銀行不良債権拡大
②労働集約型産業の競争力低下
③資本流出入による資本収支危機の恐れ
人民元切り上げ圧力
2007年金融自由化
G7など、外圧による早急な人民元切り上げはないが、いずれ自主的な切り上げへ。
2005年7月21日・1ドル=8.275元→8.11元へ2.1％切り上げ。通過バスケット制の導入へ。

［出所］筆者作成

速した。輸出によりドルを稼ぐと、中国の為替管理制度は外貨集中制をとっており、稼いだドルは原則外為センターを通じて中国人民銀行が吸収する。07年にこの外貨集中制は廃止されたものの、人民元を維持するための元売り・ドル買いスタンスは変わらない。

中国に集中したドルが資源メジャー再編を促す?

その結果、2つの影響が生じる。1つはドル買い入れのため人民元が放出されインフレ圧力が強まること。もう1つはドル外貨準備が拡大（12年末3・3兆ドル）し、人民元の切り上げ圧力が高まることだ。前者に対し政府は、不動産、株式、原油・金・穀物などの市場を育成し過剰流動性を吸収しようとしている。一方、後者は、「走出去《ゾウチュウチュイ》」政策（外貨を使って中国企業に海外直接投資を拡大させる）を進めている。具体的には、海外資源の権益やM&Aによる企業買収である。これらは、資源争奪戦を激化させ、長期的なコモディティ価格の押し上げ要因となる。

中国政治体制の混乱が景気減速とコモディティ価格への重圧となった

………第18回中国共産党大会での権力闘争　水面下で何が起こったか

CHAPTER 2-3

7四半期連続の景気減速その背後にある権力闘争

2012年初めより上昇基調にあった原油、金、非鉄、穀物などのコモディティ価格は、3月に入って急速に浮揚力を失った。背景には、先の見えない欧州債務不安や米景気回復の遅れに加え、中国景気の減速があった。中国経済に何が起こっていたのか。

中国の四半期ベースでみた実質GDP成長率（前年同期比）は、10年1-3月期の12・1%から7四半期連続で減速し、12年7-9月期の成長率は7・4%に止まった。不動産バブルやインフレ鎮静化のため金融引き締めに転じたことや、欧州債務問題が深刻化しEU向け輸出が鈍化したのが主要因である。

ただ、筆者はこの間、何ら有効な景気支援策を打ち出せなかった点として、中国共産党指導層における政治的混乱があったとみている。要は、景気どころではなかったのである。それが顕在化したのが4月10日の重慶市トップ薄熙来の失脚だ。

中国共産党の党機関のトップは、25名の中央政治局委員から構成される。このうち胡錦濤国家主席、温家宝首相はじめ9名の政治局常務委員がチャイナ・ナインと言われ、実質的に中国を動かす実力者たちだ。

薄煕来は、中央政治局委員で、10月の党大会では悲願のチャイナ・ナイン入りが有望視されていた。その彼が突如失脚した。一体権力構造に何が起こったのか。事の真相あるいは裏話は数多の雑誌・新聞で解説されているが、ここでは敢えて中国の抱えた構造的な問題から迫ってみる。

マルクス＝レーニン主義、毛沢東思想、鄧小平理論…そして

中国共産党は1921年、毛沢東や劉少奇など13名のメンバーにより上海で結成された。その際、唯一の科学的世界観とされた「マルクス＝レーニン主義」を指針とすべく党規約に盛り込まれ、後に「毛沢東思想」も加えられた。

その後、78年に鄧小平が「改革・開放」を打ち出すと、彼の「先富論」（先に富める者から豊かになる）の考え方が「鄧小平理論」として党規約に書き加えられた。

さらに、89年に江沢民が総書記に就任すると、「三つの代表論」（共産党は農民、労働者、資本家の代表である）も党規約に加えられ、以前であれば階級の敵であった資本家や企業家をも共産党に取り込んだ。

しかし、その結果、中国の経済発展が加速するに伴い格差も広がった。これに対し2004年に総書記の座についた胡錦濤は、「科学的発展感」を党規約に加え、格差を是正しバランスのとれた経済発展を目指した。

にもかかわらず、格差は依然として残り、政治的な不正も蔓延し、国民の不満が放置できないほどに高まった。1980年代半ばに2倍以下であった都市部と農村部の収入格差は、90年代に入って3倍を超えた。公務員の不正や汚職も問題だ。最高人民検察院の活動報告によれば、11年の職務犯罪事案の数は3万2567件に上り、4万件以上が立件、捜査されている。

こうしたなか、今回失脚した薄煕来は、「打黒」（不正を暴く）運動を進め、「等しく貧しさを分かち合う」毛沢東思想への回帰を謳い、当時の革命歌を歌う「唱紅歌」運動を進め強く大衆を扇動していた。これにチ

図2-3 中国共産党の新指導部（2012.11.8 第18回党大会）

	名前	年齢	現職	予想される職務	大まかな派閥
政治局常務委員	習近平	59	国家副主席	国家主席	太子党
	李克強	57	副首相	首相	共青団派
	張徳江	66	副首相	全人代常務委員長	上海閥
	兪正声	67	上海市党委書記	全国政治協商会議主席	上海閥
	劉雲山	65	党中央宣伝部長	書記処書記	共青団と上海閥の中間派
	王岐山	64	副首相	規律検査委書記	太子党
	張高麗	66	天津市党委書記	副首相	上海閥

［出所］ 筆者作成

ャイナ・ナインの堪忍袋が切れた。放置すれば、89年の天安門事件の再来に繋がりかねないとの危機意識である。

中国の政治的混乱により、本格的な経済のテコ入れが遅れ、経済に急ブレーキがかかったことでコモディティ価格も値を下げる形となった。

11月8日に開催された共産党大会では、習近平総書記、李克強副首相をはじめとする7名の政治局常務委員（チャイナ・セブン）が決まった（図2-3）。

しかし、習近平体制中国の行く手も茨の道である。不動産バブルやインフレの高進、地方政府の債務問題がある。投資ブームの中で共産党幹部による汚職・腐敗も広がった。100万円単位では汚職の内に入らず、億単位でなければ摘発の対象にもならないという話を聞いたことがある。最近の尖閣諸島国有化を契機とした反日暴動も、若者を中心とする国民の不満のはけ口として、背後には黒幕がいる可能性が高い。

CHAPTER 2-4

WHAT HAS OCCURRED TO THE RESOURCE?

地球規模で見られる欧米資本排斥の動きとは？

……各国で明らかに進むのが、資源権益を巡る規制の強化だ

国家規模で資源開発に乗り出す中国の新・資源ナショナリズム

資源国による自国資源の囲い込みを「資源ナショナリズム」という。自国の資源を自国の国益のために利用しようと言う考え方は理解できる。しかし、世界有数の資源保有国でありながら、旺盛な国内需要をまかない切れず、海外の資源を漁る中国の姿はまさに「新・資源ナショナリズム」と言えよう。

中国は一国としてみた場合は経済大国であり、資源埋蔵量も多い。石油、天然ガス、石炭、ウラン、鉄、マンガン、銅、アルミニウム、亜鉛、鉛、レアアース（希土類）、タングステン、モリブデン、アンチモン、チタン、リン、硫黄、カリウム塩類、ベンナイト（粘土）、蛍石《ほたるいし》などの資源保有で中国は世界シェアの多くを占める。

しかし、人口大国でもあるため、これら資源量を人口で割ると1人当たり資源貧国である。今後も成長を続けるために必要な資源が足りない。特に、2007年〜08年前半にかけて、原油はじめ鉱物、農産物などあらゆる資源価格が歴史的高値を付けたのをみて中国は本格的な国家資源戦略を打ち出すようになった。

もちろん中国政府が自国の国家資源戦略を公表して

図2-4 中国の国家資源戦略の枠組み

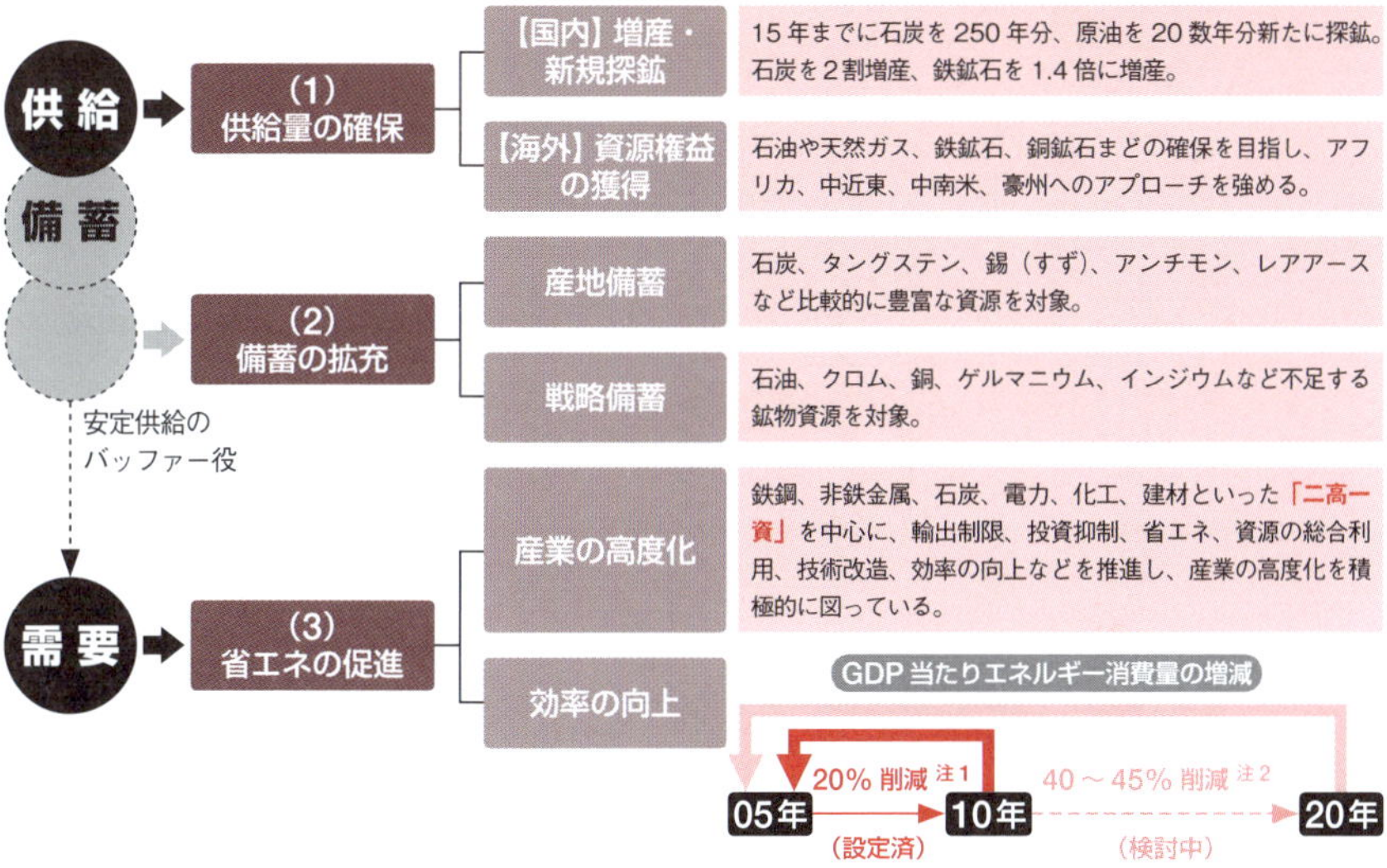
供給
備蓄
需要
(1)
供給量の確保
(2)
備蓄の拡充
(3)
省エネの促進
安定供給の
バッファー役
【国内】増産・
新規探鉱
15年までに石炭を250年分、原油を20数年分新たに探鉱。
石炭を2割増産、鉄鉱石を1.4倍に増産。
【海外】資源権益
の獲得
石油や天然ガス、鉄鉱石、銅鉱石までの確保を目指し、アフリカ、中近東、中南米、豪州へのアプローチを強める。
産地備蓄
石炭、タングステン、錫（すず）、アンチモン、レアアースなど比較的に豊富な資源を対象。
戦略備蓄
石油、クロム、銅、ゲルマニウム、インジウムなど不足する鉱物資源を対象。
産業の高度化
鉄鋼、非鉄金属、石炭、電力、化工、建材といった「二高一資」を中心に、輸出制限、投資抑制、省エネ、資源の総合利用、技術改造、効率の向上などを推進し、産業の高度化を積極的に図っている。
効率の向上
GDP当たりエネルギー消費量の増減
20% 削減 注1
40～45% 削減 注2
05年
10年
20年
（設定済）
（検討中）

［資料］丸紅経済研究所・李雪連作成

注1：「第11次五カ年規画」の約束目標。
注2：中国社会科学院「2009 中国持続発展戦略報告」09年3月。

いるわけではない。しかし、断片的に公表される情報を整理すると、中国の国家資源戦略の柱は3つであることが見えてくる（**図2-4**）。

第1は国内外で供給量を確保することである。中国には石炭や原油など、まだまだ十分に調査されていない資源が多い。このため2015年までに、国内において石炭で埋蔵量250年分、原油で20数年分を新たに探鉱・開発。海外で石油、天然ガス、鉄鉱石、銅鉱石、レアメタルなどの資源の権益確保を狙ってアフリカ、中近東、中南米などへの接近を強めていく。

第2は備蓄である。中国は08年8月、国家発展改革委員会の中に「国家エネルギー局」を新設。既存の4カ所（鎮海《チェンハイ》、舟山《チョウシャン》、大連《ダーリエン》、黄島《ファンダオ》）の原油備蓄基地に加え、5年後を目処に新たに8カ所を設け、備蓄量を08年の2・6倍に当たる2億7000万バレルに増やす計画だ。食糧についても、地域ごとに分散していた食糧備蓄施設を、国有企業のシノグレイン（中国食糧備蓄管理総公司）に一本化させつつ、大連港を整備し食糧の国家備蓄を厚くしている。

第3は、需要サイドでの省エネ・省資源化である。かつて、70年代の石油ショックに対して、日本が省エネ・省資源化を指向し、産業構造を高度化させたように、中国も「二高一資」産業の高度化を図っている。すなわち鉄鋼、非鉄、石炭、電力、石油化学、建材といった、エネルギー消費量が「高く」、環境への負荷が「高い」産業と、「資源」消費量の大きい産業を高度化することで、GDP当たりエネルギー消費量を削減する。また、単位GDP当たりのCO_2発生量を低下させる。2020年までに、CO_2の発生量を対GDP比40~45%削減（05年比）する計画だ。

新・資源ナショナリズムの高揚は地球規模のものでもある。**図2-5**はその構図を描いたものである。

ふつう、資源メジャーといえば欧米企業を指す。非鉄資源メジャーは、BHPビリトン、リオティント、ヴァーレ、エクストラータ、アングロアメリカンにチリのコデルコに再編集約されているが、現在はこれらに中国のチャイナルコ（中国アルミ）やミンメタルズ（五砿集団公司）などが加わる形で、新たな再編や争奪戦が繰り広げられつつある。

この結果、原油、天然ガス、ウラン、鉄鉱石、原料炭、非鉄（ベースメタル）、レアメタルなどの価格が上昇し、資源国の外貨収入が増え、財政が豊かになり経済体力が強化された。すると、次第に反米・左派政権の基盤が強化され欧米資本を排斥する動きが強まった。

資源産出国が乗り出した欧米資本排斥への布石

具体的には、以下に挙げたような所得税の引き上げ、ロイヤルティ（利権利用料：一般に国・地方政府が所有する鉱物資源を開発する権利に対して支払われるもので、鉱物資源が売却された時点で支払われるケースが多い）の引き上げ、安い資源時代に契約した旧契約の破棄、戦略的交渉の設定といった形での国家による管理強化などだ。

●チリ、ペルー：外国投資法と所得法改正で外資規制を強化。

●ロシア：レアメタルなど戦略的鉱床（Strategically Important Deposits：国家安全保障上、経済・社会開発

図2-5 新・資源ナショナリズムの高まり

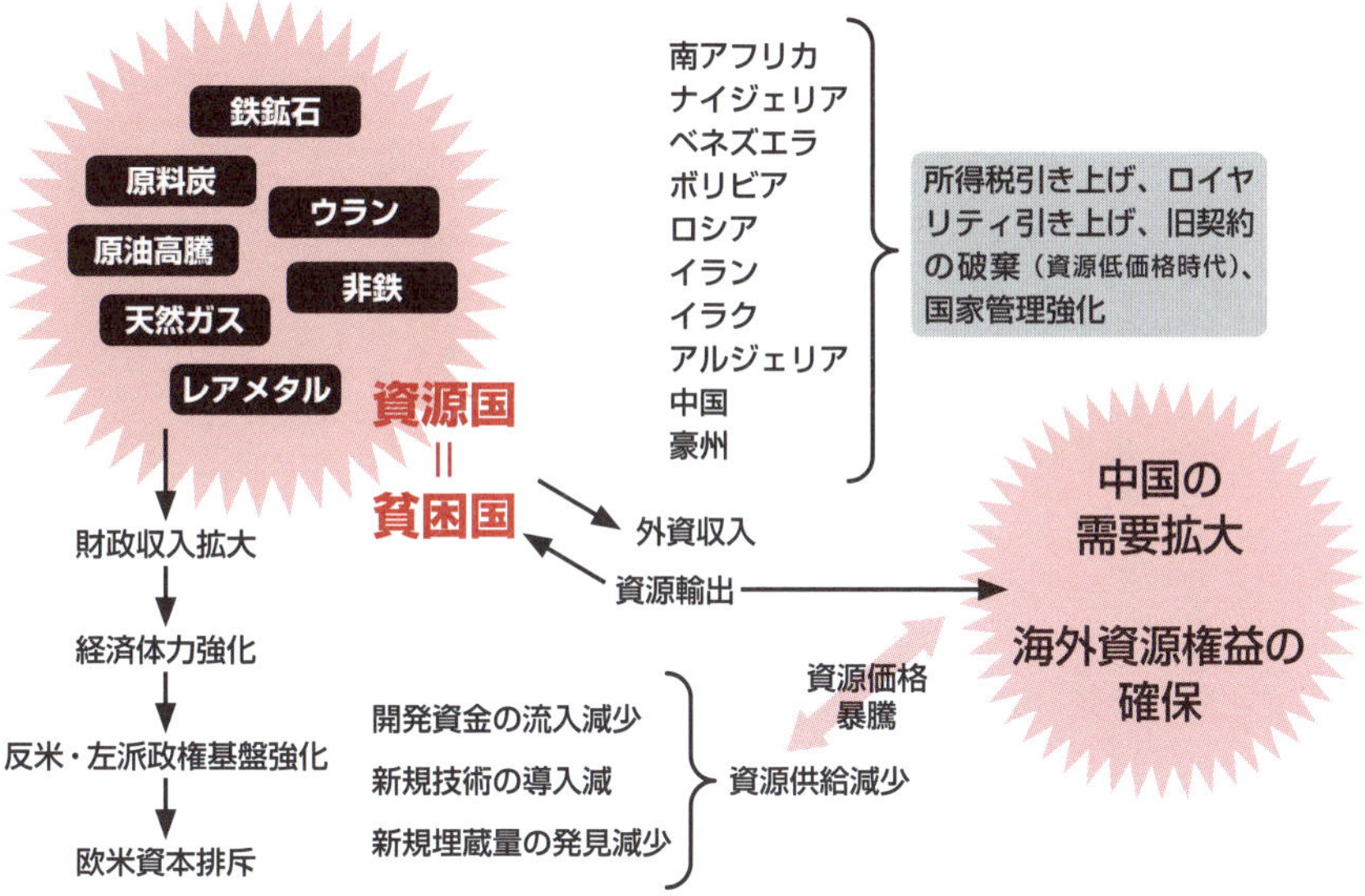
鉄鉱石
原料炭
ウラン
原油高騰
非鉄
天然ガス
レアメタル
資源国
＝
貧困国
財政収入拡大
経済体力強化
反米・左派政権基盤強化
欧米資本排斥
南アフリカ
ナイジェリア
ベネズエラ
ボリビア
ロシア
イラン
イラク
アルジェリア
中国
豪州
所得税引き上げ、ロイヤリティ引き上げ、旧契約の破棄（資源低価格時代）、国家管理強化
外資収入
資源輸出
中国の需要拡大
海外資源権益の確保
資源価格暴騰
開発資金の流入減少
新規技術の導入減
新規埋蔵量の発見減少
資源供給減少

［出所］筆者作成

上インパクトを与えるポテンシャルのあるもの）は、ロシア企業による過半以上の権益保持が条件。大規模開発案件について外国企業の入札は不可能になった。

●カザフスタン：地下資源法の改正により国に優先権が認められる法案が可決された。探鉱権や開発権についても政府介入を認める法案が可決。

●モンゴル：戦略的鉱床については、国の予算により調査したものは上限50％、それ以外は上限34％まで国が参入可能になった。探査権、採掘権、鉱区税、外国人雇用の上限、ロイヤルティ、環境保全義務などが強化・導入された。

●インドネシア：新鉱業法を審議中。

●オーストラリア：石炭や鉄鉱石など資源エネルギーに対して鉱物税を課税。

新・資源ナショナリズムの高揚は、①開発資金の流入減少、②新規技術の導入減、③新規埋蔵量の発見減少 といった面で資源供給を減少させ、中国の需要拡大と相まって資源価格の暴騰を招く恐れがある。

資源輸出国を取り巻く状況の過去と現在の相違

……………低価格での取引を余儀なくされてきた産出国にも変化あり

WHAT HAS OCCURRED TO THE RESOURCE?

CHAPTER 2-5

モノカルチャーに依存してきた一次産品輸出国

かつて南北問題が深刻化した1960年代、資源は「貧者の贈り物」と言われていた。

これは、エネルギーや金属、農産物など資源の多くが貧しい南の開発途上国に偏在する一方、それらを安い価格で輸入することで工業製品をつくり経済発展を遂げているのが北の先進工業国であるという南北問題の構図に注目した言葉である。

いわば北の先進工業国は、南からの「貧者の贈り物」により長期的発展を遂げてきたということだ。

モノカルチャー経済（単一商品経済）という言葉を聞いたことがあるだろう。特定の商品に依存する発展途上国の経済の特徴を示す言葉だ。

例えば、**図2-6**は、2009年時点での主な一次産品輸出国の輸出上位3品目（影線が一次産品）とその輸出シェアをみたものだ。

これによると、ナイジェリアは、原油、LNG（液化天然ガス）、カカオ豆の3品で輸出額の9割以上を占めている。サウジアラビアの場合は、原油だけで73％。チリは銅・銅鉱石、野菜果実、魚介類で64％だ。

図2-6　主な国の輸出上位3品目の金額＆シェア（2009年）

（単位：億ドル）

国	1	金額	2	金額	3	金額	a 一次産品計	b 輸出合計	a/b%
中国	機械類	5,321	衣類	1,072	繊維品	598	-	12,016	-
インド	石油製品	238	機械類	167	ダイヤモンド	167	167	1,767	9.5
インドネシア	石炭	138	機械類	129	パーム油	103	241	1,165	20.7
タイ	機械類	484	自動車	119	石油製品	66	–	1,524	–
マレーシア	機械類	701	パーム油	92	LNG	88	180	1,571	11.5
サウジアラビア	原油	1,421	石油製品	152	プラスチック	54	1,421	1,923	73.9
ナイジェリア	原油	422	LNG	23	カカオ豆	12	457	499	91.6
南ア共和国	白金族	67	機械類	53	鉄鋼	51	67	538	12.5
米国	機械類	3,725	自動車	1,062	航空機	719	-	12,998	–
カナダ	機械類	410	原油	376	自動車	327	376	3,154	11.9
メキシコ	機械類	893	自動車	335	原油	256	256	2,297	11.1
コロンビア	原油	80	石炭	54	石油製品	19	134	328	40.9
チリ	銅・銅鉱石	278	野菜果実	41	魚介類	29	348	537	64.8
ブラジル	機械類	137	鉄鋼石	132	肉類	115	247	1,529	16.2
アルゼンチン	植物性油かす	81	自動車	53	大豆油	32	113	556	20.3
ペルー	金	67	銅・銅鉱石	60	石油製品	15	127	267	47.6
ロシア	原油	935	石油製品	472	天然ガス	394	1,329	3,017	44.1
オーストラリア	石炭	310	鉄鋼石	235	金	118	663	1,537	43.1

［資料］世界国勢図絵2011/12より作成
（注）　部は一次産品

これら一次産品国は工業化により脱モノカルチャー経済を進めてきた。

その結果、中国、インド、タイ、マレーシア、メキシコ、ブラジルなどの輸出上位品は機械類や自動車などが占めている。

しかし依然として一次産品へ依存している国が多いのも事実である。ただ、これは近年の資源ブームの中で、これら諸国の一次産品が再び見直されているという側面も強いと言えよう。

この点、過去30年近く一次産品市場を分析し続けてきた筆者にとって隔世の感がある。それは、60～70年代の資源ナショナリズムと、近年の資源ブーム時代の新・資源ナショナリズムとの違いである。

歴史を1960年代まで遡ると、輸出の多くを木材、天然ゴム、砂糖、コーヒー、原油、非鉄など一次産品に依存してきた途上国経済にとって、農業国から工業国への転換を図るための原資を得るには、一次産品の輸出によって図らなければならないというジレンマがある。

交易条件の過酷さが招いた一次産品輸出国の貧苦

しかし、これら多くの貧しい生産国が生産する一次産品価格は、自由な市場での競争原理で決められるのに対して、先進国の工業製品価格は当時、コスト・プラス原理（価格＝直接費＋間接費＋利益）で決められた。

このため、一次産品価格には常に押し下げ圧力がかかるのに対して、工業製品価格は工場労働者の賃金上昇を反映して上昇圧力が加わる。言い換えれば、一次産品の場合は生産性が上がれば価格が下げられる傾向があるのに対し、工業製品は生産性の上昇は製品価格の上昇、賃金上昇につながる。

その結果、先進国からの工業製品の輸入価格に対して、一次産品生産国の輸出価格は相対的に低下することになる。すなわち一次産品生産国にとって、**図2-7**に示したように、一次産品輸出価格を工業製品輸入価格で割った交易条件が低下（悪化）傾向を辿ることになるのである。

２０００年代に入って交易条件が急速に回復しているのは、近年の資源価格すなわち一次産品価格の上昇を映したものである。

60年代から見られた資源ナショナリズムとは？

通常、資源ナショナリズムとは、資源保有国が資源を自国の経済発展のために優先して使おうとして資源を囲い込む行動、あるいは資源国が一次産品価格を安定・引き上げる狙いから国際商品協定などを結び、輸出を規制しようとする動きを言う。そうした動きは１９６０～70年代に起こった。

きっかけは、１９６２年に国際連合が提唱した『天然資源に対する恒久主権の権利』宣言である。同宣言は、傾向的に悪化する一次産品国の交易条件を改善させるため、以下の点を訴えた。

- 天然資源が保有国に属し、資源保有国の国民的発展と福祉のために用いられるべき。
- 資源開発に従事する外国資本の活動について資源保

図2-7　一次産品価格指数/工業製品輸入価格

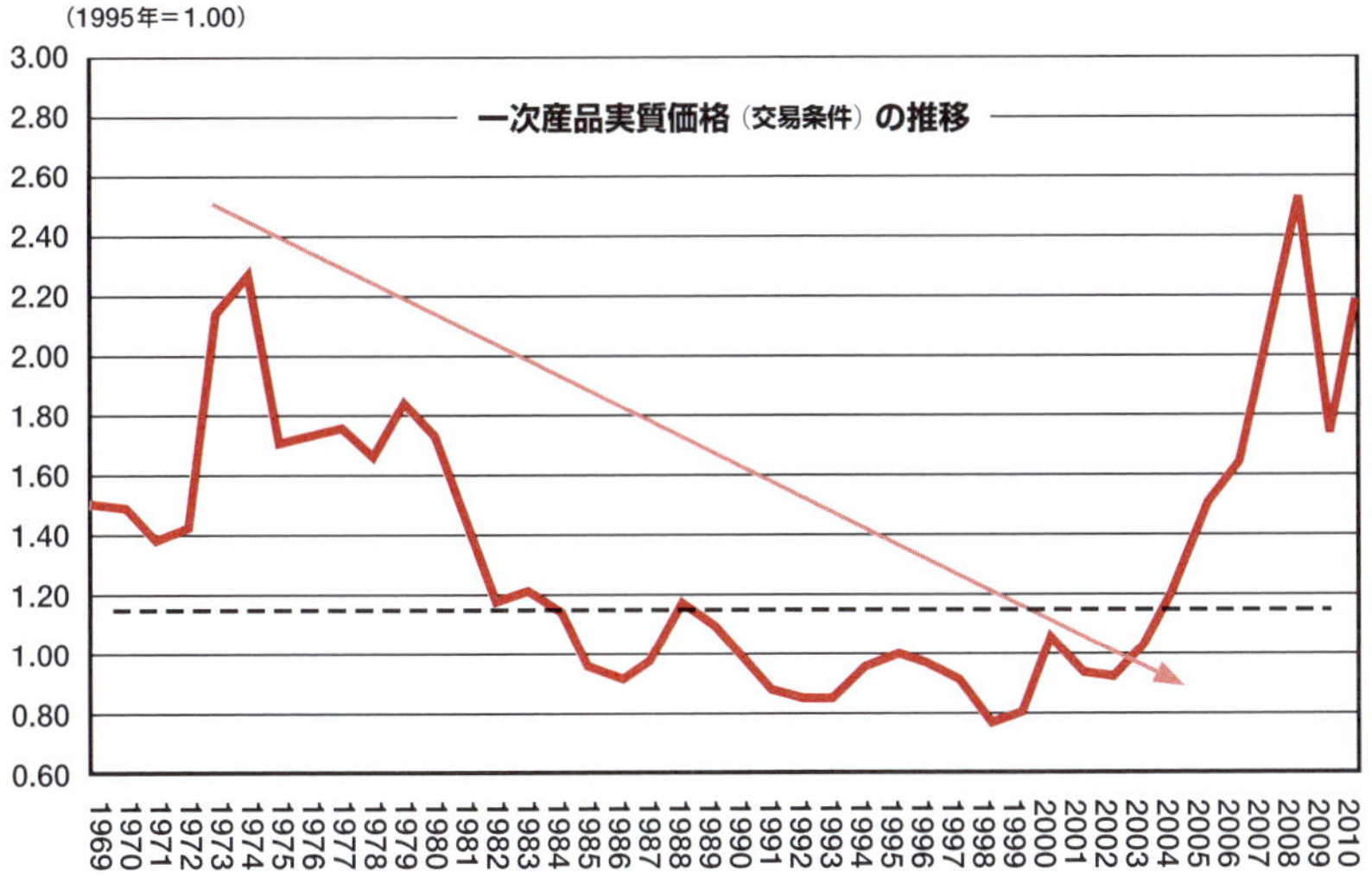

(1995年=1.00)
3.00
2.80
2.60
2.40
2.20
2.00
1.80
1.60
1.40
1.20
1.00
0.80
0.60
一次産品実質価格（交易条件）の推移
1969
1970
1971
1972
1973
1974
1975
1976
1977
1978
1979
1980
1981
1982
1983
1984
1985
1986
1987
1988
1989
1990
1991
1992
1993
1994
1995
1996
1997
1998
1999
2000
2001
2002
2003
2004
2005
2006
2007
2008
2009
2010

［出所］国際通貨基金ー国際金融統計（IMF-IFS）資料より筆者作成

有国がさまざまな条件・規制を課せられる。

●資源開発により得られた利益は、投資側と受入国側との協定によって配分されねばならない。

　これを受け、国連では当時の世界経済秩序に対して不満を持つ一次産品国のイニシャティブにより1964年に「国連貿易開発会議（UNCTAD）」が設立される。

　同年に開催された、UNCTAD第1回総会で、初代議長に選出されたアルゼンチンの経済学者プレビッシュは、『プレビッシュ報告（Prebish Report）』を提出した。

　同レポートは、〝自由・無差別・多角主義〟に立脚する「関税および貿易に関する一般協定（GATT）」を主軸とする自由貿易体制では、開発途上国の経済開発が困難であるとの認識を示すものであった。そして、一次産品価格安定化のための商品協定を提唱した。

　これを受け、60年代から70年代にかけて**図2-8**のような国際商品協定が次々と結ばれた。

図2-8 次々と結ばれた国際商品協定

石油輸出国機構（OPEC）	1960年
ココア生産者同盟（CPA）	1962年
アラブ石油輸出国機構（OAPEC）	1968年
銅輸出国政府間協議会（CIPEC）	1968年
アジア・太平洋ココナッツ共同体（APCC）	1969年
天然ゴム生産国連合（ANRPC）	1970年
ボーキサイト生産国機構（IBA）	1974年
バナナ輸出国同盟（UPEB）	1974年
水銀生産国グループ（IGMPC）	1974年
銀輸出国連合（ASEC）	1974年
東南アジア木材産出業者協会（SEALPA）	1974年
鉄鉱石輸出国連合（AIOEC）	1975年
錫生産国機構（ATPC）	1983年

［出所］筆者作成

80年代にはほぼ解体された一次産品協定

しかし、歴史は皮肉なもので、1973年に第1次石油危機が起こり、原油価格が1バレル＝2ドル前後から11ドルまで高騰。世界的な食糧危機も起こり、穀物価格も暴騰すると世界的な資源開発ブームが起こった。資源消費国の日本や米国・欧州などの西側先進国が省エネ・省資源を図り、産業構造をそれまでの重厚長大型から軽薄短小型へ転換させたことで、資源需要は減少に転じる。

一方、資源価格の上昇は、70年代の世界的な資源開発ブームを引き起こし、80年代には資源供給が拡大。この結果、資源の需給が緩み、一次産品価格が再び長期低落傾向を辿るようになると、石油輸出国機構（OPEC）を除き多くの一次産品協定はその機能を失い解体していった。

CHAPTER 2-6

EUの「拡大と深化」から見るグローバル化と地域統合

……地域統合のパターン　経済協力からFTA、TPPまで

戦後のヨーロッパにみる地域統合の促進

新・資源ナショナリズムは、経済のグローバル化の中で、資源国同士の連携、資源国を囲い込もうとする中国や先進国の資源国への接近といった形で、さまざまな地域統合（リージョナリズム）を促している。それはまた、本書の冒頭で掲げた先進国から新興国へのパワーシフト（力の移行）となって顕在化している。

地域統合の源流は、第二次大戦後のヨーロッパ統合の歴史にさかのぼる。「ヨーロッパは一つに」という考えは第一次世界大戦後から芽生えていた。オーストリアのカレルギー伯は、その著書『汎ヨーロッパ』（1923年）で「分裂した欧州はアメリカの経済力とソ連の軍事力との板挟みにあってますます弱体化してゆく」とし、「欧州がこれら列強に伍していくためにはアメリカ合衆国に倣ったヨーロッパ合衆国を創設しなければならない」と訴えた。

第二次大戦後、現在のEU統合という大河に至るいくつかの支流が形成される。それが、マーシャルプラン（欧州復興援助計画）とその受け皿であるOEEC（欧州経済協力機構。現在のOECD）、EEC（欧州経済共同

体）、ECSC（欧州石炭鉄鋼共同体）、EURATOM（欧州原子力共同体）などである。

欧州が単一通貨導入に向けて意識的に踏み出したのは、1970年のウェルナー報告である。それまで、57年のEEC設立条約（ローマ条約）の起草者たちは、加盟各国間の通貨の安定が将来的にも続き、市場統合が進んでいけば通貨統合も可能であると楽観的にみていた。しかし、1968〜69年に各国通貨間の為替レートが不安定化するようになった。

これに対して69年、当時のルクセンブルグ首相ピエール・ウェルナーを委員長に、EMI（経済通貨統合）設立を目標とした特別検討委員会が設けられ、翌70年に「ウェルナー報告」が発表された。同報告は、1971年から80年までの10年間で、3段階を経てEMS（経済通貨制度）を創設するプロセスを提案した。

しかし、国際通貨市場では、71年8月、当時のニクソン米大統領によるドルと金の交換性停止（金＝ドル本位制の廃止）を契機に、為替市場は変動相場制に移行。EMSは大きな試練を迎える。

その後もEMSは、何度か試練に直面する場面があったものの、ほぼ順調に推移した。1979〜85年の為替レートの変動は75〜79年の半分に縮小し、86〜89年にはさらにその半分に縮小した。

この間、EC首脳の間で通貨統合に向けた意思が引き継がれていった。当時のジャック・ドロール委員長は市場統合を最大目標に掲げ、92年末までに単一市場の創設を提唱した。

この実現のため、ECの基本法であるローマ条約が改正され、単一欧州議定書が締結され、87年7月に発効した。これにより単一市場実現に向けての法的根拠や拘束力が付与され、域内の人、モノ、サービス、資本の移動の自由化が実施に移された。

この過程で、通貨に関してドロール委員長が設立を求めたのがEMU（欧州通貨同盟）である。彼は、単一市場の利点を最大限に生かすには通貨統合が不可欠との考え（ドロール報告）を示し、欧州域内での一元的な金融政策を提唱した。1992年には通貨統合に必要な条約改正のための政府間会議がオランダのマー

図2-9 EU統合の歴史

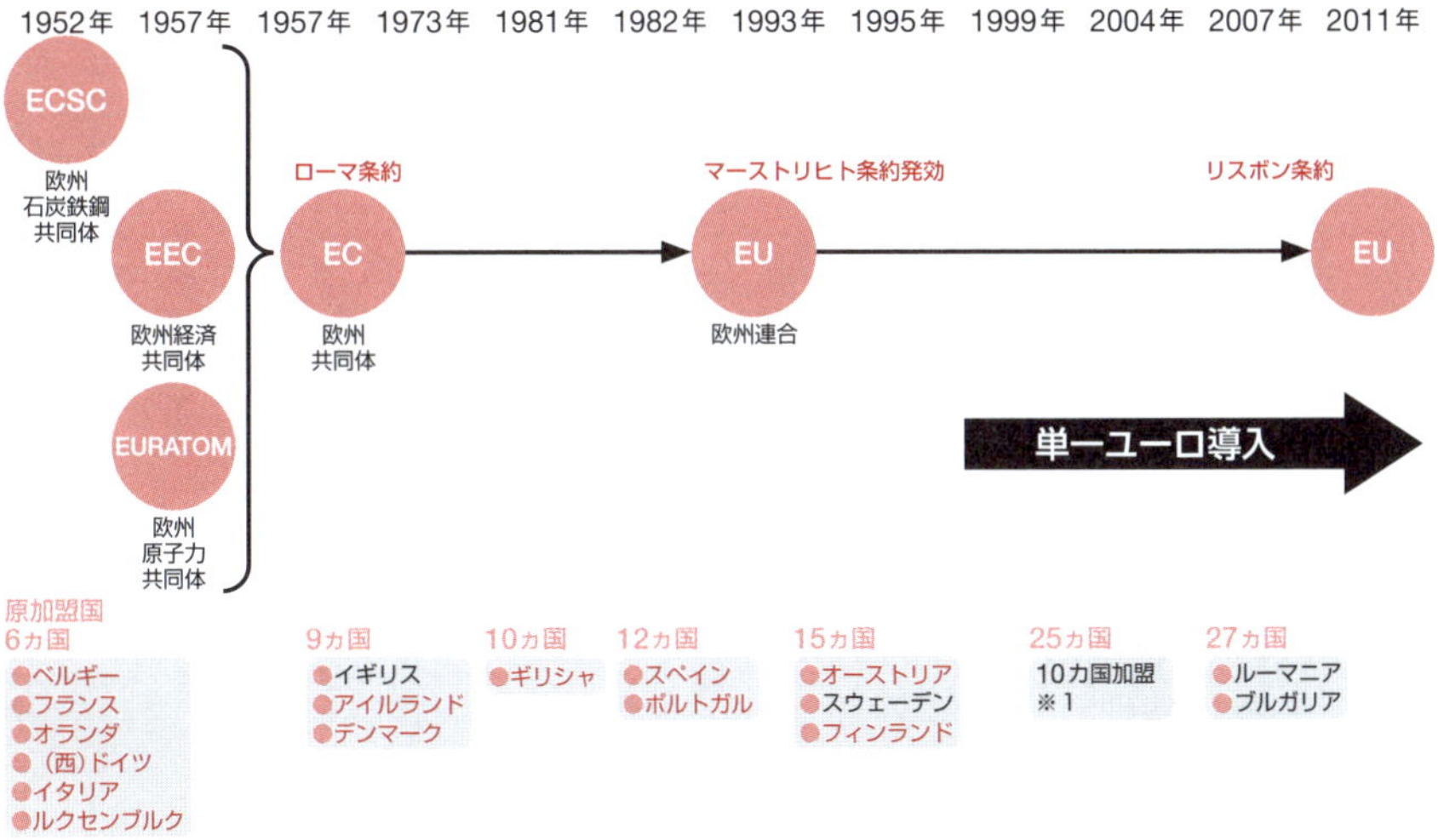

1952年 1957年 1957年 1973年 1981年 1982年 1993年 1995年 1999年 2004年 2007年 2011年
ECSC
欧州石炭鉄鋼共同体
EEC
欧州経済共同体
EURATOM
欧州原子力共同体
ローマ条約
EC
欧州共同体
マーストリヒト条約発効
EU
欧州連合
リスボン条約
EU
単一ユーロ導入
原加盟国6カ国
●ベルギー
●フランス
●オランダ
●（西）ドイツ
●イタリア
●ルクセンブルク
9カ国
●イギリス
●アイルランド
●デンマーク
10カ国
●ギリシャ
12カ国
●スペイン
●ポルトガル
15カ国
●オーストリア
●スウェーデン
●フィンランド
25カ国
10カ国加盟
※1
27カ国
●ルーマニア
●ブルガリア

※1：キプロス、チェコ、エストニア、ハンガリー、ラトビア、リトアニア、マルタ、ポーランド、スロベニア、スロバキア
（注）青字の国はユーロ加盟国16カ国

［出所］筆者作成

ストリヒトで開かれ、「欧州連合条約（通称マーストリヒト条約）」として調印され、93年11月に発効した。これによりEC域内の単一市場が実現、ECはEU（欧州連合）となった。

その後もEUは拡大と深化を続け、2002年1月にはユーロ加盟国12カ国によるユーロ現金通貨の流通が開始され、同年2月にユーロが唯一の法定通貨になることで完成した。その後も、スロベニア、キプロス、マルタ、スロバキアなどがユーロを導入し、現在ユーロ採用国は27カ国を数える（**図2-9**）。

GATT／WTOでは地域統合をどう評価しているか

ところで、GATTおよびそれを引き継いだWTOは、こうした欧州で進んだ地域統合の動きをどう評価したのだろうか。

GATT（貿易と関税の一般協定）が1947年に設立されたのは、苦い経験の反省に立ってのことだ。1929年のニューヨーク株式市場の大暴落に始まった世界大恐慌が世界の貿易体制を崩壊させ、1930年代のブロック経済を生み、その帰結として世界大戦に至ったという現実である。

このため、GATTには設立当初から、世界貿易の拡大が世界経済の成長と発展をもたらすとの確信があった。GATTの精神は、自由で、無差別で、多角的な貿易システムを構築することと目的とした。

「自由」とは、貿易における数量制限を撤廃し関税に置き換える。次にその関税を引き下げることである。「無差別」とは、内外無差別のことで最恵国待遇（加盟国間で関税などに差を付けない）と内国民待遇（外国製品・資本を差別しない）を指す。

そして、「多角的」とは、自由化交渉はあまねくすべての加盟国と行うという考え方だ。

その際、一方で進むヨーロッパの統合などの地域統合（関税同盟、自由貿易市場、共同市場）の動きについては、GATT24条で、一定の条件の下に認めたのである。それは、

（1）加盟国間の貿易取り極めはすべての品目が対象となる（例外は原則認められない）。

（2）加盟国間で取り決めた自由化は速やかに（概ね10年）行うこと。

（3）地域統合の前と後で、非加盟国に対する関税水準を上げてはならない。

というものである。興味深いのは、現在、国論を2分する議論となっているTPP（環太平洋経済連携協定）の原点がすでにこれら3つの条件として示されていることだ。

そしてより重要なものとして、長年にわたる交渉を通じて培ってきた慣習に互恵主義がある。例えば、関税引き下げ交渉では、各国が自主的に品目ごとに引き下げ率を表にして申請し合う（これを譲許表といい提出されたものを譲許関税）のである。

これら地域統合は、当初ブロック経済化が懸念された80年代後半には「オープンリージョナリズム（開かれた地域統合）」の形で広がり、貿易の自由化および経済のグローバル化と同時並行的に世界経済の拡大に寄与して行った。しかし、やがて環境は一変する。

図2-10 新・旧地域統合（FTA）の比較

	古い地域統合（地域統合第１波）	新しい地域統合（第２波）⇒WTO⇒FTA、TPP
年　代	1960～70年代	1985～90年代～2000年代初め
参加国数	少ない（2～3ヵ国、5～6カ国）	多い
	EEC	EU（15ヵ国）、APEC（18）
参加国の経済レベル	均質（先進国同士、途上国同士）	非均質（先進国＋途上国）
制度化のレベル	高い（関税同盟が中心）	混合形態（自由貿易協定が多い）⇒高い
発展の方向	内部指向(ブロック経済)	外部指向（open regionalism）⇒内部指向？
域外へのインパクト	小さい（小国の論理）	大きい
GATT/WTOとの関係	GATT/WTOのサブ・システム	GATT/WTOシステムの基本的構成要素
政治・安全保障との関係	東西対立との直接の関係なし	政治・安全保障問題の内部化
米国（議会）のスタンス	原則反対	地域主義指向
南北問題との関係	南北対立から〈独立〉	南北問題の〈内部化〉の可能性

［出所］山本吉宣著『現在の国際関係における地域主義』を一部加筆。

TPPの議論点はWTOスタート時に示されていた

１９８０年代に入ると貿易の拡大とともに、交渉は単にモノの貿易のみならず、サービス、投資、知的財産権、紛争処理などの問題にも広がった。「見えるもの」から「見えないもの」への拡大である。

そこでGATTに変わるものとして１９９５年に設立されたものがWTO（国際貿易機関）である。GATTとWTOの違いは次のような点である。

（１）法人格をもった正式の国際機関になった。

（２）守備範囲が拡大した（モノの貿易だけでなく、新たに農業、サービス、知的所有権、貿易関連投資措置などの分野も対象となった）。

（３）一括受諾が確保された（WTO協定を受諾することは、分野すべてを一括受諾することとなり、「つまみ食い」ができなくなった）。

（４）紛争解決機能が大幅に強化された。

（５）WTO規定に違反する国内法は、同規定に整合

図2-11 **TPPの作業部会と21交渉分野**

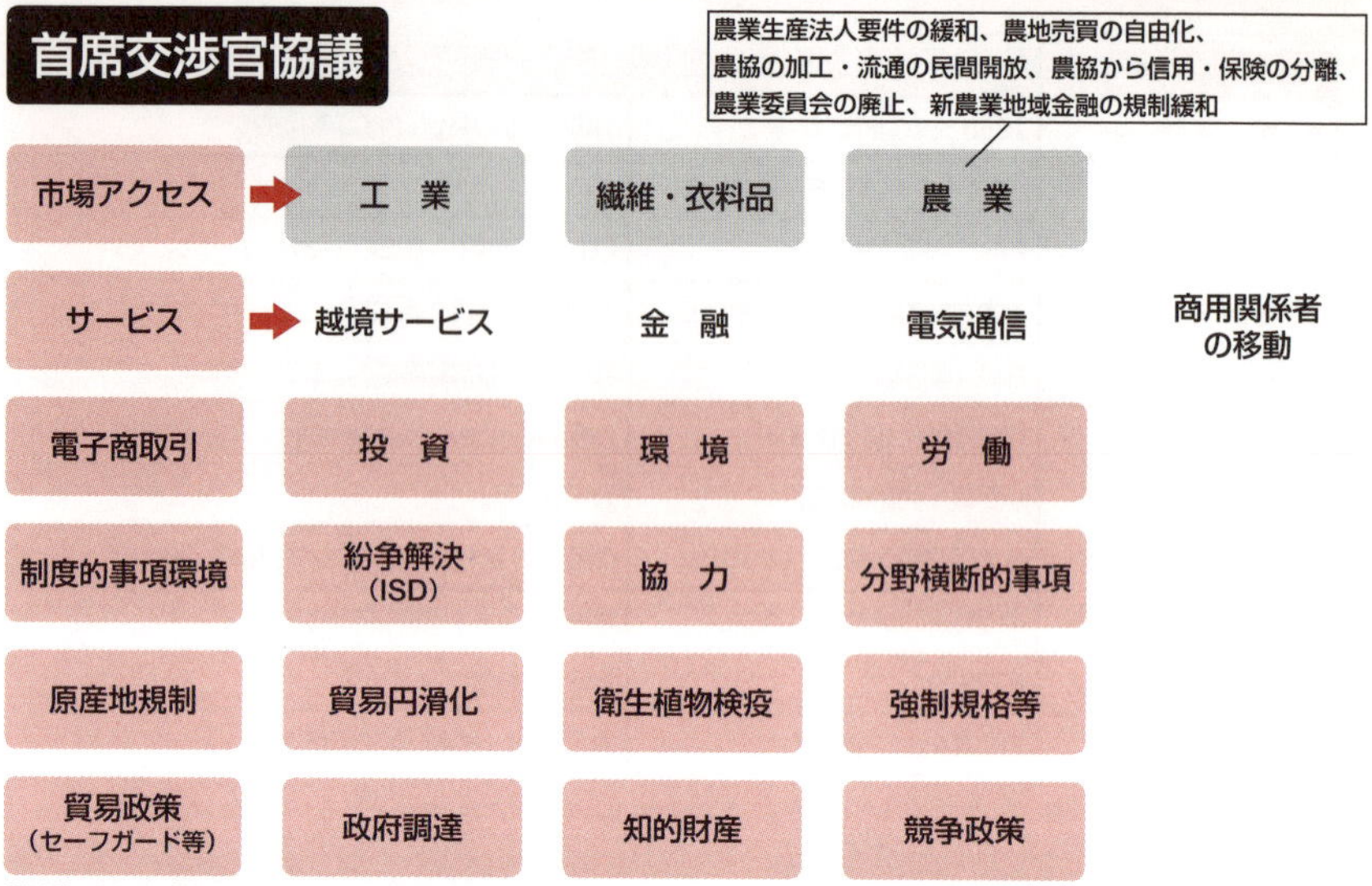
首席交渉官協議
農業生産法人要件の緩和、農地売買の自由化、
農協の加工・流通の民間開放、農協から信用・保険の分離、
農業委員会の廃止、新農業地域金融の規制緩和
市場アクセス
工　業
繊維・衣料品
農　業
サービス
越境サービス
金　融
電気通信
商用関係者の移動
電子商取引
投　資
環　境
労　働
制度的事項環境
紛争解決（ISD）
協　力
分野横断的事項
原産地規制
貿易円滑化
衛生植物検疫
強制規格等
貿易政策（セーフガード等）
政府調達
知的財産
競争政策

［資料］東谷暁『間違いだらけのTPP』朝日新書を参考に作成
（注）市場アクセスは１分野、サービスは４分野

化する義務を負う

このWTOの規約を改めて眺めてみると、先のGATT24条と合わせて、現在議論となっているTPPにおける21の交渉分野が含まれているのが分かる。何故当時はさほど議論にならなかったのか。

新しいWTO体制下で世界経済のグローバル化（ヒト・モノ・サービス・カネの国際間移動の拡大と、それに伴う各国間の相互依存関係の高まり）が進むかに見えた。

しかし、89年の東西冷戦が終焉し、90年代に入ると民主化、自由化、情報化が進展する中で、経済のグローバル化が加速した。一方、グローバル化が進むと同時に、地域統合という形でリージョナリズムの動きも強まった。しかし、それらは、かつての互恵主義に基づくオープンリージョナルではなく、次第にブロック経済的性格を帯びつつあるように思える（**図2-10**）。

一方、拡大と深化を続ける欧州の勢いをみた米国は92年、北米自由貿易協定（NAFTA）を結んだ。

アジア通貨危機を契機に地域統合に向け覚醒したASEAN

………短期資本に翻弄されたアジア諸国

CHAPTER 2-7

WHAT HAS OCCURRED TO THE RESOURCE?

AN（東南アジア諸国連合）である。本来、ASEANは1967年8月に、インドシナ半島での紛争が激化する中で、相互の武力衝突を避けるために誕生した緩やかな国家連合のシンボルであった。

90年代に入るとASEANは、ベトナム、ラオス、カンボジア、ミャンマーの加盟を認め、ASEAN-6からASEAN-10へと拡大し、さらに20数カ国を含む安全保障対話機構としてASEAN地域フォーラム（ARF）を設立した。

こうした中、97年7月のタイ・バーツ切り下げに端を発したアジア通貨危機は、改めてASEAN諸国に

高まる東アジア共同構想も進展に立ちはだかる大きな壁

1990年代におけるグローバリズムとリージョナリズムの波は、東アジアへも影響を及ぼすことになる。90年代前半にかけて目覚ましい経済発展を遂げた東アジア諸国は、地域経済圏としての台頭が注目されるようになり、世界銀行により「東アジアの奇跡」と賞賛された。

東アジア域内からも自主的な地域協力メカニズム形成の動きがみられるようになった。その中心がASE

地域協力の必要性を認識させる契機となった。

特に、通貨危機において、ＩＭＦ（国際通貨基金）やＡＰＥＣ（アジア太平洋経済協力会議）がほとんど効果的な対応ができなかったことから、米国主導でないアジア自身の問題処理能力を高める必要があった。このためＡＳＥＡＮは、通貨危機の発端となったタイが中心となり97年、クアラルンプールにおいて日本、中国、韓国の首脳を招き、非公式首脳会議を開催した。

これを契機に、毎年ＡＳＥＡＮ＋３の非公式首脳会議が開かれるなど、地域協力メカニズム制度化への動きが進んだ。日本のアジア通貨基金構想（ＡＭＦ）やＡＳＥＡＮ＋３枠組みの形成などがそれである。

98〜２０００年にかけて開催されたＡＳＥＡＮ＋３首脳会議では、「東アジア・ビジョン・グループ（ＥＡＶＧ）」（韓国・金大中大統領当時）や「東アジア・スタディ・グループ（ＥＡＳＧ）」など、東アジア共同体を意識した提案がなされた。

２０００年代に入って東アジア経済が回復に転じるに連れ、ＡＳＥＡＮ諸国に東アジア地域統合に向けた機運が高まっていった。その際、ＡＳＥＡＮ＋３フォーラムに始まる東アジア地域統合のリード役を果たしたのは、これまで地域統合には消極的だった中国であることに注意すべきである。また、韓国も東アジア地域統合に対し積極的にＡＳＥＡＮとのＦＴＡ（自由貿易協定）交渉を進めた（すでに09年9月時点でＡＳＥＡＮ・中国、ＡＳＥＡＮ・韓国の間では、ＦＴＡによって多くの品目の関税が5％以下まで低下している）。

こうした両国の積極的な対応を受け、それまで対米配慮からＷＴＯを中心とする多角主義の立場を採ってきた日本も、ＡＳＥＡＮ＋３フォーラムに参加すると同時にＦＴＡ、ＥＰＡへと連携の輪を広げるなど地域主義へと１８０度方針転換することになる。

さらに、05年12月にマレーシアのクアラルンプールで第1回ＡＳＥＡＮ＋３の13カ国およびオーストラリア、ニュージーランド、インドを加えた16カ国首脳による東アジアサミット（首脳会議）が開かれ、将来の東アジア共同体構築を視野に入れた取り組みがスタートすることになった。

果たして「東アジア共同体」の構築は可能であろうか。一般に東アジアは文化、宗教、政治、経済など、すべてにおいて多様である。政治面では民主主義国家と軍部独裁国家、一党独裁国家が混在し、経済面では先進国から発展途上国、農業国と工業国など発展段階の異なる国々から成り、欧州に比べ所得格差も大きい。

こうした多様性の中で「東アジア共同体」を実現するには、より均一性のある欧州統合よりもはるかに多くの困難が予想される。将来の共同体構築に向けて多くの課題と困難を乗り越えていくには、少なくとも東アジアにおいて「共同体意識」を醸成することが必要条件である。にもかかわらず、「東アジア共同体」形成のコア（核）となる日本、中国、韓国の3経済大国間には、経済の相互依存関係が一段と深まっているものの、「共同体意識」は育っていない。また、現状のようなASEANを核とするASEAN+日本、ASEAN+中国、ASEAN+韓国の3つの連携が鼎立《ていりつ》する形では、東アジアに実効性のある「経済共同体」を成立させることは容易ではない。

多様性を踏まえた上で共同政策からの開始が有効

一方、アジアの多様性は共同体構築の絶対的障壁とはならないとの見方もある。小原雅博の『東アジア共同体』によれば、グローバル化によりあらゆるものが画一化に向かう傾向にある中で、むしろ多様性は貴重な要素であり、新しいものを生み出すダイナミズムの源泉ともなり得る。

現在、東アジア諸国は、①通貨システムの脆弱性、②エネルギー需給構造の脆弱性、③環境および地球温暖化問題、④農業・農村および食料需給構造の脆弱化、⑤所得格差の拡大と脆弱な社会の安全網（セーフティーネット）といった問題を抱えている。持続的な経済発展にとって制約要因となりかねない状況にある。

これら共通の問題に対処するには、多様性を活用した「東アジア共通通貨政策（ECCP）」、「東アジア共通環境・エネルギー政策（ECEP）」、「東アジア共通農業政策（ECAP）」などが有効であろう。

図2-12 東アジア経済協力・経済統合に向けた経緯

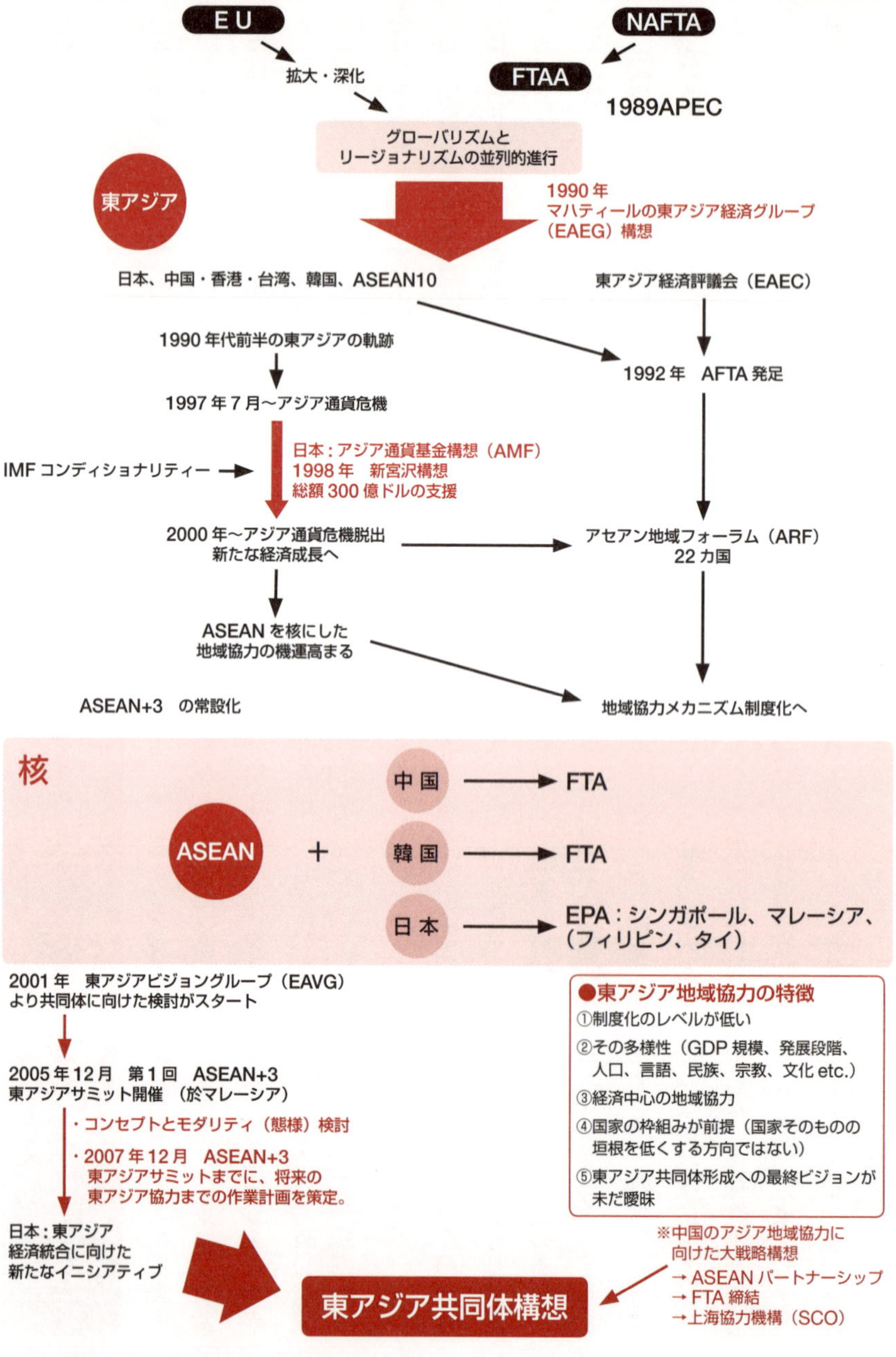
EU
NAFTA
拡大・深化
FTAA
1989APEC
グローバリズムと
リージョナリズムの並列的進行
東アジア
1990年
マハティールの東アジア経済グループ
（EAEG）構想
日本、中国・香港・台湾、韓国、ASEAN10
東アジア経済評議会（EAEC）
1990年代前半の東アジアの軌跡
1992年　AFTA発足
1997年7月〜アジア通貨危機
IMFコンディショナリティー
日本：アジア通貨基金構想（AMF）
1998年　新宮沢構想
総額300億ドルの支援
2000年〜アジア通貨危機脱出
新たな経済成長へ
アセアン地域フォーラム（ARF）
22カ国
ASEANを核にした
地域協力の機運高まる
ASEAN+3　の常設化
地域協力メカニズム制度化へ
核
ASEAN
＋
中国
FTA
韓国
FTA
日本
EPA：シンガポール、マレーシア、
（フィリピン、タイ）
2001年　東アジアビジョングループ（EAVG）
より共同体に向けた検討がスタート
2005年12月　第1回　ASEAN+3
東アジアサミット開催　（於マレーシア）
・コンセプトとモダリティ（態様）検討
・2007年12月　ASEAN+3
東アジアサミットまでに、将来の
東アジア協力までの作業計画を策定。
●東アジア地域協力の特徴
①制度化のレベルが低い
②その多様性（GDP規模、発展段階、
人口、言語、民族、宗教、文化etc.）
③経済中心の地域協力
④国家の枠組みが前提（国家そのものの
垣根を低くする方向ではない）
⑤東アジア共同体形成への最終ビジョンが
未だ曖昧
日本：東アジア
経済統合に向けた
新たなイニシアティブ
※中国のアジア地域協力に
向けた大戦略構想
→ASEANパートナーシップ
→FTA締結
→上海協力機構（SCO）
東アジア共同体構想

［出所］筆者作成

第3章

原発事故とシェール革命の影響は？
―エネルギー資源の最新状況と未来への動き

石油・ガス①

シェールガス革命をどう見るか なぜ起きたのか？

……オイルピーク説は覆ったか、過剰な期待は禁物

WHAT HAS OCCURRED TO THE RESOURCE?

CHAPTER 3-1

米国で突然起こった シェールガス、シェールオイル革命

シェールガス革命が世界のエネルギー地図を塗り替えようとしている。シェールガスは地中深くにある固くて剥がれやすい頁岩（シェール）に含まれる天然ガスのことだ。実際にはシェール層から採れるガスとオイルを指すことから、シェール革命と呼ぶのが相応しい（図3-1）。

1970年代のオイルショック時からその存在は知られていたが、当時は原油価格が1バレル＝200ドル以上にならなければ開発が難しいと言われていた。しかし、今世紀に入り、チェサピークやアナダルコなどの米国の中堅石油企業が低コストでの開発を可能にした。2006年より本格的な商業生産が始まりシェールガスの生産コストは急速に低下した。

これに伴い天然ガス価格は、08年の100万Bt（英国熱量単位）当たり12ドル台をピークに急落し、2012年には2ドル台まで低下している。これは熱量等価による原油換算価格で10数ドルに過ぎない（通常、熱量等価による天然ガスの原油換算価格は、100万Btu当たり天然ガス価格の6倍とされる）。

図3-1 シェール革命の影響（2013）

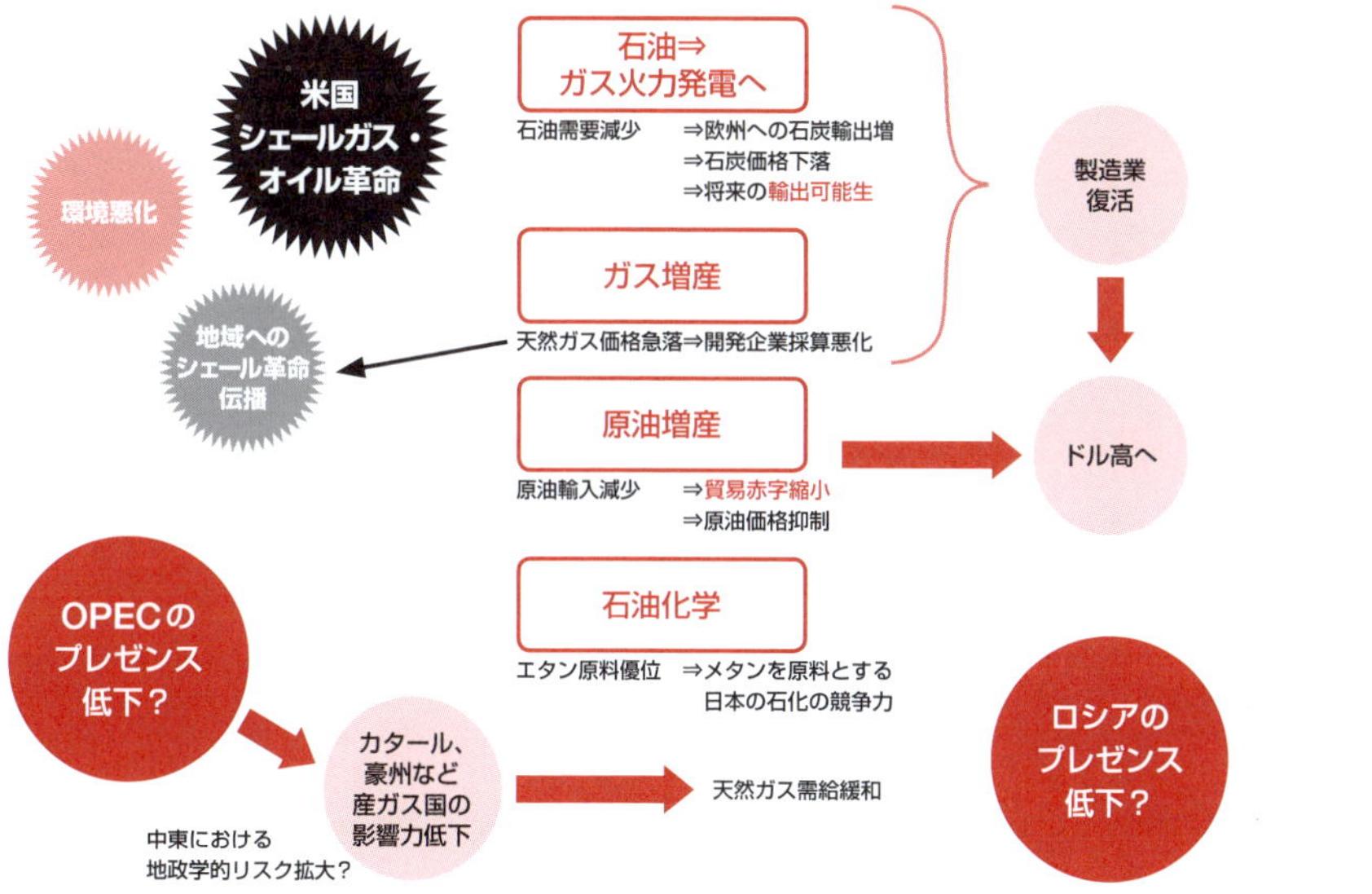
米国
シェールガス・
オイル革命
環境悪化
地域への
シェール革命
伝播
石油⇒
ガス火力発電へ
石油需要減少 ⇒欧州への石炭輸出増
⇒石炭価格下落
⇒将来の輸出可能性
ガス増産
天然ガス価格急落⇒開発企業採算悪化
原油増産
原油輸入減少 ⇒貿易赤字縮小
⇒原油価格抑制
石油化学
エタン原料優位 ⇒メタンを原料とする
日本の石化の競争力
製造業
復活
ドル高へ
OPECの
プレゼンス
低下？
カタール、
豪州など
産ガス国の
影響力低下
中東における
地政学的リスク拡大？
天然ガス需給緩和
ロシアの
プレゼンス
低下？

［出所］筆者作成

シェールガスの魅力は、その資源量の豊富さにある。EIA（米国エネルギー情報局）によると、米国だけで技術的に回収可能な資源量は、全世界のガス需要の60年分を賄える規模だ。米国以外にも中国、オーストラリア、南アフリカ、メキシコ、ポーランドなど32カ国でも資源量が期待されている。

これらに加え、タイトサンドガス（浸透率が低い砂岩などに含まれる天然ガス）、CBM（コールベットメタン＝石炭層に貯蔵されたメタンガス）などを含めた非在来型天然ガス資源量は、在来型天然ガスにも匹敵する。

シェールガス革命は世界のエネルギー地図を塗り替える可能性が高い。

第1は、米国の産ガス・オイル国としての復活と中東・ロシアの地位低下である。IEA（国際エネルギー機関）は2012年11月、「世界エネルギー見通し」を発表した。そこでは、近年のシェールオイルの増産により、米国の産油量が2015年までに日量1000万バレルに達してロシアを抜き、17年にはサウジアラビアを抜いて世界最大の産油国になると予測している。ちなみに、米国の08年の産油量は日量680万バレルであり、12年は同896万バレルとなる見通しだ。一方、米国の石油輸入は継続的に減少しており、15年には石油をほぼ自給し、北米全体では石油の純輸出国になると予測。さらに、米国はシェールガスの生産も拡大し、20年までに天然ガスの純輸出国になる見通しだ。

貿易面では、04年までは米国では、天然ガスの供給不足懸念が強く、2030年には世界のLNG輸入の2倍の規模である3億9000万トンの輸入が必要とされていた。このため、米国市場向けにカタール、豪州、ロシアのLNGプロジェクトが始動し、メキシコ湾岸にも多数のLNG受け入れ基地が建設中であった。

しかし、今やこのシェールガス革命によって、米国では逆に天然ガス余剰感が高まり、米国のLNG輸入が消滅した。皮肉なことに、行き場を失った天然ガスが、原発事故に見舞われた日本に向かうことになった。

第2に価格面への影響である。シェール革命により原油価格は年末までに50ドルまで下落するとの見方も出てきた。

しかし、こうした見方は極端に過ぎよう。本来、シェール革命は原油価格が高騰したために起こったものだ。その背景には、様々な革新的革新の組合せがある。すなわち水平抗生掘削（生産井を垂直に掘り下げた後シェール層に沿って水平に展開）、水圧破砕（500～1000気圧の水圧で岩盤を破砕）、フラクチャリング（破砕した岩盤の割れ目が閉じないようにプロパントと呼ばれる物質を効果的に置いて行く）、マイクロサイスミック（フラクチャーの広がりを正確に把握する）などである。

こうしたシェールオイルの生産は原油価格が70～80ドル以上でないと採算が合わないとされており、原油価格が急落すればシェール革命も頓挫するだろう。

この意味では、現在、米国で起こっていることは、従来の原油価格が新たな需要規模に見合った均衡点価格を模索する動きといえよう。

第3に、環境面でシェールガス革命は新たな問題を提起する可能性が高い。世界経済が再び膨大な化石燃料に依存することにより、CO_2に代表される膨大な

図3-2 資源（化石燃料）とは何か

資源（化石燃料）とは何か：「濃縮され、経済的な場所にある有用な自然物」
しかし、原油価格水準が切り上がったことで、「濃縮されておらず、経済的場所にない資源」も開発・生産の対象になった。

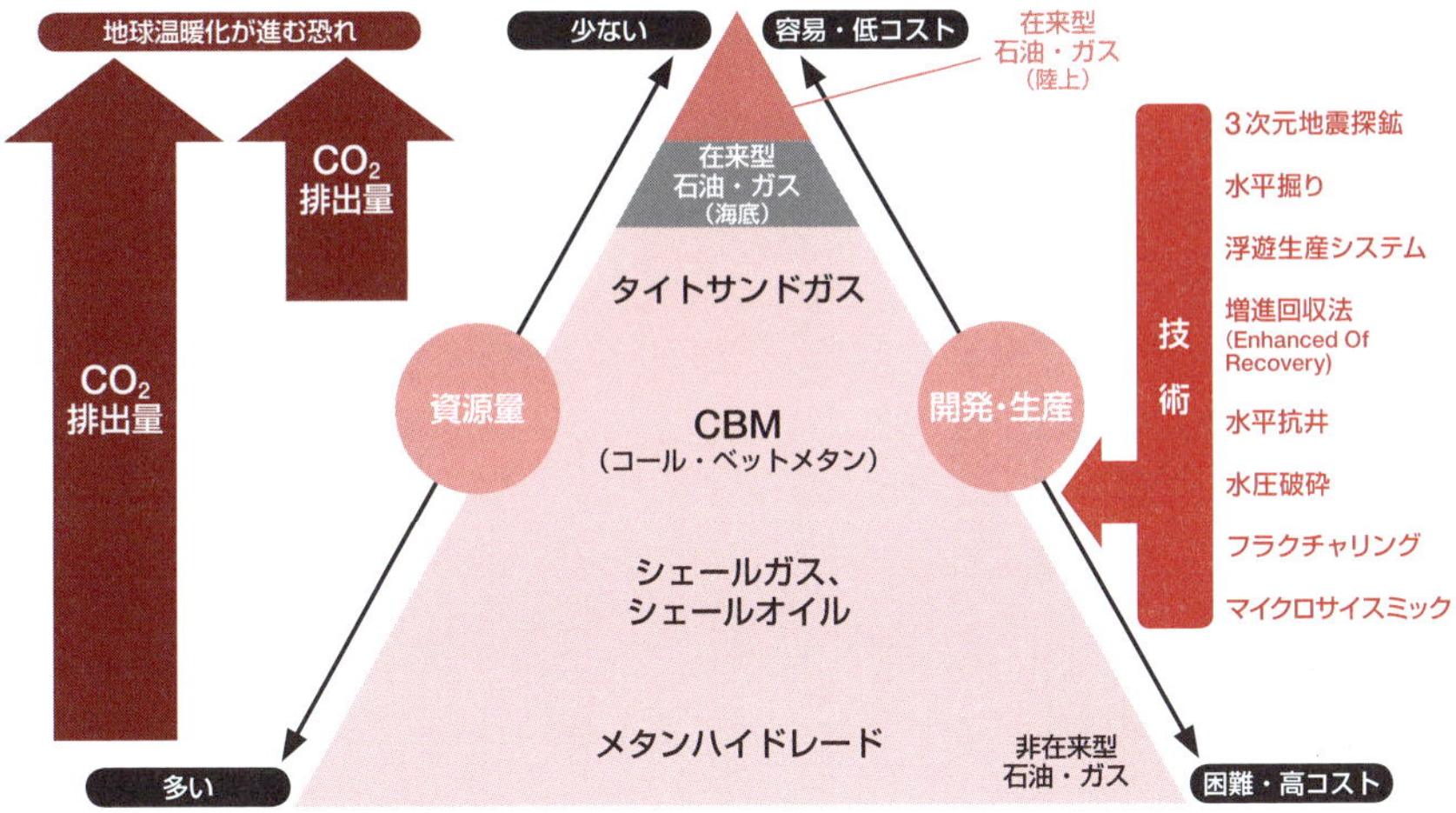

［出所］IEA "World Energy Outlook 2009" を参考に筆者作成

温室効果ガスの排出を招く恐れが大きい。また、シェール革命は、生産コストの高い再生可能エネルギーの推進にとって逆風となる可能性も高い（図3-2）。

矛盾多い日本のエネルギー政策 変わらぬ中東依存の構図

一方、日本の民主党政府は2012年9月、エネルギー・環境会議の「革新的エネルギー・環境戦略」（革新戦略）を踏まえ、今後のエネルギー政策の見直しを閣議決定した。

革新戦略は、2020年代に、

（1）原発に依存しない社会の一日も早い実現
（2）グリーンエネルギー革命の実現
（3）エネルギーの安定供給

を3本柱として掲げている。しかし相互に矛盾点が多く、（1）（2）に移行する前に必要となるエネルギー資源の安定供給を如何に図るかについての認識と戦略性に欠ける。

原発ゼロを掲げ、40年運転制限を厳格に適用するとしながらも、原子力規制委員会の安全確認を得たものは再稼働を認めている。原発の再稼働に当たって不可欠な核燃料サイクルの早期確立や放射性廃棄物の最終処分場については、現状を述べたに止まっている。

地中熱、太陽熱、河川熱など再生可能エネルギーの大量導入を謳っているものの、財源の目途がない。低廉な価格でのエネルギー安定供給の重要性は変わらないとしつつも、その内容は火力発電の高度利用やコジェネ（熱電併用）などが中心だ。

こうした将来ビジョンに対し現状は、原発稼働率が低減するなかで、電力各社が火力発電所の稼働率向上を主体に電力供給を維持しようとしている結果、石油や天然ガス、石炭などへの依存度が高まっている。革新戦略を実現する上で最も重要なことは、この間の石油、石炭、LNGなどの化石燃料の安定的かつ安価な調達をどう図るかである。しかし、今回の戦略では、全体15ページに及ぶ報告書のうち化石燃料確保についての言及はわずか10行に止まるなど、この点についての認識が乏しいと言わざるを得ない。

振り返れば、「石油の世紀」と言われる20世紀において、石油市場は大きく、

（1）1960年代までのオイル・メジャーズ時代
（2）70年代のOPEC（石油輸出国機構）の時代
（3）80年代の先進消費国の時代
（4）90年代の市場（原油価格低迷）の時代

とダイナミックに変遷してきた。そして21世紀に入った現在、世界のエネルギー市場は米国発のシェールガス革命により大きく塗り替えられようとしている。

1970年代に二度の石油危機を経験した日本は、この間、どのようなエネルギー戦略を進めてきたのであろうか。**図3-3**は、過去の石油危機と、今世紀に入ってからの石油価格の急騰における日本経済への影響を比較したものである。これによると、次のような特徴が指摘できよう。

（1）一次エネルギーに占める原油の割合は、

1970年代では70%台であったのに対し、近年は40%台に低下。これを補う形で、天然ガス、原子力のシェアが各19%、12%程度まで高まる

図3-3 **過去の石油危機と日本への影響**

	第1次石油危機 1973.10～1974	第2次石油危機 1978.10～1982	原油価格高騰 2007.1～2008.7	東日本大震災 2011.3～5
危機の経緯	第4次中東戦争⇒OAPECの石油輸出削減	イラン革命⇒石油輸出中断	新興国の需要増・OPECの供給余力低下	震災による需給混乱・原発事故に伴う電力不足
一次エネルギーに占める石油	77%	71%	43%	42%
原油の中東依存度	78%	76%	80%	77%
原油価格の上昇 危機直前とピーク比	アラビアン・ライト 3⇒12バル/バレル 4倍	アラビアン・ライト・スポット 12⇒42 3.5倍	WTI 58⇒147 2.5倍	WTI 102⇒99 ▲3%
原油輸入価格 期中最高(円/リッター)	CIF 21.5円	CIF 57	CIF 92	CIF 58
ガソリン小売価格 期中最高(円/リッター)	114円	177円	185円	153円
原油輸入量 (万kリットル)	28,861 73年度	27,714 79年度	22,441 08年度	21,443 10年度
備蓄日数	67日 民間67、政府ゼロ	92日 民間85、政府7	182日 民間85、国家97	193日 民間79、国家114
総輸入額に占める原油輸入額シェア	23% 73年度	43% 80年度	22% 08年度	18% 10年度
為替レート (円/ドル)	298円 1974.8	273円 1982.11	107円 2008.7	82円 2011.3

［出所］石油通信社「石油資料」を参考に筆者作成

など、エネルギー源の多様化が進展した。中でも原子力は、産油国の政策に左右されない安定電源として推進されてきた。

(2) 原油の割合は低下したものの、中東依存は76～80%と一貫して高く、「脱中東化」は進んでいない。一方、備蓄日数は70年代が民間を中心に67日、92日であったのに対し、近年は政府備蓄を主体に192日と増加。

(3) 原油価格の上昇率は、70年代が直前の1バレル3ドルから42ドルへ14倍に上昇したのに対し、2007年以降は58ドルから147ドルへと2・5倍に止まっている。ただ、上昇幅は約100ドルと大きい。

(4) 総輸入額に占める原油輸入額の比率は、1980年度では43%あったのに対し、近年は18%まで低下。原油輸入量は2億8861万klから2億1443万klへと漸減している以上に、円レートが273円/ドルから82円/ドルへと3倍以上切り上がったことが大きい。

要するに、日本は原油価格の上昇を、天然ガスと原子力への代替および為替相場の切り上げと備蓄日数の増加により対応してきたのであり、中東に大きく原油を依存する構図が変わったわけではない。

東日本大震災による原発事故後の国内エネルギーの動向と今後

しかし、2011年3月11日の東日本大震と原発事故は、日本のエネルギー政策そのものを白紙に戻す事態となった。

電力各社は、長期にわたる電力不足懸念に対し、火力発電所の稼働率を向上させることで電力供給を維持しようとしているが、そのためには原油、天然ガス、石炭などの安定供給が不可欠となっている。実際、大震災以降、日本が直面している電力不足問題をエネルギー面で支えたのがLNG（液化天然ガス）の輸入拡大である。11年のLNG輸入量は7251万トンで前年の7056万トンから6・6％増加（図3-4）。価格高騰もあり輸入額は前年比50％以上増加した。

特に、カタールからの輸入が急増している。ちなみに同国は、米国向けに大幅なLNG輸出能力の拡張を行ったが、米国でシェールガス革命が急速に進んだことにより天然ガスの供給過剰感が高まり、カタールは輸出先を失う格好となった。この余剰スポットLNGの調達を行ったのが日本である。

今後、日本はエネルギー市場の安定要因として期待されているシェールガス革命の影響を戦略的に取り込む必要があろう。特に、現在日本が輸入しているLNGの購入価格は欧米に比べて8～10倍高い。何故か。欧米が天然ガスそのものをパイプライン輸送しているのに対し、日本はほとんどがLNGでの輸入のためだ。

LNGは、天然ガスをマイナス162度の極低温で液化したもので、体積は気体の約600分の1になる。LNG貿易を行うためには、天然ガスの探鉱・開発・生産、パイプライン敷設、液化プラント建設、LNG専用船の確保、受け入れ再気化基地の建設など、高度技術を駆使し巨額の資金を要する。このため、通常LNGの売買契約は、20年の長期間にわたり、取引面で

図3-4 日本のＬＮＧ輸入状況

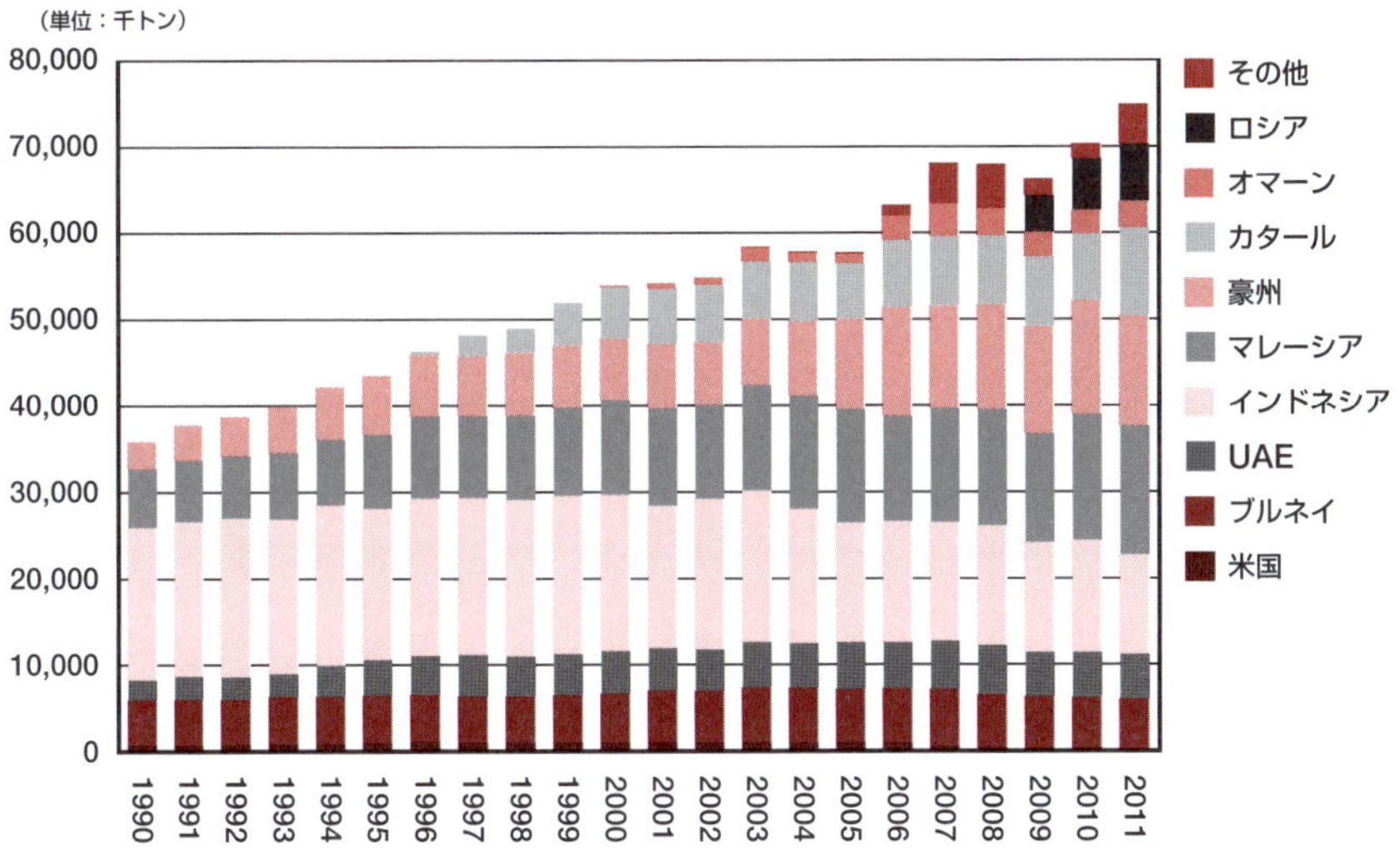
（単位：千トン）
80,000
70,000
60,000
50,000
40,000
30,000
20,000
10,000
0
1990
1991
1992
1993
1994
1995
1996
1997
1998
1999
2000
2001
2002
2003
2004
2005
2006
2007
2008
2009
2010
2011
その他
ロシア
オマーン
カタール
豪州
マレーシア
インドネシア
UAE
ブルネイ
米国

［出所］財務省「日本貿易月表」より筆者作成

の硬直性が強くなる。

石炭も戦略資源として見直しが必要だ。日本では、石炭は安価ではあるが、地球温暖化の原因となるCO_2の排出量が多いうえ大気汚染にもつながり、燃え殻の処理にも苦労するなど、厄介者のイメージが強い。

しかし、ＢＰ統計によると、世界の石炭消費量は、２０００年の約23億トン（石油換算）から、10年は約35億トンへ１・６倍に拡大。世界の一次エネルギー消費で最も高い伸びをしている。中国など新興国の需要が急増しているためだ。

ただ、石炭の強みは、確認埋蔵量が豊富で可採年数が２００年に達し、広く世界中に分布していることである。ＩＧＣＣ（石炭ガス化複合発電）・ＣＣＳ（ＣＯ２回収・貯蓄）技術の導入など、石炭のクリーン利用を進めることで石油、ＬＮＧとのベストミックスによる化石燃料の安定供給を図る必要がある。

石油・ガス②

CHAPTER 3-2

WHAT HAS OCCURRED TO THE RESOURCE?

変動激しい価格は今後どう推移していくか?

……シェールガス革命でも下値は80ドル台で固い

強弱材料が拮抗し 2013年の原油価格はもみ合い

2012年のニューヨークWTI原油価格は、上げ下げを繰り返しながらも、3月の110ドルを高値に下げ基調に転じ、年後半にかけては80ドル台後半で推移するなど、総じて調整色の強い展開となった(**図3-5**)。背景には需給緩和がある。

需要面では、欧州債務問題が根強いなか、中国の景気減速が強まり、米国でも二番底懸念が残るなど、世界経済の先行き不安から、石油需要も落ち込むとの懸念が強まった。ちなみに、IEA(国際エネルギー機関)は11月のレポートで、2012年の世界石油需要を日量8960万バレルとみているが、当初は9000万バレルを上回ると見ていた予測を毎月のように下方修正している。

11月の米大統領選挙では、民主党のオバマ大統領が再選したものの、前途には「財政の崖」問題が控えている。ブッシュ前政権下で導入された大型減税策が年末に失効する上、財政管理法に基づく一律歳出削減が2013年にスタートする。これは、11年8月に議会が連邦債務上限引き上げを可決した際、財政に対す

図3-5 WTI原油価格の推移

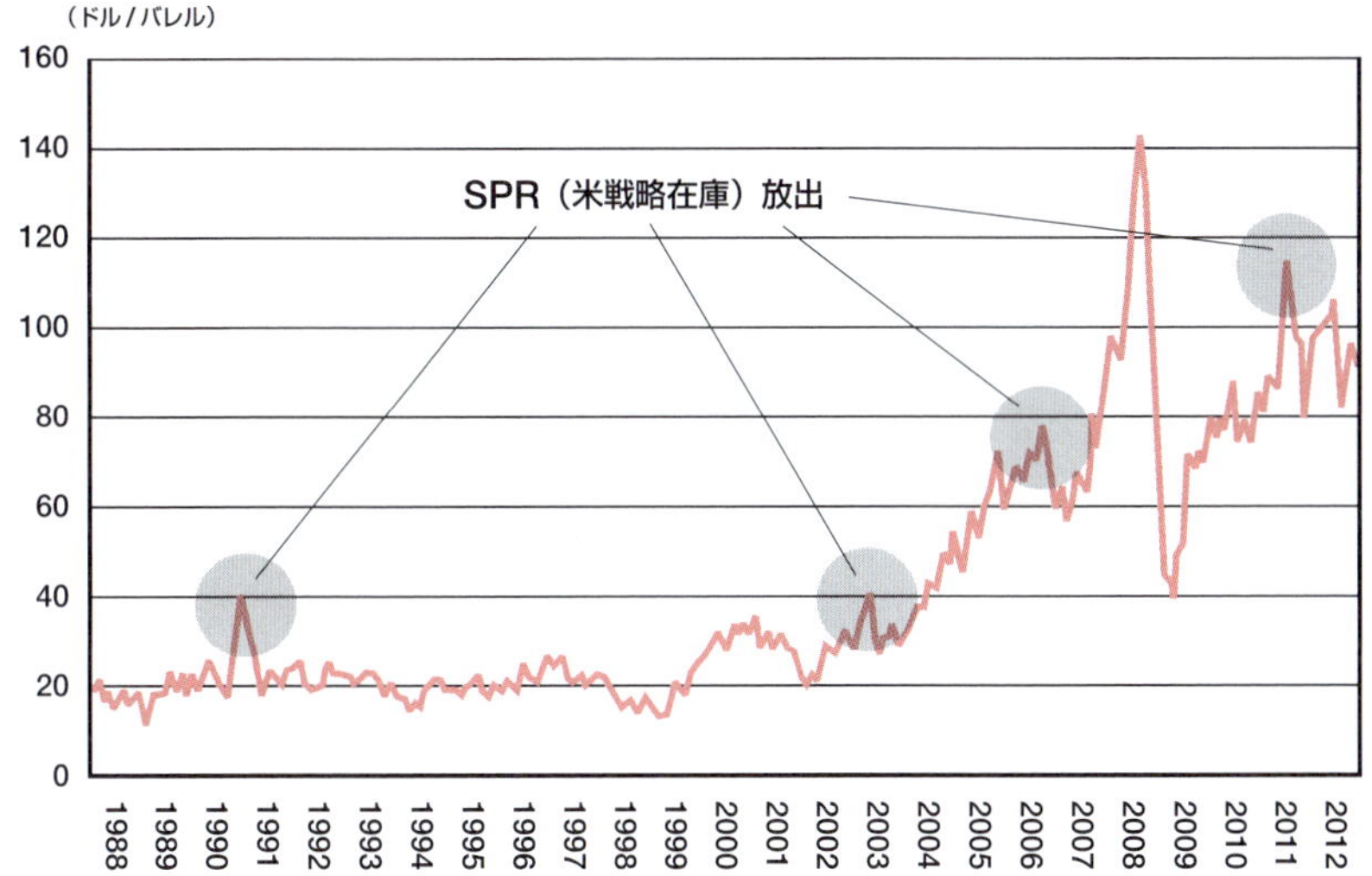

［出所］ニューヨークマーカンタイル取引所（NYMEX）

る信認を確保するため決められた法律だ。民主党は「政府支出を維持・拡大するために増税を考える一方、共和党は歳出カットによる債務削減を重視。両党の調整が進まず、財政が急激に引き締められれば景気は崖から転げ落ちるように失速しかねない。

最終的には危機は回避されるだろうが、米国では11年8月に連邦債務の上限が16・4兆ドルに引き上げられたが、13年3月〜4月には再び上限引き上げが必要になるなど、波乱要因が続くことから、需要面からの原油押し上げ効果は弱そうだ。

供給面では米国で急速に進むシェールガス、シェールオイル革命が原油の上値を圧迫している。しかし、前章でも述べたように、将来的にも原油価格が高止まると市場がみたから革命が起こったのであり、逆ではない。原油価格が急落すればシェール革命も頓挫してしまうだろう。

では、2013年のWTI原油市場をどうみるか。

筆者は、前述した需給面の環境に大きな変化が見込めず上値は100ドル程度で重いものの、下値も80ドル台で底堅いとみている。もっともこれは、何事もなければの話ではあるが。

レッドラインは超えた イラン情勢の緊迫化が不安要因

2013年の懸念材料はイランの核開発問題を巡るイスラエルとの緊張状態が高まるとみられることだ。イスラエルのネタニヤフ首相は、かねてよりイランに対し「レッドラインを超えたならば何らかの軍事攻撃を行う」と警告している。

レッドラインとは、イランのウラン濃縮度が20%を超え、その目的が核保有であることが明らかになった時点である。しかし、このレッドラインは2012年に入ってすでに超えた。むしろ、世界からは決断を下さないネタニヤフ首相に対する信頼性が問われる事態になっている。

こうした中、イスラエルは11月、パレスチナのイスラム原理主義ハマスとの停戦に合意した。しかしその持続性については疑問である。今回のイスラエルによるパレスチナ自治区ガザへの攻撃は、イランの核施設に対する軍事攻撃を行うための布石とも考えられる。

中東専門誌によると、イスラエルは今回の一連の応酬で、

（1）ハマスの保有するロケット弾などの武器を相当程度破壊した。

（2）自国のミサイル防衛システムの有効性を改めて確認した。

これによりイスラエルは、自国のわき腹ともいうべきガザ地区から突き付けられたロケット弾攻撃を懸念することなく、イラン攻撃に専念できる。こうした動きを察してか、北海ブレント原油は110ドル前後で高止まりしている。

2012年に、イラン核開発疑惑をめぐる緊張が再び高まったのは、7月1日より欧米がイラン制裁を強化、同国からの原油の輸入禁止措置が開始されたことだ。イランはこの対抗措置として、革命防衛隊がかねてより言及していたホルムズ海峡封鎖法案を準備。イスラエルへの攻撃が可能な中距離ミサイルの発射実験

図3-6 過去の原油供給中断

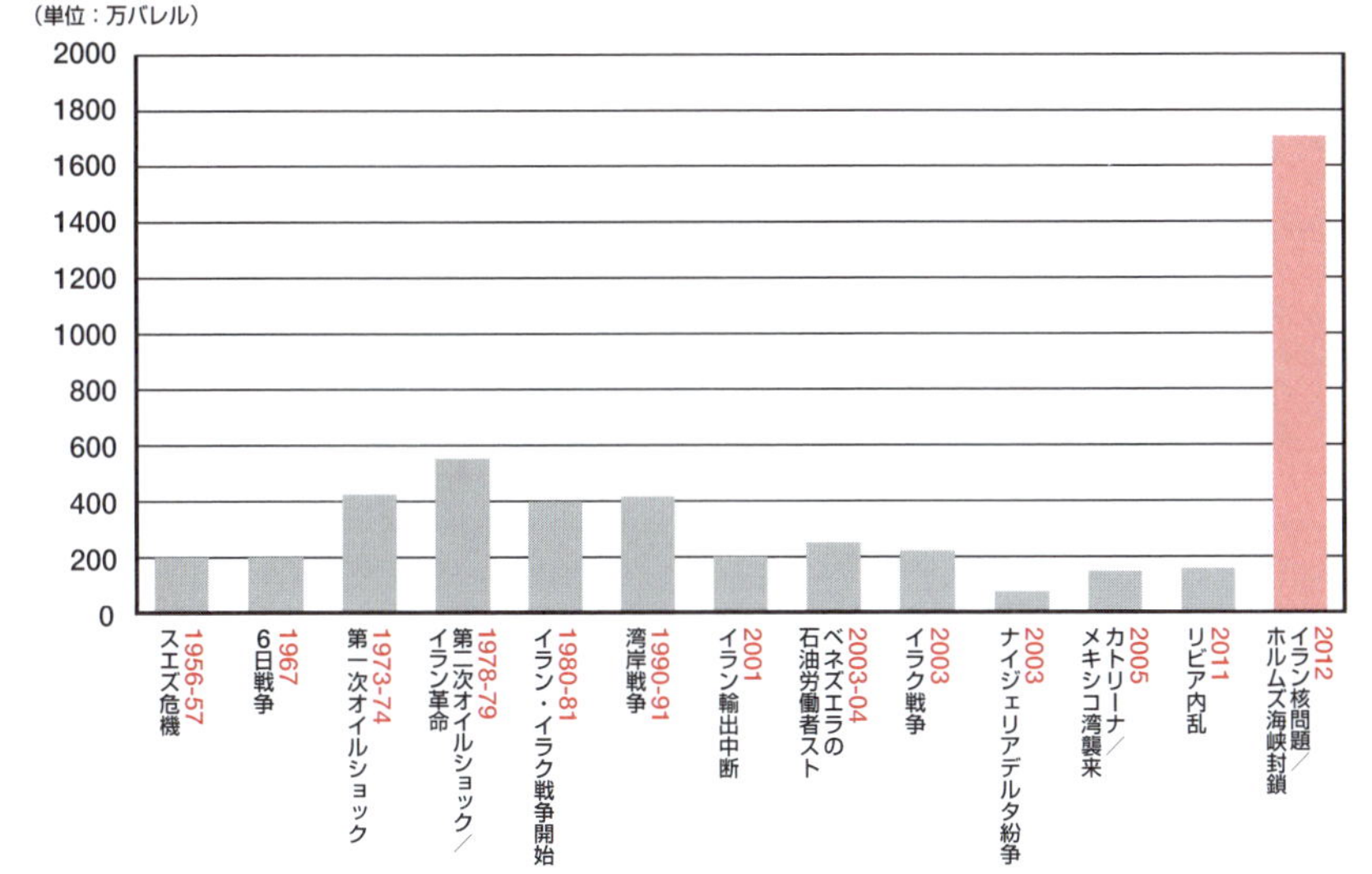
（単位：万バレル）
2000
1800
1600
1400
1200
1000
800
600
400
200
0
1956-57 スエズ危機
1967 6日戦争
1973-74 第一次オイルショック
1978-79 第二次オイルショック／イラン革命
1980-81 イラン・イラク戦争開始
1990-91 湾岸戦争
2001 イラン輸出中断
2003-04 ベネズエラの石油労働者スト
2003 イラク戦争
2003 ナイジェリアデルタ紛争
2005 カトリーナ／メキシコ湾襲来
2011 リビア内乱
2012 イラン核問題／ホルムズ海峡封鎖

［出所］フォーリン・アフェアーズ・レポート2012.3

に成功したと発表した。

６月に行われていたイランとＩＡＥＡ（国際原子力機関）との核開発協議が何らの進展なく終わったのに加え、国連安保理５カ国にドイツを加えた６カ国との核開発交渉も両者の隔たりが大きいまま終わった。

仮に戦端が開かれれば、イランの革命防衛隊は、その封鎖能力の有無にかかわらず、タンカーの航行を妨害しよう。その場合、世界原油貿易量３８００万バレルのうち、ホルムズ海峡を通過する１７００万バレルが供給中断懸念に晒されることになる。

過去こうした供給中断は、スエズ運河危機（１９５６年）に始まり、２度のオイルショック、イラン・イラク戦争（80年）、湾岸戦争（90年）、イラク戦争（03年）など多くを数える。

しかし、当時の供給中断規模は最大でも５００万バレルだ。これを考えると、今回は遥かに大きな供給中断をもたらすことになる。

ＯＰＥＣは影響力を失ったのか低下する供給余力と生産シェア

ＯＰＥＣは、12月の第１６２回定例総会で、イラクを含む加盟12カ国の目標生産量を現行の日量３０００万バレルに据え置いた。

加盟各国の生産動向をみると、

（１）イランの急速な減産

（２）サウジアラビアの大幅増産の見直し

（３）イラクの生産の急回復

といった特徴がみられる。２０１１年まで日量３７０万バレルの生産を行っていたイランの産油量は、欧米による制裁強化により、10月には同２７０万バレルに減少した。輸出量は、日量２５０万バレルから同１３０万バレルに半減。その大半は中国と韓国向けであり、両国はイラン原油輸入においてライオンズシェアを握った格好だ。

こうしたイランの減産を補ったのが、サウジアラビアの大幅増産である。２０１１年前半まで同国の産油量は日量８００万バレル台で推移していたが、11年後半より増加傾向を辿り、12年６月には１０００万バレル近い水準にあった。

しかし、イラクの産油量が、２０１０年までの日量２４０万バレルから12年10月では同３１６万バレルまで急回復し、いまやサウジアラビアに次ぐＯＰＥＣ第２の産油国となっている。このため、サウジアラビアが今回の総会合意を受けて、産油量の削減を余儀なくされている状況となっている。

特に、サウジアラビアのヌアイミ石油鉱物資源大臣は２０１２年の初めに、「我々の希望は、原油（ＯＰＥＣバスケット）価格を１００ドルで安定させ、それを維持できること」と発言。これを想起すれば、サウジは当面、自らスウィングプロデューサー（需給調整弁）の役割を果たすことで、現在のバスケット原油価格を維持しようとしているのかも知れない。

さて、そこで改めてＯＰＥＣの影響力をどうみたらよいのか。ＩＥＡは、２０１２年の世界の石油需要を日量８９６７万バレル、13年は同９０４３万バレルと

図3-7 **OPEC諸国の原油生産の現状**

国名	a. 生産量（12年10月）	生産枠（12年12月）	増減	b. 生産能力	生産余力（b-a）
アルジェリア	115	120	-5	120	5
アンゴラ	179	152	27	185	6
エクアドル	48	43	5	54	6
イラン	270	334	-64	320	50
クウェート	282	222	60	284	2
リビア	138	147	-9	151	0
ナイジェリア	195	167	28	257	62
カタール	73	73	0	79	6
サウジアラビア	985	805	180	1,188	203
UAE	267	232	35	279	12
ベネズエラ	248	199	49	260	12
OPEC-11	**2,800**	**2,484**	**316**	**3,177**	**377**
イラク	316			329	13
OPEC-12	**3,116**	**3,000**	**116**	**3,506**	**390**

［出所］“IEA OIL MARKET REPORT”,OPECホームページより作成
（注）OPECは2011年6月の第159回定例総会以降、個別の生産枠は決めていないが、敢えて従来の生産比率をベースに筆者が推計した。

予測している。この需要レベルからみればOPECのシェアは35％程度であり、1970年代の50％超から見ればその影響力は大きく低下していると言える。

しかし、OPECの強みは生産コストが4～10数ドル／バレルという最も安い石油資源を握っているという点に尽きる。言い換えれば、OPECがその戦略をシェア重視に切り替え、一気に大増産に踏み切れば、原油価格は急落し、現在米国などで進んでいるシェール革命や地球温暖化防止のための再生エネルギーへの取り組みはたちまち頓挫するということである。

もう1つ気掛かりな点がある。OPECの生産余力が低下していることである。一般に、生産余力は世界石油需要の5％あれば安心と言われている。現在の需要レベルでは450万バレルだ。しかし、生産余力は現在400万バレルを下回っている。

これは、石油市場にいったん何事かあれば、OPECには危機に対応するだけのノリ代がないと言うことになる。その何事かはイランの核問題に絡む中東情勢の緊迫化であることは言うまでもない。

CHAPTER 3-3

ウラン 原子力か再生可能エネルギーか フクシマ原発事故の世界への影響

……………安全性と現実性に対する不安が高まるも、原発推進へ

WHAT HAS OCCURRED TO THE RESOURCE?

フクシマ原発危機の衝撃 崩れた安全性神話

福島第一原発事故は、日本のエネルギー政策そのものを白紙に戻す事態となった。

２０１０年６月のエネルギー基本計画では、２０３０年までに、14基の原発を新増設し、発電電力量に占める原子力発電の比率を26％から52・6％にまで引き上げる計画であった。しかし、事故後は脱原発の政策へと変わった。

海外においても安全性に対する懸念から、原子力発電を見直す動きが生じている。ドイツは、フクシマ後に7基の原子炉を閉鎖し、２０２０年まで旧式原子炉の操業認可期間を延長する計画をすべて凍結した。イタリアも原子力発電のモラトリアム（休止期間）を延長した。

とはいえ、世界全体でみれば原子力推進の流れに歯止めがかかったわけではない。ＷＮＩ（世界原子力協会）によれば、２０１０年現在、世界中で４４１基の原子炉が稼働中であり、世界の電力生産総量の14％を担っている。このほかにも、59基の原子炉が新たに建設中であり、計画中や提案中を含めると５００基近い原子

図3-8　世界全体の原子力発電量（2010.8月時点）

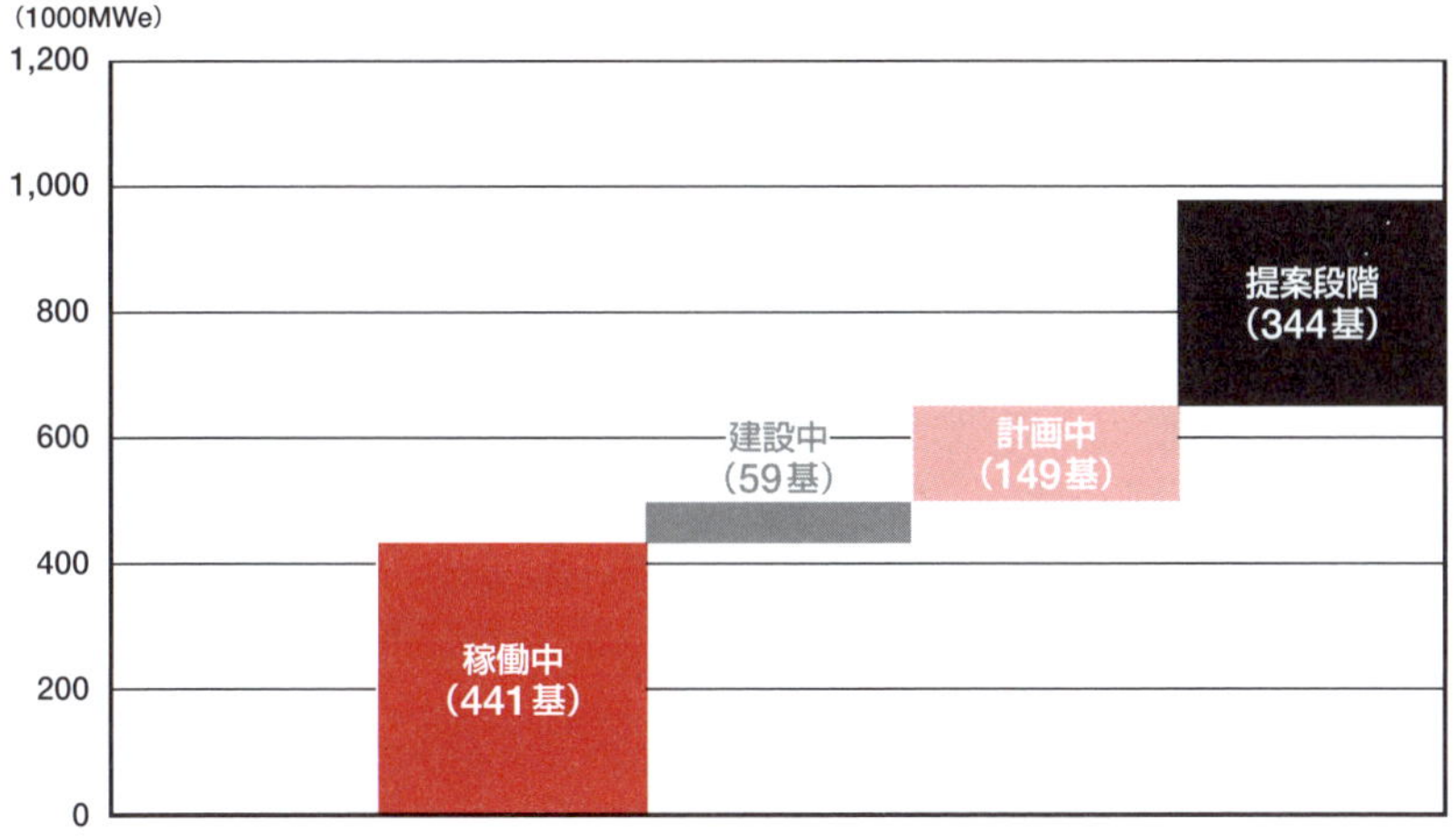
（1000MWe）
1,200
1,000
800
600
400
200
0
稼働中
（441基）
建設中
（59基）
計画中
（149基）
提案段階
（344基）

［出所］世界原子力協会（WNA）

力発電施設が建設される予定だ（**図3-8**）。

なかでも中国は、現在13基の原子炉を保有しているが、建設中24基、計画中33基、提案段階のもの120基を数え、どの国にも増して積極的に原発を推進している。これらすべてが実現されれば、世界における中国の原子力発電能力シェアは、2010年の3％から20％となり、米国の15％を上回り、世界最大の原子力発電国となる。

そもそも原子力発電は、新興国の旺盛なエネルギー需要により、地球温暖化や石油資源の枯渇が強まる中、CO_2を排出しない原子力発電が再評価されたためだ。特に、08年に原油価格が高騰し世界的な争奪戦が強まる中で、にわかに注目されているのが原子力発電だ。また、原発の場合、1基建設するのに約50億ドル（約4000～4500億円）前後のコストがかかるとされ、雇用創出効果も大きいことから、リーマン・ショック後の景気振興策としても期待された。

ちなみに、米オバマ大統領は、09年に就任早々、グリーン・ニューディール政策を掲げ、1979年のスリーマイル原発事故以来長いこと凍結してきた原発新設を許可した。現在、米国では104基の原発が稼働中であるが、22基の新設計画があり、すべてが実現すれば1000億ドル規模のインフラ需要が生まれることになる。

IAEA（国際原子力機関）は、世界の原子力発電設備能力は現在の3億7000万kWから30年には最大で8億1000万kWに拡大するとみている。これに伴い、日本を含め世界中の関連企業による原発市場での争奪戦が始まった。

目標は、原子炉新設が集中する新興国市場である。日本勢は東芝＝米ウェスチングハウス（WH）、日立＝米ゼネラル・エレクトリック（GE）、三菱重工＝仏アレバの各連合で、新技術を結集してプラントの受注活動を積極化している。しかし、最近は、韓国やロシア、中国などの原発建設国の企業も参入。日本勢も苦戦を強いられている。

この点、日本の場合、単に原子炉建設のみならず、福島原発事故の経験と教訓を活かし、事故処理、廃炉、除染、放射廃棄物処理など脱原発に関する分野でも技術力を結集していくことが必要であろう。

こうした、原子力ブームは、原発の受注に留まらず、その燃料であるウランの争奪戦に直結する。

ちなみに、ウラン鉱石の埋蔵量はオーストラリアやカザフスタン、カナダ、南アフリカなど特定の国に偏在している。また、ウランがすべて燃焼（核分裂）するわけではない。ウラン鉱石中に含まれるウランには燃えるウラン（U235）と燃えないウラン（U238）の2種類があり、U235はわずかに0・7％しか含まれない（不思議なことに世界中のどのウラン鉱山もこの0・7％という比率である）。ウラン鉱石の99・3％は燃えないウランなのである。このため原子力発電の燃料とするためには、U235の純度を高めなければならない。すなわち濃縮して資源化するのである。

複雑な過程を辿るウランの燃料化

その過程は、やや専門的になるが、ウラン採掘（鉱石）

図3-9 ウラン鉱石の確認埋蔵量

	確認埋蔵量（2009年）	
	トンU	シェア
オーストラリア	1,673,000	31%
カザフスタン	651,000	12%
カナダ	485,000	9%
ロシア	480,000	9%
南アフリカ	295,000	5%
ナミビア	284,000	5%
ブラジル	279,000	5%
ニジェール	272,000	5%
アメリカ	207,000	4%
中国	171,000	3%
その他	607,000	11%
世界合計	5,404,000	100%

［出所］世界原子力協会（WNA）

↓精製・化学処理して粉末のウラン精鉱（八酸化ウラン＝イエローケーキ）をつくる（製錬）↓これをガス状のウラン化合物（ＵＦ６）に転換↓遠心分離法などで３～５％まで濃度を高め（濃縮）↓化学処理して二酸化ウランに再転換↓燃料集合体（燃料棒）に成型加工↓発電、というプロセスを辿ることになる。

濃縮は、Ｕ２３５とＵ２３８のわずかな質量の差を利用して遠心分離機で超高速回転させることで行う（重いものは遠く、軽いものは近く）。このため濃縮過程では多くの遠心分離機が並ぶことになる。

なお、原子炉でＵ２３５を核分裂させると、エネルギーと共にプルトニウム（Pu２３９）を含む核分裂生成物が生じる。これを再処理してＭＯＸ燃料（ウラン・プルトニウム混合酸化物燃料）として利用するのが高速増殖炉だ。

このように複雑な過程を経てつくられたウラン燃料であるが、発電の原理は意外と単純だ。発電には、

（１）電磁誘導を応用

（２）化学物質の化学反応で生じるイオンを利用

図3-10 **火力発電と原子力発電の違い**

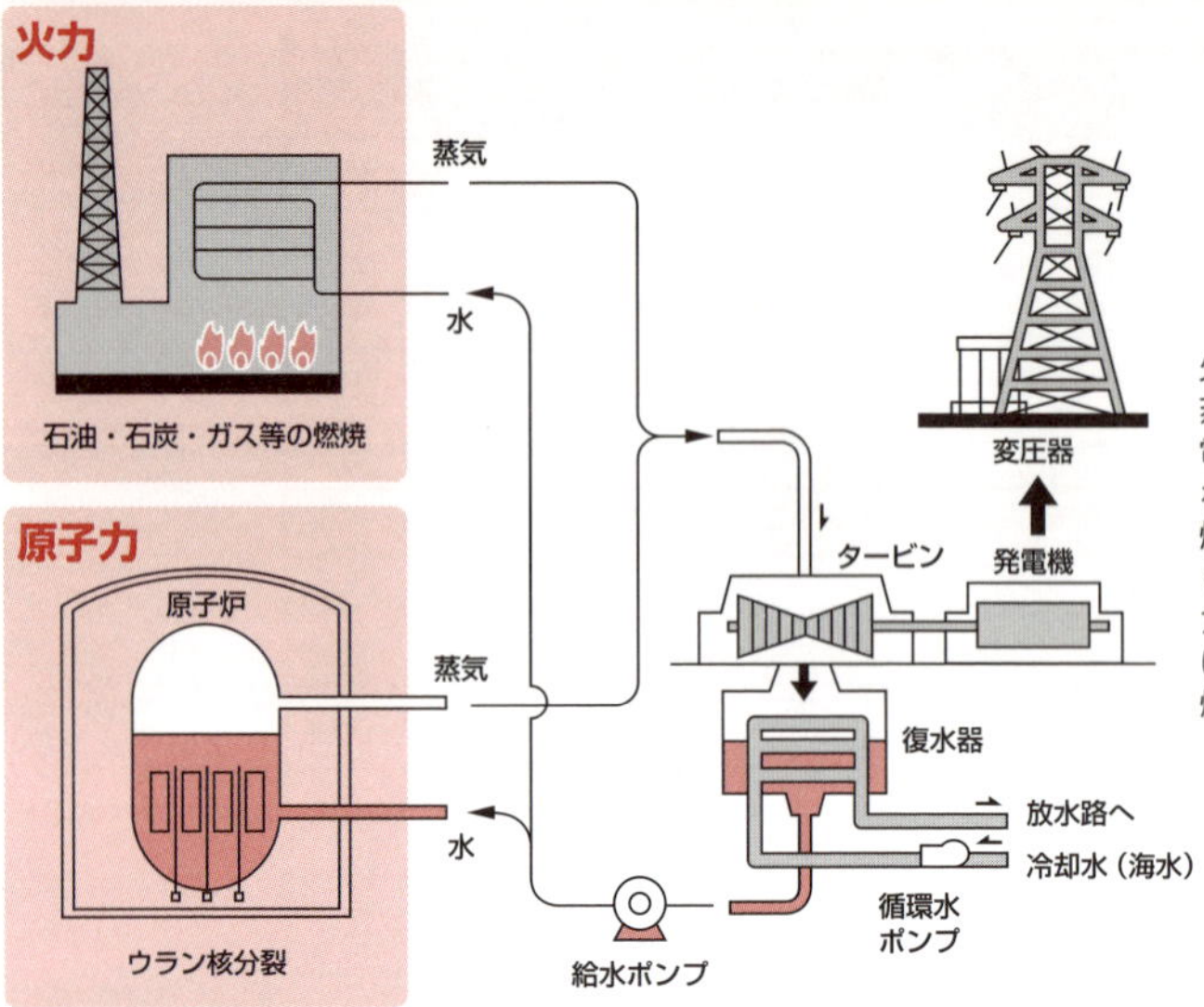
火力
蒸気
水
石油・石炭・ガス等の燃焼
原子力
原子炉
蒸気
水
ウラン核分裂
給水ポンプ
タービン
発電機
変圧器
復水器
放水路へ
冷却水（海水）
循環水
ポンプ

火力発電、原子力発電とも蒸気でタービンを回して発電。両者の違いは、火力がボイラーの燃料として化石燃料（石炭、重油、ガス）を使用するのに対し、原子力発電の場合は、ボイラーに当たる原子炉でウランを燃料としていることである。

［出所］電気事業連合会サイト「でんきの情報広場」

（3）太陽などの光エネルギーを直接変換の3方法がある。原子力発電や火力発電は（1）の電磁誘導を利用したものだ（**図3-10**）。

火力、原子力とも蒸気でタービンを回して発電する点では同じ。違いは、火力がボイラーの燃料として化石燃料を使用するのに対し、原子力はボイラーに当たる原子炉でウランを燃料としていることだ。その際、減速剤と減冷却剤として普通の水（軽水）を使っているのが軽水原発だ。さらに軽水炉原発には、BWP（沸騰水型原子炉）とPWR（加圧型原子炉）とがある。

電力会社は、勝手気ままに変動する電力需要に対して、良質の電気を瞬時に対応させて供給している。電気の品質とは、周波数、電圧、電力の安定運用（系統安定度）を指す。インドなどに出張した時に、しばしば停電したりパソコンの画面が揺れたりすることがある。これは電圧が変化するためだ。こうした事態を防ぐため、日本では、原子力をベースロードとして利用し、需要の変化に対して自在に出力を上げ下げできる火力発電が使われてきた。

再生可能エネルギー

太陽系エネルギー社会の構築に向けて無限の可能性をもつエネルギー

……積極的な導入に向け、日本政府も新たな動きを示し始めた

WHAT HAS OCCURRED TO THE RESOURCE?

CHAPTER 3-4

進むべき太陽系エネルギーへの道 その可能性と課題

地球温暖化に対する関心の高まりから、再生可能エネルギーへの関心が世界的に高まっている。特に、日本では3・11東日本大震災後、原子力発電の安全神話（日本の原発では深刻な事故は起こらない）が崩れ、再生可能エネルギーの拡大に向けた取り組みが進められている。

これは「地下系の資源に拠って立つ20世紀型の成長」に限界が生じ、今後は「太陽系エネルギーに拠って立つ21世紀型の成長」を模索し始めた動きと捉えることができる。人類にとって持続可能な社会とは、「太陽からの放射によって無限に供給される太陽光エネルギーで間に合わせる社会」と言えよう。いずれも地域資源の潜在力の活用を目指すという点で、地域経済の活性化にもつながる。

政府は、導入拡大の切り札として2011年8月、「再生可能エネルギー法」を成立させ、12年7月1日には、再生可能エネルギーで作った電気を割高な価格で全量買い取るという制度（フィード・イン・タリフ）がスタートした（**図3-11**）。新制度の下では、太陽光

図3-11 **再生可能エネルギーの買取価格**

		円/kWh	期間(年)
太陽光	発電能力10kW以上	42	20
	発電能力10kW未満	42	10
風力	同20kW以上	23.1	20
小型風力	同20kW未満	57.75	20
	1000kW以上、3万kW未満	25.2	20
水力	200kW以上、1000kW未満	30.45	20
	200kW未満	35.7	20
地熱	1万5000kW以上	27.3	15
	1万5000kW未満	42	15
バイオマス	メタン発酵ガス化発電	40.95	20
	未利用木材燃焼発電	33.6	20
	一般木材等燃焼発電	25.2	20
	木質以外の廃棄物燃焼発電	17.85	20
	リサイクル木材燃焼発電	13.65	20

[出所] 日経新聞2012年6月14日
(注) 買い取り価格は地方税・消費税を加えた価格　10kW未満の太陽光は税相当分を含む。

発電、風力発電、小水力発電、地熱発電、バイオマス発電などへの取り組みが注目されている。

これら太陽エネルギーにはメリット、デメリットを含め、次のような特徴がある。

(1) エネルギーの量が膨大。地球に降り注ぐ約20分間のエネルギー量は、世界の年間エネルギー消費量に匹敵する。

(2) 永久的なエネルギー源。地球の枯渇性資源と違って尽きることが無い。

(3) クリーンなエネルギー。石油や石炭などの化石燃料と違ってCO_2、SO_x、NO_xなどの温室効果ガスや排気ガスを出さない。

(4) 地域的不偏在。石油やウランなどのように地域的偏在がなく、世界中どの地域でも利用可能。また、需要の多い昼間に発電が可能なため効率が良い。

(5) エネルギー密度が低い。地上での太陽エネルギー密度は、最良の条件下でも約1kW/㎡と低く、面積効率が悪い。

（6）供給が不安定。出力は昼夜、時間、天候によって左右され、太陽エネルギーのみでは安定的な利用ができない。普及には二次電池などの蓄電システムが不可欠。

以下では、具体的に取り上げてみる。

【太陽光発電】

太陽電池を使って光エネルギーを直接電気に変える方法。太陽の光が当たる場所ならどこでも設置することが可能であり、一度設置すると、機器のメンテナンスはほとんど必要なく、災害時の非常用電源としても注目されている。ただ、発電量が天候に左右され、導入時のコストが高いのが欠点である。

【風力発電】

風力発電システムは、風車が機械的動力への返還を行い、この動力を発電機に伝えて電気エネルギーを発生するものだ。

一般に、風力発電は年間平均風速5m／s（秒）以上、25m／s以下が有効資源と言われている。発電コストが安く、風力エネルギーの約4割を電気に変換することができる。風力発電設備能力は、94年の0・8万kWから2000年に14・4万kW、10年には244万kWまで拡大。これは、09年の太陽光発電の設備能力263・7万kWにほぼ匹敵するが、2010年の目標値300万kWには達していない。この要因としては、（1）風車の回る騒音や低周波音に対する地元住民の苦情、（2）地元との調整から山間地に立地したことによる建設コストの上昇、（3）風の乱流、雷などによる想定外の事故　などがあげられる。

また、世界と比べると日本の風力発電導入はまだ少ない。世界最大の風力発電国は中国である。

【小水力発電】

2m程度の小川の落差を利用し小さな水車を回して発電するものから数千kWの大規模な発電まで、多様なものがある。小水力発電の発電電力は流量と落差で決まる。資源エネルギー庁の調査によると、農業水利施設の未開発の包蔵エネルギーは約12万kWと潜在力は大きい。

図3-12　日本の風力発電設備能力

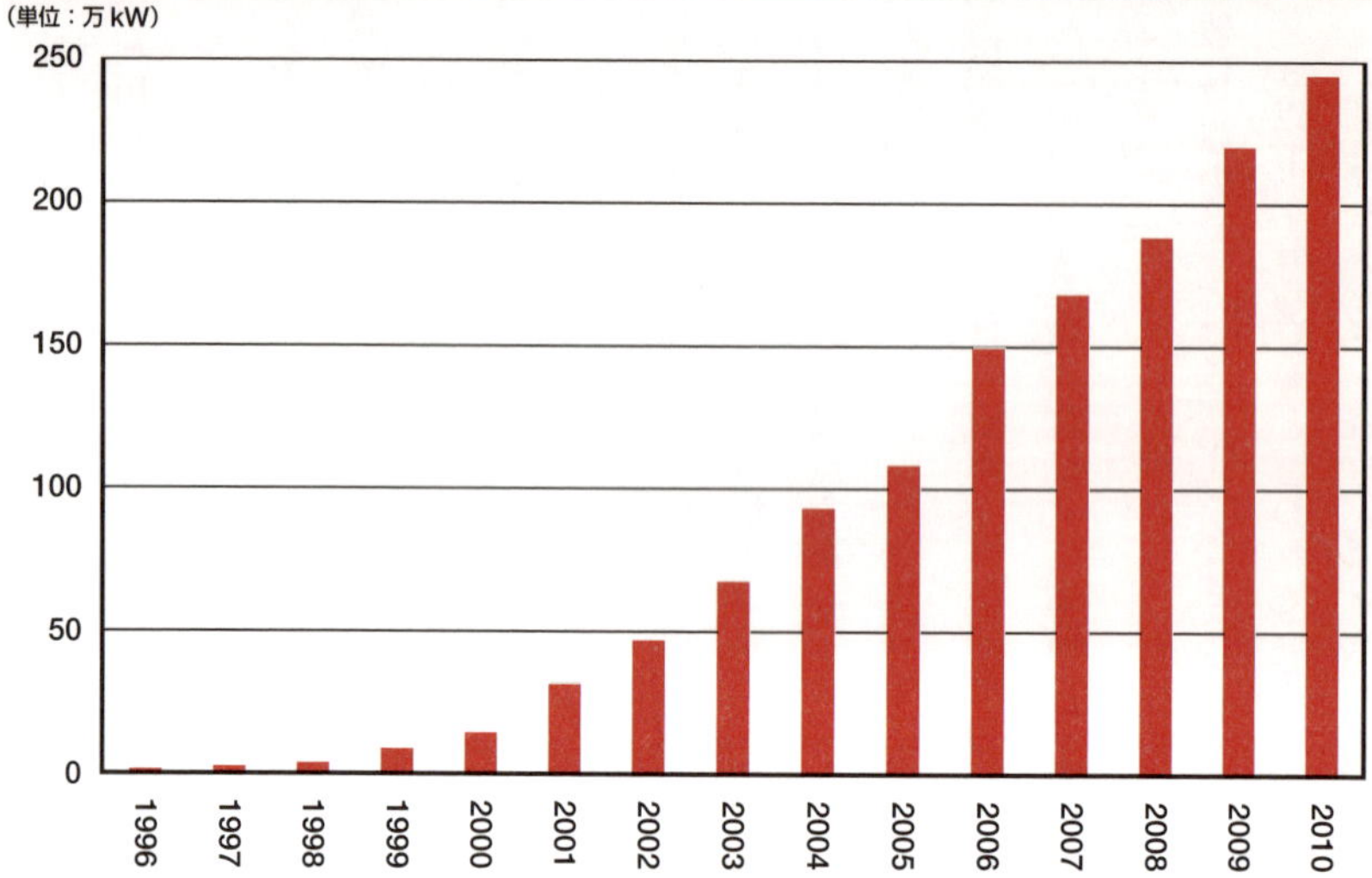

［出所］NEDO、JPWA

農水省は、これまで全国26地区で小水力発電を進めてきた。小水力発電をもっと広く地域で利用し、地産地消のエネルギーを生み出して行くことにより、農業農村に限らず地域の産業起こしの可能性が高まろう。

【地熱発電】

地中に蓄えられた地熱エネルギーを蒸気や熱水などの形で取り出し、タービン（羽根車）を回し発電する方法。火山国の日本では、地熱の潜在エネルギーとしては莫大だが、それらの場所に国立公園や温泉も多く、開発はそう簡単ではない。

【バイオマス発電】

農作物やその残さ、木材、家畜の排せつ物、食品廃棄物など生物由来の資源（バイオマス）を燃焼させて電気を作る。資源の有効利用や廃棄物の削減に繋がる。燃焼の過程ではCO_2を発生するが、その植物が成長する際に光合成によって吸収してきたCO_2のため、カーボンニュートラル（CO_2を追加的に増やすことにはならない）とみなされる。

第4章

爆発する需要！
──人類生存に直結する水・食糧資源

CHAPTER 4-1

WHAT HAS OCCURRED TO THE RESOURCE?

水・食料資源概説①

「水問題はすべてに通ず」

……………人口増加、工業化、食料需要増などあらゆる分野に影響

（1）限られた水資源をめぐる争奪戦と環境破壊
（2）コモンズ（地元共有資源）か商品か
（3）食糧生産と地下水の枯渇
（4）シェールガス革命と水汚染
（5）奪われる日本の水源

など様々な対立軸となって表れている。

食料市場、産業にも波及する「限られた水資源」の影響

本章では、水・食料資源に関し現状と今後について触れていく。

20世紀の資源問題は、主に石油や鉱物など枯渇性資源の稀少性の問題であった。一方、今世紀に入っての資源問題の特徴は、食糧や水、温暖な気候、多様な生物など、これまで稀少性とはあまり関係の無かったものも、新たに稀少性の問題を帯びだしたことにある。なかでも深刻化しつつあるのが水問題である。それは、世界では今、水不足に対する懸念が急速に高まっている。人口増や経済発展に伴い世界の水使用量は、世界人口の増加率を上回るペースで拡大しているためだ。我々1人ひとりが1日に使う生活用水は、飲み水も含

図4-1 ごくわずかしかない利用可能水

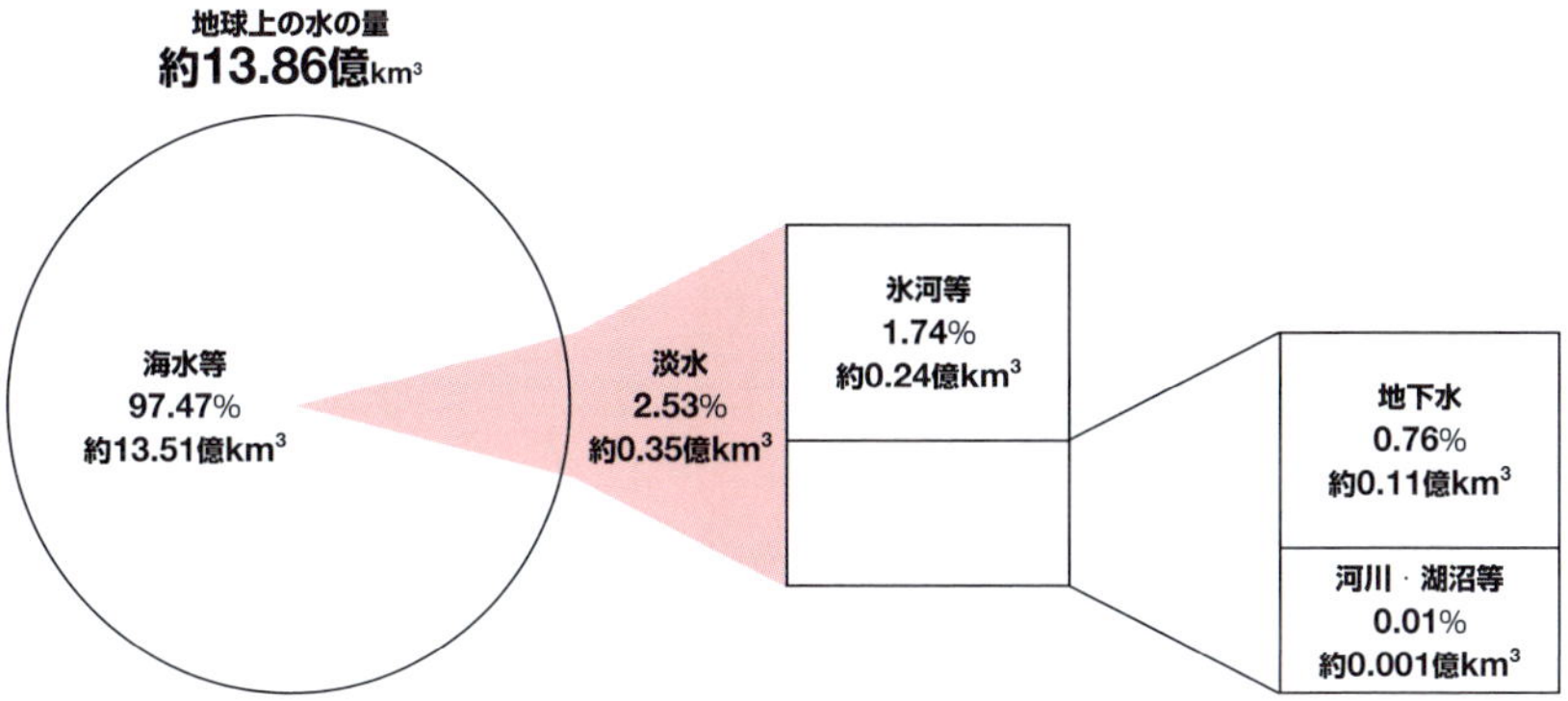
地球上の水の量
約13.86億km³
海水等
97.47%
約13.51億km³
淡水
2.53%
約0.35億km³
氷河等
1.74%
約0.24億km³
地下水
0.76%
約0.11億km³
河川・湖沼等
0.01%
約0.001億km³

※1. "World Water Resources at the Beginning of 21st Century"（Unesco,2003）をもとに国土交通省水資源部作成
※2. 南極大陸の地下水は含まれていない

［出所］国土交通省土地・水資源局水資源部『平成19年版日本の水資源』

めて50～150リットルと言われる。現在、5億人が慢性的な水不足にあり、24億人以上が上下水道などの不備な水ストレス下に暮らしているとされる。

特にサブサハラ（サハラ砂漠以南）アフリカなどでは、貧困国での女性の主要な仕事は、遠く離れた井戸に水汲みに行くことだ。

これとは別の問題として食料市場への影響がある。世界の水の消費量の約7割は食料を生産するために使われている。しかし、中国やインドなど新興国での工業化、都市化が進めば、工業用水や都市生活用水の消費が急増し、限られた水を巡り食料市場との間で争奪戦が強まる可能性が高い。今後、深刻化する水不足問題に対して、我々は水の利用と開発に向けた政策的選択と国際的な協調を迫られることになろう。

地球は「水の惑星」と称され、地球上に存在する水の量は膨大で、約13・51億km³（立方キロメートル）とされる。しかしそのほとんどは海水で、地球上の水のうち淡水は2％強に過ぎない。しかも、この貴重な淡水の大半は南極や氷河、万年雪、地下水などの形で閉じ込められている。

人間が利用しやすい状態にある河川や湖の水は、地球の水全体のわずか0・01%だ（**図4-1**）。とはいえこれはストックとしての量である。水は循環資源であるから、フローとしてみれば資源量はもっと多い。しかし、問題は供給可能な水資源が、気候変動や河川汚染などで減少傾向にあることだ。またその分布は、地域的・時期的にも大きな偏りがある。

アジアを中心に深刻化する世界の水不足

水資源の配分は、石油や金属資源にも増して不平等なのである。さらに、悩ましいのは、水は石油と違って他に代替するものがないことである。

一方、人口増や経済発展に伴い世界の水使用量は、世界人口の増加率を上回るペースで拡大している（**図4-2**）。20世紀初めに10数億人であった世界人口は、1950年に25億人に達し、2011年には70億人を突破した。約40年で2倍の増加ペースであり、2020年には80億人に迫り、50年には90億人を突破する見通しである。

地球が養える人口はどれぐらいか。

グリーンレボリューション（緑の革命）の発祥の地であるフィリピンの国際稲作研究所（IRRI）は、地球が養える最大限の人口を83億人としている（その世界人口は2025年には80億人を突破する）。

人口増を反映して水使用量も急増している。WMO（世界気象機関）によると、世界の水の年間使用量は、1930年時点で1000㎦であるが、逆に言えばこの1000㎦に達するのに数千年を要したことになる。しかし、1960年には2000㎦に増えている。次の1000㎦が増えるまでにわずか30年、さらに1980年の3000㎦に達するまでに20年しか要していない。今世紀には水消費量はすでに4000㎦となっている。

こうしたことから、世界的な水不足の懸念が高まっているのだ。

この背景には、中国やインドなどの新興国の人口増

図4-2　人口推移と共に増大する水使用量

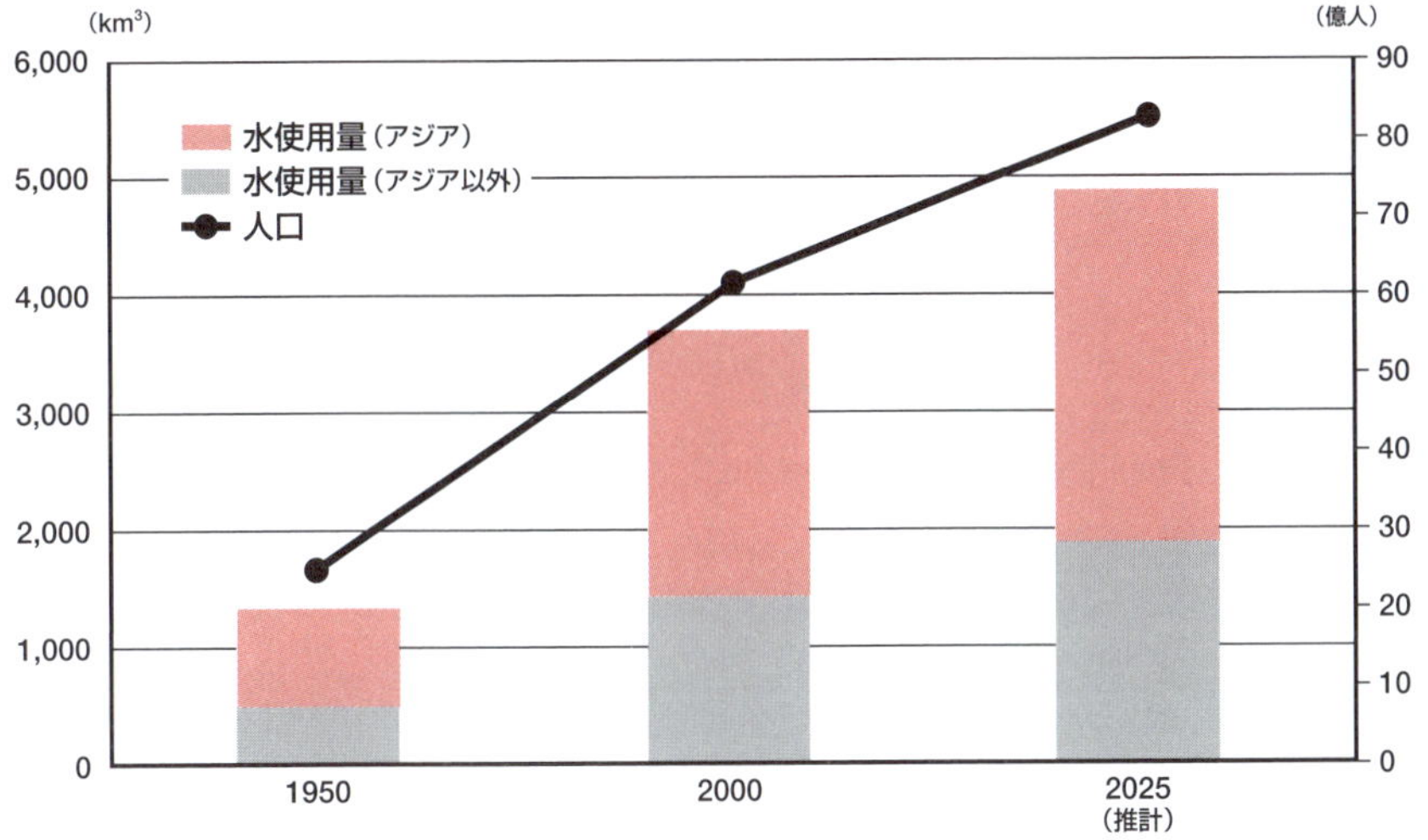
(km3)
(億人)
6,000
5,000
4,000
3,000
2,000
1,000
0
90
80
70
60
50
40
30
20
10
0
水使用量（アジア）
水使用量（アジア以外）
人口
1950
2000
2025
(推計)

［出所］国連

加や工業化・都市化により、工業用水や生活用水の需要が急速に高まっていることがある。新興国の工業化は、工業部門と農業部門での水の争奪戦を否応なく強めることになろう。

今後、水不足問題が最も先鋭的に表れそうな地域はどこか。それは、水資源の使用量が世界の他の地域と比べて圧倒的に高く、しかもその使用量が急増しているアジア地域であろう。同地域は、世界人口の約6割を占める一方、世界の降水量の36％に止まっている。しかも、世界で最もダイナミックに成長しているのがアジアである。急速な工業化が進む中国では、すでに北部を中心に水不足が深刻化している。

世界各地で進行している河川水の取水を巡る争い

深刻化する水不足は、すでに世界各地で水の奪い合いによる紛争を引き起こしてもいる。特に、国際河川の開発、すなわち各国の取水を巡る紛争である。

国際河川は複数の国をまたいで流れるため、それぞれの流域国での取水を巡って利害が対立し、結果として河川全流域での円滑かつ合理的な水資源利用を妨げているケースが多い。水紛争は、時として政治問題化し、国家間の戦争の原因となることさえある。さらに最近は環境問題とも絡んできた。

農林水産省の『世界の水資源と食料生産への影響』（2006年7月）によると、コロラド川（アメリカとメキシコで、水の過剰利用と汚染）、ヨルダン川（イスラエル・ヨルダン・レバノン他で、イスラエルによる水源地域の支配）、チグリス・ユーフラテス川（トルコ・シリア・イラク間で水資源開発と配分）、アラル海アムダリア・シルダリア川（カザフスタン・ウズベキスタン他で綿花栽培のための水の過剰利用によるアラル海の縮小・水不足・塩害）、ナイル川（エジプト、スーダン、エチオピアによるダム建設と水配分）、ドナウ川（スロバキア・ハンガリーによる運河のための水利用）などがある。

最近になって水紛争の懸念が高まっているのがアフリカやアジア諸国である。

国境を接する中国とインドでは、チベット高原の水源をめぐる対立が続いている。特に、チベットからインド、バングラディッシュに流れるブラマプトラ川の上流で10年10月、中国雲南省が電力不足を補うため5基の巨大ダムの建設を進めていることが、人工衛星で確認された。

このためインドは下流域の流量低下や、中国側の思惑で水量をコントロールされてしまうことを懸念。ダムに止まらず、ブラマプトラ川の水を中国側に引き込もうとしているのではないかとも指摘している。

メコン川をめぐっても、インドシナ半島が10年春に干ばつに見舞われた時、メコン川の水位が過去50年で最低を観測し、流域の漁業や農業に被害が出た。タイやベトナムからは、上流の中国で相次ぐダム建設を非難する声が上がった。

ナイル川は、古代より下流地域のエジプトの人口の96％が依存している水源である。しかし、この上流のタンザニア、エチオピアなどが、発電用ダムの建設やパイプラインで水を引く計画を立てたことで、下流域のエジプトやスーダンが、水利権を脅かされると反発。

新たな紛争の火種となっている。アフリカ西部のニジェール川流域でも、ナイジェリアやニジェール、ギニアなど9カ国が水利権で対立している。

メコン河川委員会やナイル河川委員会など、国際河川の利用促進のため、国際機関による流域委員会が設置されているケースもあるが、すべての紛争解決には限界がある。

米政府は2012年3月、世界の水問題に関する報告書で、今後10年間で水不足により世界各地で国家や地域間の緊張が高まる可能性があると警告した。国際河川の上流に位置する国が、意図的に水量を制限するなど「武器」として水が利用されかねないという。英国国防相も07年の報告書で、「水問題は、軍事行動や人口移動を誘発する可能性を高める」としている。

水は誰のものかコモンズか、商品か

世界の人口増加や新興国の工業化・都市化に伴う水需要の増加、さらに温暖化などによる環境変化を踏まえて世界的な水不足が深刻化するなか、注目を集めているのが「水ビジネス」である。一口に水ビジネスといっても、その領域は多岐にわたり、大きくは以下の3種類に分けることができよう。

（1）治水：洪水や河川の氾濫を防ぎ、水運や灌漑の便を図ること。ダムや貯水池の建設・管理／運河、水路、パイプラインの施設／利用可能な水源を増やす海水淡水化事業・プラント建設・管理、再生水の利用など。

（2）利水：農業・工業・上水などで水を利用すること。上下水道の建設・管理／飲料水、ペットボトル入りのミネラルウォーター、超純水などの高付加価値水の生産／工業用水、農業用水、景観用水などの水の多段階利用など。

（3）水環境：水量や水質保持、環境保全などを図ること。工業用水や屎尿などの水処理（中水）などの下水ビジネス／水浄化プラント、汚泥処理・検査、湖沼や河川の浄化など。

この「水ビジネス」の市場は、今は増加の一途を辿っている。経済産業省・平成20年度の「水資源政策研究会報告書」によれば、「世界における水ビジネスの市場規模は、上下水道等事業の民営化の進展に伴い、中長期的に拡大することが見込まれる」として、市場規模は2025年には100兆円に達すると試算している（**図4-3**）。

一方、水ビジネスの拡大に伴って、ビジネスとして商品化された水と、生命の糧としての水、いわゆるコモンズ（commons）としての水という、根本的な問題も生じている。ちなみに、コモンズというのは、農業用水や共同井戸（地下水）や湧水などの地域生活用水といった、いわば古い歴史の中で地域住民によって利用されてきた共同資源である。しかし、これらが大規模開発の対象になり、特定の企業・人が特権的に利用するものとなった。今後、商品としての水と、コモンズとしての水との折り合いをどうつけるかは難しい課題である。

懸念されるのが食料生産と地下水の使用

水不足は、世界の食糧生産の大きな制約要因でもある。農林水産省農村振興局「世界のかんがいの多様性」（2003年）によると、世界の灌漑面積は、61年の1・39億haから99年2・74億haと、38年間で約2倍に拡大している。これは全耕地面積の約18％に当たり、その約66％がアジアにある。また、灌漑《かんがい》耕地面積は全耕地面積の2割弱だが、世界の食料生産量の約4割を生産している

一方、WMO（世界気象機関）によれば、世界の農業用水の年間消費量は、95年の2504㎦（立方キロメートル）から2025年には3126㎦に26％拡大する見込みである。この農業用水を供給するために世界の灌漑面積は3・29億haが必要と予測している。FAO（国連食糧農業機関）も「人口の増加や食生活の高度化（畜産物の消費の増加）に伴い、2050年の穀物需要は99～2000年の1・6倍（30億トン）に増大す

図4-3 世界の水市場規模

(上段:2025年…合計87兆円、下段:2007年…合計36兆円)

	素材・部材供給コンサル・建設・設計	管理・運営サービス	合計
上水	19.0兆円 (6.6兆円)	19.8兆円 (10.6兆円)	38.8兆円 (17.2兆円)
海水淡水化	1.0兆円 (0.5兆円)	3.4兆円 (0.7兆円)	4.4兆円 (1.2兆円)
工業用水・工業下水	5.3兆円 (2.2兆円)	0.4兆円 (0.2兆円)	5.7兆円 (2.4兆円)
再利用水	2.1兆円 (0.1兆円)	—	2.1兆円 (0.1兆円)
下水(処理)	21.1兆円 (7.5兆円)	14.4兆円 (7.8兆円)	35.5兆円 (15.3兆円)
合計	48.5兆円 (16.9兆円)	38.0兆円 (19.3兆円)	86.5兆円 (36.2兆円)

成長ゾーン(市場成長率2倍以上)

ボリュームゾーン(市場規模10兆円以上)

成長・ボリュームゾーン

[出所] 経済産業省

る」と予測。「食物増産を達成するため引き続き灌漑耕地を拡大させていく必要がある」と指摘している。

灌漑のための水の大半は地下水をくみ上げることで供給されるが、その結果、世界中で地下水の水位の低下や枯渇が懸念されるようになっている。

米コロラド州では、第二次世界大戦以降、大地下水脈のオガララ帯水層を利用した大灌漑農業が展開されてきた。その際、農業用水からの過剰な蒸発や水漏れなど、不適切な灌漑施設の管理も指摘されている。雨水の補充がきかない化石帯水層のため70年代ごろから枯渇が懸念されるようになった。エロージョン(土壌侵食)や塩害などの土壌劣化、砂漠化などの問題が生じている。このため、同地域では、揚水ポンプで汲み上げ、長大なスプリンクラーが円を描くように回って散水するセンターピボットなど自走式スプリンクラーでの灌漑が普及している。

欧州でも80年代に密植などの集約的な農業生産の方法が取り入れられ、地下水汚染、エロージョン、野生動物の生息地の減少などが指摘されるようになった。

アジア地域やアフリカなどの新興国や発展途上国でも、不適切な農業活動によるエロージョン、塩害、水源枯渇などが深刻化している。

新たな問題 シェールガス革命と地下水

米国で起こっているシェールガス革命も、新たな水資源問題を引き起こす恐れがある。シェールガスは地中深くにある固くて剥がれやすい頁岩（けつがん＝シェール）に含まれる天然ガスのことだ（図4-4）。ガスとともにオイル（シェールオイル）が含まれることも多い。

第3章で詳しく述べたが、問題は、開発において大量に必要となる水の調達と環境汚染への対応である。大量の水を注入し岩盤に割れ目を作り、そこからメタンや軽質油を採取する作業である。一本の井戸（生産井）で、プール5杯分（3000～1万トン）の水を注入する。この膨大な水資源をどこから調達するのか。大量の揚水を続ければ、地下水の枯渇のみならず地盤沈下を懸念する声もある。

しかも、注入される水には、液体の流れをよくするために界面活性剤など約600種類の化学物質が混入されているという。さらに、シェールガス採取の際、水の注入とともに、割れ目を閉じさせないための砂粒（プロパント）や界面活性剤の注入も行うことから、土壌汚染、水質汚染懸念が環境保護者から指摘されている。

一方、シェールガスの開発深度が2000m以上であるのに対して、飲料水の帯水層の深度は100～200mと大きな間隔があり、防護設備に十分注意を払えば飲料水汚染の危険は無いとの見方もある。

とはいえ、今後、シェールガス・オイルの生産が急増するに伴い、水資源の枯渇をめぐる負の影響もより深刻化する恐れが強い。

日本の水資源は大丈夫か 奪われる日本の森林と水

日本でも水資源については楽観視できない。

図4-4 非在来型ガス・オイル賦存概念図

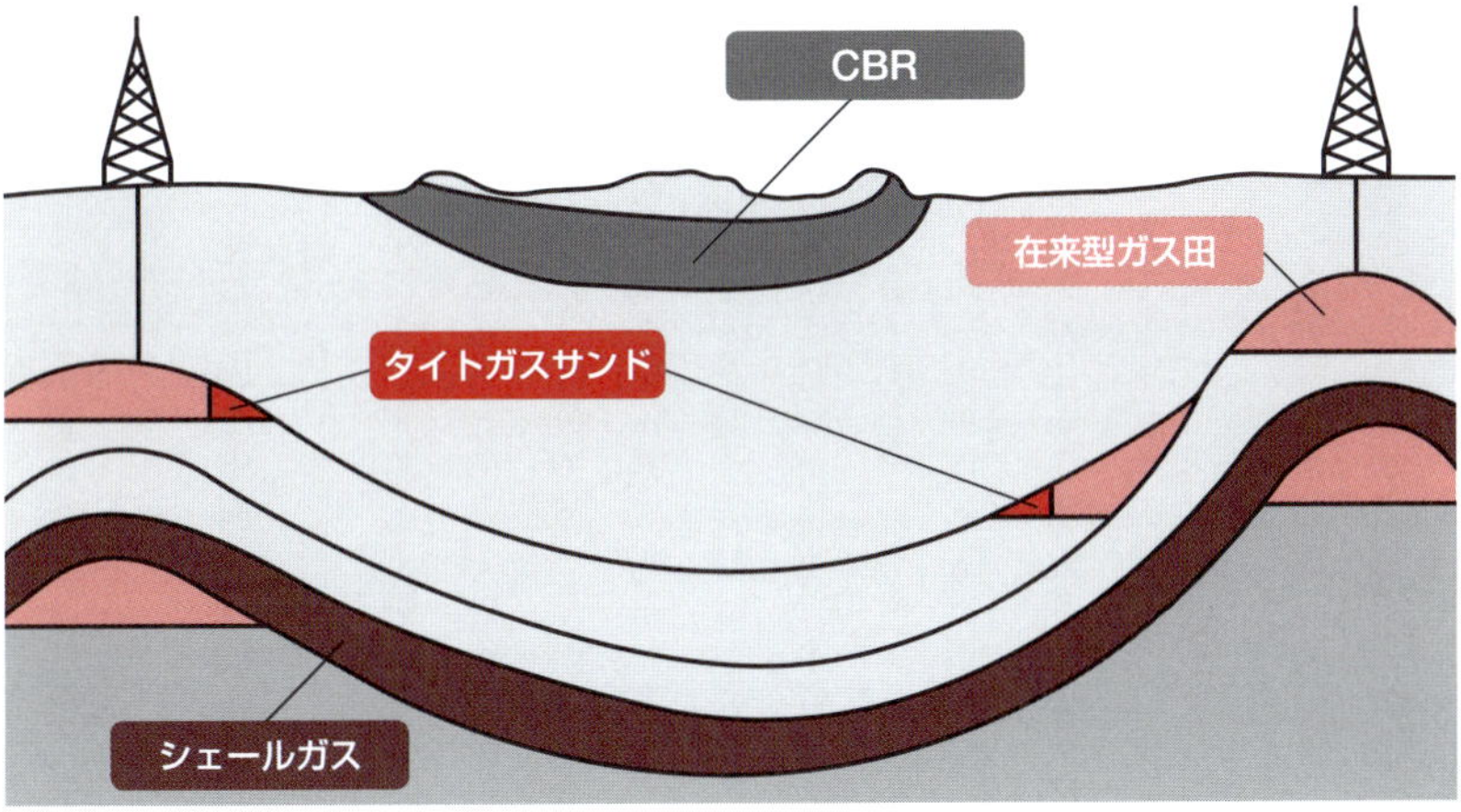

［出所］JOGMEC（原図はUSGS資料）

最近、「日本の森林が外国資本に買われている」「狙いは水資源ではないか」という話を耳にするようになった。国土交通省と林野庁の調査によると、外資が２００６年から10年に取得した日本の森林は、北海道を中心に山形、埼玉、群馬、長野の一道四県で６２０haに及ぶ。これらの自治体では、水源地域の売買に当たって事前届け出を義務づける条例を制定する構えだ。国会でも、超党派議員による水循環基本法案（仮称）が提出される動きにある。

直接的には、日本の森林が安過ぎることが要因のようだ。東京財団によると、１ヘクタールの林地の全国平均価格は１９８０年以降値下がりを続け、足元では約53万円、雑木林（薪炭林地）は約35万円である。立木価格も値下がりを続けている。日本では外国人でも自由に土地を所有できる。その際、地表水は河川法や水利権で厳しく規制されているが、地下水は土地所有者の権利となる。外資にとって森林を買うことは、水源を手に入れることにもなる。日本の水は、ミネラル分が少なく、欧米や中国など大陸の硬水と比べても飲み水や生活用水には最適だ。この美味しい水をペットボトル入りのミネラルウォーターとして商品化し、世界に供給する狙いもあるだろう。

一方、国連によると、いま世界の9億人近くが「安全な飲料水」を利用できない。2025年までには30億人以上が水不足に直面すると予測。その結果、水資源を持つ者と持たざる者との間で紛争危機が深刻化する恐れがある。特に、中国では、全国約700都市の内、400都市が水不足状態にある。中国にとって、安値で放置された日本の水源涵養林は魅力的に映ろう。

一方、国土交通省によれば、日本の水資源賦存《ふぞん》量は、約4100億㎥（立方メートル）である。しかし、実際に利用しているのはこの約30％の約850億㎥に止まっている。海外で深刻化する水資源をよそに、日本は固有の水資源の大半を未利用のまま海に流している格好だ。

日本は、そろそろ水資源の重要性および戦略性に目覚める必要があろう。水資源は、生活の基盤をなす国民共有の国土資源いわゆるコモンズである。市場原理により商品化される前に、地籍の確定、林地市場の公開化、売買規制、ゾーニング（用途制限）など、公共のルールが必要であろう。

水資源をめぐる問題に対処するということは、分配に関わる複雑な連立方程式を解くことでもある。単なる国家間、産業間の分配問題に止まらず、水の利用をめぐる世代間の分配問題でもある。しかもそれは日々深刻化している。これは市場メカニズムによって解決できる問題ではなく、基本的には政策的な選択と国際的な協調の問題であるといえる。日本は、主導的に政策提言を行うと同時に、これまで蓄積した治水技術や環境改善技術（治水ダム、地下貯水池、灌漑システム）などを、継続的に提供していくことが重要であろう。

水・食料資源概説②

食料市場で懸念されている問題点とは？

……耕地面積の急拡大が見込めない中、需要への対応が困難に⁉

WHAT HAS OCCURRED TO THE RESOURCE?

CHAPTER 4-2

食料市場のステージが変わった不透明化する市場

今世紀に入って、世界の食料市場が3つの面から新たなステージに入った。

第1に、穀物（大豆など油糧種子を除く）の生産・消費規模が90年代後半の年間18億トン台から23億トン弱へと、12年間で約5億トン拡大した。過去10年にわたり、消費量は前年を下回ることなく史上最高を更新し続けた。生産も拡大したが、天候要因もあって増減産を繰り返しながらの拡大であった。このため、生産が消費を下回る都市は、世界の在庫が取り崩される格好で調整された（図4-5）。

第2に、市場のプレーヤーも大きく変わった。90年代までは、主な生産・輸出国はアメリカ、カナダ、オーストラリアの3国で、輸入国は日本、韓国、台湾が過半を占めた。なかでも日本は、過去30年にわたり3000万トンの穀物を輸入する、世界最大の食料輸入国であった。しかし、この10年間で、新たな生産・輸出国としてブラジル、アルゼンチン、ロシア、ウクライナが加わった。輸入国も、中国が6000万トンを超える大豆を輸入するなど、日本を抜いて世界最大

図4-5 世界の穀物生産量・消費量および期末在庫率の推移

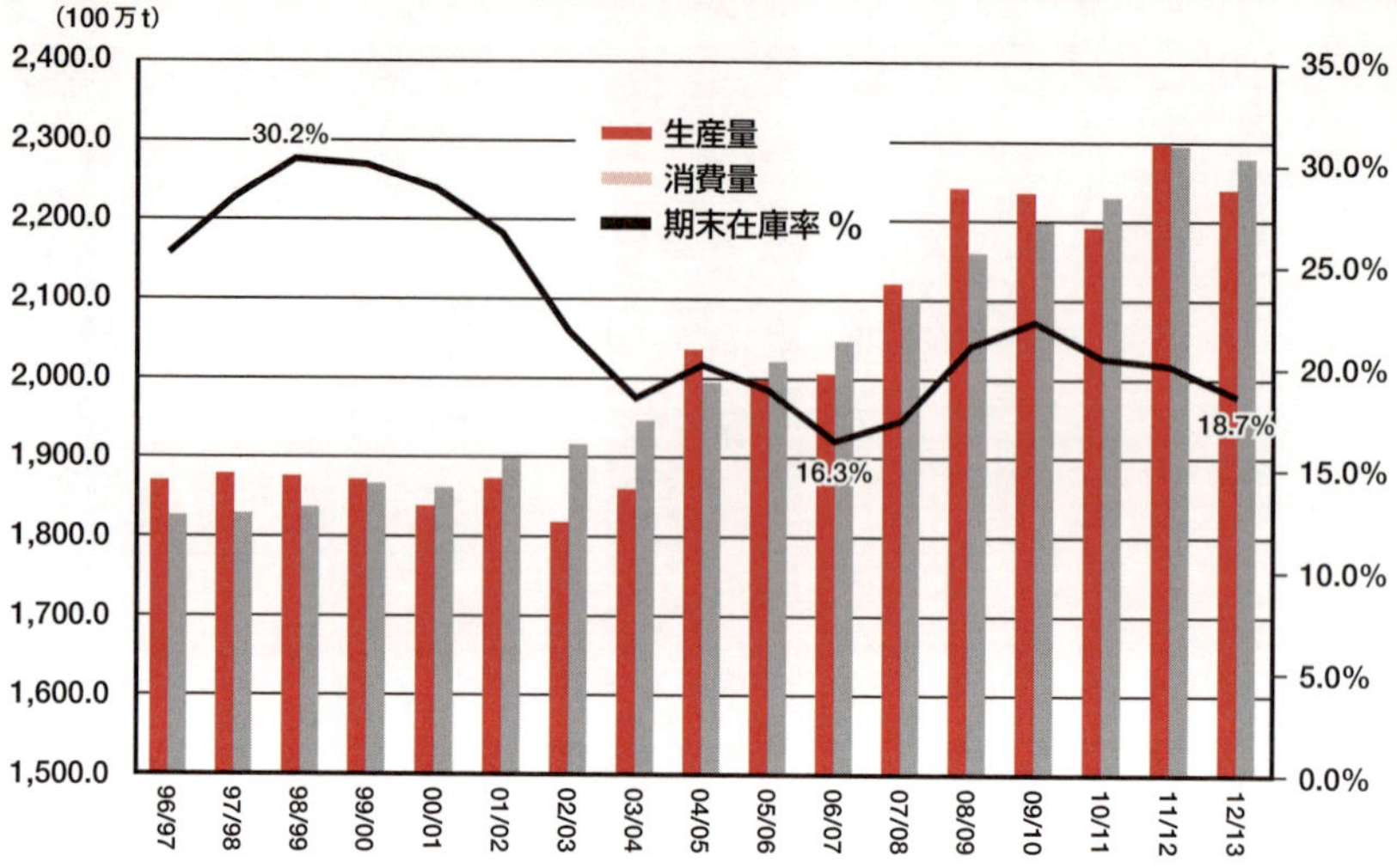

［出所］米国農務省需給報告2012.12.11

の穀物輸入国となった。

90年代のように先進国中心の市場では、情報も透明であったが、新興国が加わったことによって、市場の透明性が薄れた。

第3に、この結果、穀物価格が高騰した。筆者は、これは、90年代までの安価な食料時代から、21世紀の新たな食料価格水準へと移行する「均衡点価格の変化」であって、安い食料価格時代は終焉したとみている。直近のシカゴ市場の大豆、トウモロコシ、小麦価格は、70年〜90年代の約30年間の価格水準から3倍程度に切り上がっている。

世界の食料市場のステージが変わったことにより、現在、世界的な農業開発ブームが起こっている。その特徴は、商品化（より儲かりそうな農産物を生産）、装置化（灌漑整備の拡大）、機械化（大型農業機械の導入）、化学化（化学肥料・農薬の大量投入）、バイテク化（遺伝子組換え作物などの普及）である。

農業開発ブームによって、食料生産は急増しているが、この一方で、水不足問題、地球温暖化、植物の多様性の喪失、未知の病気の発生（鳥インフルエンザ、BSE、ミツバチが大量に姿を消す蜂群崩壊、除草剤の効かないスーパー雑草の急繁殖など）といった「自然の反逆」とも捉えられる現象が目立つようになった。

筆者は、これについては、農業分野に工業の原理を以て生産のフロンティアを拡大してきたことの帰結である気がする。農業というのは、あくまでも自然の領域に入るものであって、そこには自ずと限界がある。

筆者は、ここ数年の穀物価格の高騰を「食料危機の前ぶれ」として問題視してきた。これに対して「食料危機を煽ってはいけない」という楽観的見方の学者と、しばしば討論の機会を得た。

しかし、農学部で農業経済学を学んだ筆者は、農業が自然の領域に属するものであり、工業的あるいは市場原理的な考え方が必ずしも及ばないことを承知しているつもりだ。これに対し、楽観的立場からは、いくらでも技術革新によって食料生産を増やすことができるとの考えであり、終始議論がかみ合わないもどかしさを覚えた。

将来も、これまでのように農業の生産フロンティアを拡大し続けられるのだろうか。

急増する食料需要にこれまでは単収増加で対応してきた

食料市場では、世界人口の増加、中国・インドなど新興国の食生活の向上、バイオ燃料の急増、急速に進む地球温暖化、水資源の枯渇問題、遺伝子組換え作物の普及、農薬・肥料など投入コストの上昇、投機マネーの流入など、新たな要因が次々と現れ、それらが相互に絡み合うようになった。この結果、食料市場はますます「不安定化」しつつあるといえよう。

拡大する食料需要に、供給は追い付くことができるであろうか。一般に、食料の供給は、耕地面積と単収（単位面積当たり収量）で決まる。

FAO（国連食糧農業機関）によると、長期的な世界の穀物生産量（大豆など油糧種子を含む）は、1965年の約10億トンから09年の約25億トン台へとほぼ一貫

図4-6　世界の穀物生産・耕地面積・単収の推移

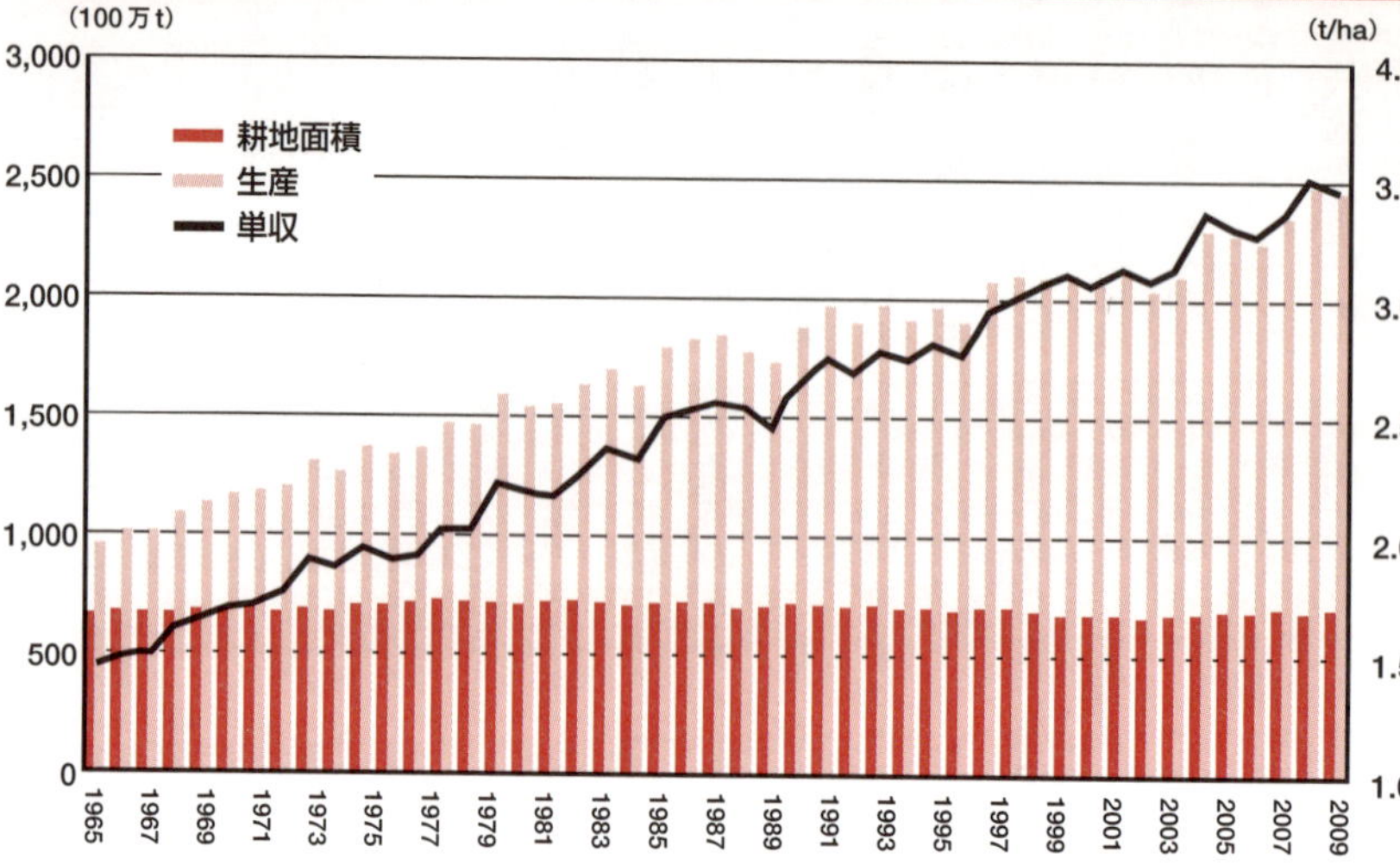

［出所］国際連合食糧農業機関（FAO）資料より筆者作成

して拡大している。

しかし、この間、耕地面積は7億ha（ヘクタール）程度で推移していることから、生産の拡大はもっぱら単収の増加によるものであることがわかる（図4-6）。ちなみに、穀物の平均単収は、61年のヘクタール当たり1・4トンから09年には同3・5トンへと2・5倍になっている。しかし、61〜90年の平均単収の伸びが2・5％であったのに対し、90〜09年では同1・2％と大きく低下している。

拡大する食料需要に供給は追い付くのか？

今後、この延長線上で単収の傾向的増加は考えにくい。また、人口増加を考慮すると、世界の1人当たり耕地面積は61年の約0・45haから99年には同約0・25haへ、5割以上縮小している（国連食糧農業機関［FAO］）。一方、楽観派は、世界には農地開発の余地も休耕地も多く、水資源も十分余裕があり、単収も窒素肥料を与えれば飛躍的に上昇するとみる。

机上の計算ではその通りかもしれない。しかし、実際には、机上での技術的な最大供給可能量が決まる前に、経済的に供給可能な限界が立ちはだかってくる。新たな農地を開発し単収を上げるためには、灌漑整備をし、多量の水を使い、品種改良した高収量品種を撒き、農薬と肥料を投入し、機械化体系を導入するなどが不可欠だが、いずれも膨大なコストがかかる。

環境面での制約も大きい。耕地面積が過去30年以上にわたって7億ha前後で変化していないのは、砂漠化や土壌劣化による改廃と、農地開発との綱引きの結果なのである。

世界の砂漠化と水源の枯渇が進んでいるという現実がある。開発の余地があるとされる草地などでも開発の方向を間違えれば、かえって地球に砂漠化や水資源の枯渇といった「水ストレス」を加えかねない。

世界の砂漠化と水源の枯渇を促進してしまう恐れもある。ちなみに、砂漠化とは、かつては緑豊かな土地が次第に土壌浸食され、土壌水分が失われていくことだ。従って、砂漠化の行き着く先が砂漠だ。

実際、急速な穀物生産は、化学肥料の多投、羊や牛の過放牧、地下水の過剰汲み上げや農業用水からの必要以上の水の蒸発・水漏れといった灌漑施設の不適切な管理なども伴うものであった。農産物・畜産物を生産するには**図4-7**にみるように、我々が想像するよりもはるかに大量の水を使用するのである。

問題は、長年にわたる不適切な農業活動に起因する形で、その累積効果がエロージョン（土壌浸食）や塩害などの土壌劣化や砂漠化の進行、水源の枯渇といった環境問題が顕在化している面である。

例えば、農業大国でもある米国では、すでに１９７０年代末にエロージョンや水質汚染などの環境問題などが深刻化している。また、農業用水の利用についても、工業用水や都市生活用水との競合が激化、野生生物保護のための規制強化などで、米南西部の穀倉地帯を中心に水資源の枯渇問題が深刻化している。

欧州では、８０年代に入って密植（植物の過剰な植え込み。単位面積の収穫量を増大させるために行う）などの集約的な農業生産が取り入れられたことから、地下水

図4-7 主要農・畜産物1kgの生産に必要な水量

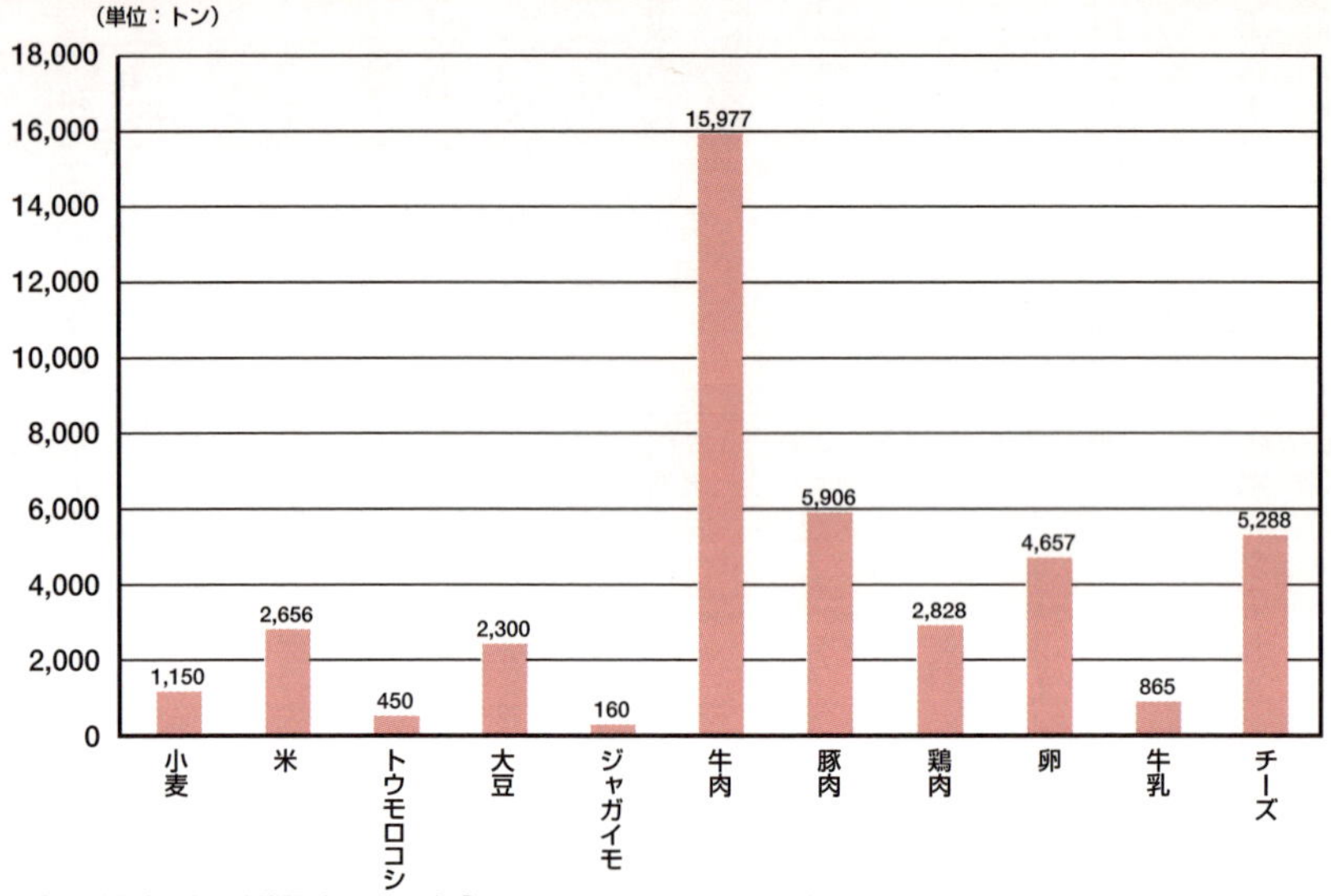

［出所］国連教育科学文化機関（UNESCO）『Water - a shared responsibility』

汚染、エロージョン、野生動物の生殖地の減少などが指摘されるようになった。

アジアやアフリカでも、不適切な農業活動に起因するエロージョンなどの問題が深刻化している。貧困問題を抱えたこれら地域では、薪炭材を採取するための森林伐採や伝統的な焼畑農業によって森林が減少。これらが、地球温暖化や地域の生物多様性を損なうなどの環境問題を引き起こしている。

水資源に関わる問題の難しさは、単なる国家間、産業間の分配問題に止まらず、水の利用を巡る世代間の分配問題でもあることだ。

これは市場メカニズムによって解決できる問題ではなく、政策的な選択と国際的な協調の問題である。

水・食料資源概説③

巨大企業が続々登場水ビジネスの現在と近未来

……世界的に進む水事業の民営化と進出著しい日本企業

WHAT HAS OCCURRED TO THE RESOURCE?

CHAPTER 4-3

世界の水ビジネスの3パターン経済の発展段階で異なるニーズ

21世紀に入って世界で水を巡る問題が深刻化する中、水関連ビジネスが世界的な潮流になりつつある。ミネラルウォーター、上下水道事業、水浄化プラント、海水淡水化事業・プラント、超純水の製造、水処理膜、水関連ファンドなどだ

これらの内、一般の人々が「水ビジネス」と聞いて真っ先に思い浮かべるのは、ペットボトルに入ったミネラルウォーターを販売することではないだろうか。

日本ミネラルウォーター協会によると、現在、日本では国産品が約800種類、輸入品が約200種、合計1000種のミネラルウォーターが販売されていると言う。

20年ほど前であれば、「お金を払って水を買う」ことなど、考えられないことだったが、もはや今はスーパーやコンビニでもミネラルウォーターのコーナーがあるのは当然の光景となっている。また、東日本大震災の際には、ミネラルウォーターの買い占めなど、1970年代のオイルショックを彷彿とさせるような状況が起こったことも、記憶に新しい。

一方、世界における水ビジネスの状況はどうか。経済産業省・平成20年度の「水資源政策研究会報告書」によれば、「世界における水ビジネスの市場規模は、上下水道等事業の民営化の進展に伴い、中長期的に拡大することが見込まれる」として、市場規模は2025年には100兆円にまで達すると試算している。

ただ、一口に水ビジネスと言っても、実際には、それぞれの国の発展段階に応じて、ビジネスの領域が3つの段階に分かれると言えよう（**図4-8**）。

第一の段階は、上下水道が未整備な、国民1人当たりのGDPが400ドル以下、都市化率が30％以下の国の領域である。まずは安全な飲み水へのアクセスである上下水道事業が求められる。必要最低限な「安全性」を確保する水ビジネスである。

第二の段階は、GDPと都市化率が上昇すると衛生面での下水道事業が必要になってくる。

第三の段階は、国民1人当たりのGDPが1万ドル以上、都市化率80％を超えると、造水・下排水事業のニーズが生じてくる。中でも「造水事業」は、日本の高い技術が世界でも認められている分野である。なお、造水事業は、「海水淡水化」と「中水利用（一度使用した水や雨水を再処理して利用するもの）」の2つの分野に分かれる。

世界シェア7割の日本のRO膜技術 長年の基礎化学素材研究の成果

それぞれの分野での日本技術の実力はどうか。まず、最近、注目を集めている「海水淡水化」の分野である。地球の水資源の97・5％を占める海水から淡水を作り出すことができれば、確かに水不足解決の決定打となりうる。

第二次大戦中に英国海軍の潜水艦長だったギャヴィン・メンジーズの傑作『1421 中国が新大陸を発見した年』を読むと、この海水淡水化の歴史は古い。中国・明代（1368年～1644年）の宦官にして武将だった鄭和は、1405年から1433年にかけて行った大航海で、飲み水を確保するために船上で海水

図4-8　水ビジネスの経済発展段階における事業分野

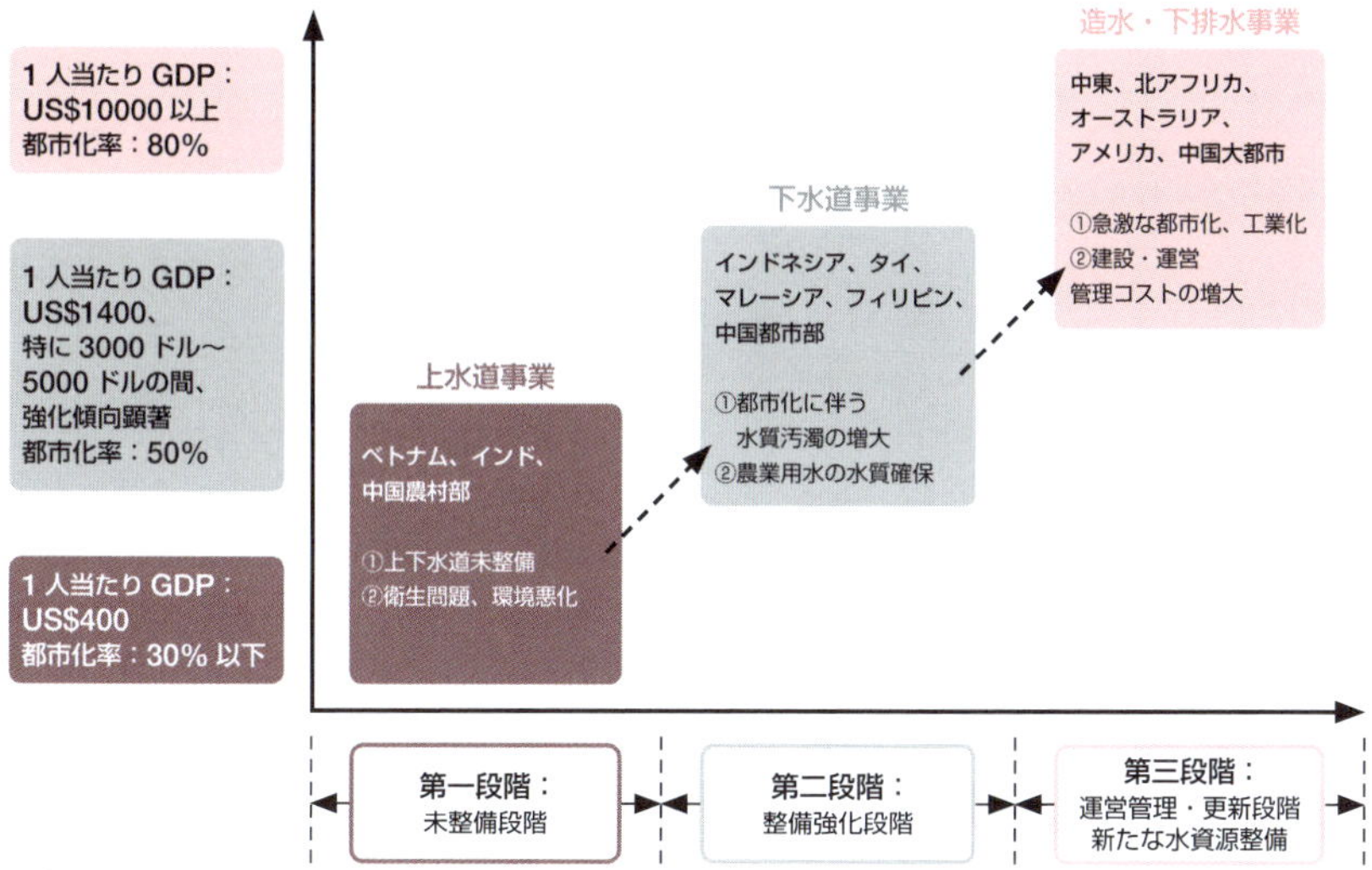
1人当たりGDP：
US$10000以上
都市化率：80%
1人当たりGDP：
US$1400、
特に3000ドル〜
5000ドルの間、
強化傾向顕著
都市化率：50%
1人当たりGDP：
US$400
都市化率：30%以下
上水道事業
ベトナム、インド、
中国農村部
①上下水道未整備
②衛生問題、環境悪化
下水道事業
インドネシア、タイ、
マレーシア、フィリピン、
中国都市部
①都市化に伴う
水質汚濁の増大
②農業用水の水質確保
造水・下排水事業
中東、北アフリカ、
オーストラリア、
アメリカ、中国大都市
①急激な都市化、工業化
②建設・運営
管理コストの増大
第一段階：
未整備段階
第二段階：
整備強化段階
第三段階：
運営管理・更新段階
新たな水資源整備

［出所］経済産業省

を沸かし、蒸留させて淡水を作っていた。さらに、その水を使ってもやしを栽培し、脚気の予防にも努めたというエピソードが残っている。

このような「蒸留法」は、海洋淡水化のオーソドックスな方法の1つである。

現在では、効率的に蒸留するために、複数の減圧室を組み合わせた多段フラッシュ法や、蒸発室を多数並べて、蒸気を効率活用する多重効用法などの進化が図られている。

しかし、蒸留法は、エネルギーコストが高い重油を使い、CO_2排出にも繋がってしまうというデメリットがある。そのため、今では、豊富な石油を活用した火力発電所に併設して海水淡水化施設を建設している中東を除いては、新たに浸透していく状況にはない。

すなわち、最近では、蒸留法以外の海水淡水化の方法が脚光を浴びている。主なものは、以下の3つだ。

【逆浸透膜法】（RO＝Reverse Osmosis Membrane）

海水に圧力をかけてRO膜と呼ばれる濾過膜に通し、

海水から淡水を濾し出す方式。
【電気透析法】
陽イオンと陰イオン交換膜のあいだに海水を通し、両膜の外側から直流電圧をかけることで、膜を通して海水中の塩化物イオンとナトリウムイオンを除去して淡水を抽出する方式
【LNG冷熱利用冷凍法】
マイナス162度のLNGを用いて海水を凍結させ、氷を溶かして淡水を得る方式。

これらのうち、最も普及しつつあるのが逆浸透膜法である。膜の表面構造によってROのほかにNF（ナノ濾過）、UF（限外濾過）、MF（精密濾過）などがある。それぞれの膜には大きさの異なる微細な穴が開いていて、これに高い圧力をかけて海水を通し、不純物などを取り除いて真水に変えることができる。

RO膜は、0・1ナノメートル程度の粒子をふるい分け、浸透圧を超える圧力によってイオン分離を図る。

NF膜は1ナノメートル程度の粒子をふるい分け、静電効果により、溶解物質を除去する。主に海水淡水化前処理や農薬除去などに使われる。

UF膜は数～数十ナノメートル以上の粒子をふるい分け、ウィルスなどを除去し、上水製造や工業用水浄化などに使われる。

MF膜は100ナノメートルから10ナノメートル程度の粒子をふるい分け、感染細菌や花粉・毛髪などを除去する。主に下水処理や浄水製造などに用いられている。

このように、膜ビジネスは孔径が小さく、高圧をかける「RO膜」「NF膜」と、孔径が大きく、低圧で処理できる「UF膜」「MF膜」に分けることができる。前者は主に海水淡水化や超純水製造などに用いられ、後者は下水処理技術などに応用されている。

1970年代のオイルショック以来、環境技術を蓄積してきた日本企業にとって、この水処理膜を中心とする海水淡水化ビジネスはもっとも得意とするところであり、中東や中国、アフリカなどで受注実績をあげ

ている。

海外の援助活動でもRO膜は活躍しており、ルワンダPKO（国際平和維持活動）の際には、湖からRO膜を使って難民に給水を行っていた。

さらに、カンボジアでの活動では、最新式のRO膜浄水装置が現地に持ち込まれ、飲料水の確保に一役買っている。

RO膜で特に注目されている企業は、日東電工、東レ、東洋紡の3社であり、経済産業省の統計によれば、2009年の市場シェアは3社で7割を占めるほどの実力を誇っている。

東レは、ROからMFまで、すべての水処理膜を持つ唯一の素材メーカーで、これらの様々な技術を最適に組み合わせることで、積極的に淡水化ビジネスに乗り出している。2008年には地中海沿岸地域のアルジェリアで、アフリカ最大の海水淡水化プラントに使用する逆浸透膜を受注した。イスラエルやマルタでも日量5万～9万トン規模の逆浸透膜を受注している。

2008年から2010年にかけては、ペルシャ湾沿岸の4カ所の海水淡水化プラント向けにRO膜を受注した。ペルシャ湾は海水の濃度が高く、35度以上の高温であることから、海水淡水化技術としては難易度が高いとされている。それを克服しての受注だ。

旭化成の躍進も見逃せない。2006年に中国で日量3万5000トンの汚水処理施設と、浙江省の発電所向けに日量5万トンを淡水化するための水処理膜を受注している。2009年には、フィリピンのマニラ市からもアジア最大規模の一日当たり処理量10万立方メートルの水道浄水場向け膜モジュールを受注した。

さらに、アメリカではクルプトスポリジウム原虫（下痢の原因となる病原性の原虫）の水道水への混入が問題化したことをきっかけに膜処理が急速に普及。この流れに乗った旭化成は、2005年以降の膜処理方式による水処理市場の新規受注で、50％を超すシェアを獲得することになった。

総合材料メーカーの日東電工は、逆浸透膜では米ダウ・ケミカルに告ぐ世界第2位にある。すでに中国にて発電所の淡水化設備向けに数多く受注している。同社は、10年にはこの逆浸透膜の売上高を200億円に増やす計画だ。

ササクラは、蒸発法による海水淡水化装置の大手である。海水で金属が腐食するのを防ぐ淡水化装置を手がけている。特に、熱効率に優れたプラントを造れる企業は少なく、中東諸国での受注活動を行っている。外航船の大半には淡水化装置が備え付けられていることから、今後は海運業界の船舶投資の大幅増加に伴い受注拡大が期待できる。

商社では、丸紅が、カタールで下水処理建設を行っている他、アラブ首長国連邦（UAE）など中東で、発電・海水淡水化事業を積極化させている。三菱商事なども、中東で発電と海水淡水化を組み合わせたプラント建設を進めている。

これらの技術を支えたのは、日本企業が長い歴史をかけて培ってきた化学・繊維のテクノロジーである。ポリマーを合成する高分子技術とポリマーを繊維やフィルムにする高分子加工技術など、基礎化学素材研究の成果が水処理膜開発に応用されていった。

近年の淡水化施設は、膜処理を採用したものが急増しているが、その背景には蒸発法と比して、コストの優位性を有していることも挙げられる。

1980年代には、1トンあたり数ドル（当時1ドル＝240円として数百円）のコストだったが、現在は1ドルを切っている。

グローバル・ウォーター・インテリジェンスによると、日量10万トンの淡水化コスト（20年間稼働、電力費0・05ドル／kWh）は、逆浸透法で水1トン当たり0・55ドルである。ちなみに、蒸留法（多段フラッシュ法）の場合の淡水化コストは0・77ドルだ。

また、造水に必要となるエネルギーが、逆浸透法の場合、5～7kW／m³である一方で、蒸留法は10～15kW／m³と、エネルギー利用の観点でも、膜法に軍配があがる結果となっている。こうなってくると世界的な普及にも加速がかかる。

実際、淡水化プラントの数は2008年6月には1万を超え、造水能力は4800万トン／日と、年々拡大中で、近年では毎年10％前後（200～300万トン／日）の伸びを続けている。

日本企業が乗り越えるべき課題

追い風が吹いている膜処理の淡水化技術の分野だが、日本企業が水ビジネス市場で活躍する上での課題も残されている。

現在、RO膜市場は徐々に成熟段階を迎えてきており、価格競争力を持つ新興国メーカーの参入も増えてきている。こういった攻勢に対応するため、東レなどは、中国メーカー、藍星集団と共に現地会社を設置するなどの動きを見せている。

今後は、小規模プラントの市場においては韓国や中国などの新興国メーカーの参入は必至だろう。日本企業は、新興国企業との協業を図っていく他、日本の高い技術力がより求められる大型プラントへの対応が求められる。

造水効率の最大化や高い除去性能が求められる大型プラントは、卓越した技術力の強みが充分に発揮される分野であり、この流れを受けて、大型化に向けて造水効率を高める研究開発を続けてきた東レでは、2011年、造水量が1日当たり10万㎥ある山東省青島市の中国最大規模の海水淡水化プラントを受注した。また、同じく東レが受注した河北省唐山市のプラントの造水量も1日5万㎥の大型プラントで、高い造水効率を誇る同社の強みを発揮した結果となった。

さらに、日本が高い技術力を保持している「膜ビジネス」は、その性質上抱える課題もある。「膜」は水ビジネス全体の1パーツであり、収入割合でいえば、水供給事業全体の約5％程度にしかならない。しかも、全体予算の割り当てから価格が決まることになり、要となる価格決定権を握りにくい。

今後は、膜技術だけでなく、その他企業と連携し、プラントの操業管理やメンテナンス等の事業と合わせて受注するなどの多角的な対応が求められる。また、膜技術だけでなく、水の料金制度の再構築等を含めた省エネ・環境配慮型の先駆的な日本の技術を組み合わせたトータルソリューションとして提案する等、独自のシステムを売り込んでいくことも重要となるだろう。

造水ビジネスのもう一つの手法として脚光を浴びているのが、「中水利用（一度使用した水や雨水を再処理して利用するもの）」だ。そもそも、一般的には「中水」という言葉からして、聞き慣れないかもしれない。

普段、私たちは、上水道から出てくる水道水を生活用水として利用し、使用した後は、下水道に流していく。これをそれぞれ、上水、下水と呼ぶが、「中水」とはまさにその間に位置づけられ、上水として使った水を下水に流すまでにもう一度利用することを意味する。

ごく身近な例でいえば、家庭の中で、風呂の残り湯を洗濯に使ったり、雨水を庭の散水に利用したりするのも、中水利用と言えるだろう。

この「中水」利用が徹底化すれば、かなりの水資源の節約になりうる。技術開発やインフラ整備などは後述するが、こういった市民意識の改革も水危機を乗り越えるためには重要な要素となる。

汚染された水の処理も日本企業にはビジネスチャンス

水を使用するということは、水を汚染することでもある。飲料水と同様に水不足が顕在化しているのは工業用水だ。特に、中国やインドなど人口大国の新興国では、急速な経済成長により深刻な水不足と同時に水質汚染にもさらされている。

こうした水質汚染の危機は、日本企業にとっては大きなビジネスチャンスでもある。具体的には、廃水処理設備、上下水処理設備、水質浄化、さらに半導体や液晶などの洗浄に使う超純水製造装置などがある。

水処理関連プラント建設では、オルガノ、栗田工業、ササクラ、荏原などが代表的である。

オルガノは、電力・半導体業界向け超純水製造装置に注力している。電子産業では、生産量の増大や液晶パネルの大型化などにより、超純水の需要が増加しているためだ。同社は、約20億円かけて新工場を建設し、

旭化成が米国で稼動させている浄水場

オルガノの超純水製造装置 MPU

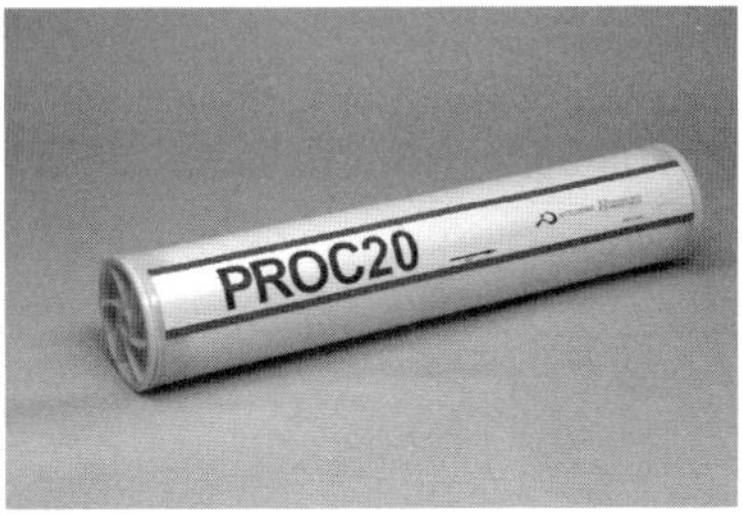

日東電工が開発した逆浸透膜エレメント

電子産業だけでなく、産業全般の廃水・廃液削減や水のリサイクルなどの環境保全効果の需要を掘り起こそうとしている。

逆に、水不足に悩む中国では、この意識が市民に浸透せず、さらなる水不足を呼ぶ悪循環を生んでいる。これは、前述の通り、水の料金が上水道よりも中水の方が高く設定されているからだ。本来ならば飲料として活用すべき上下水道が、値段が安いがゆえ、庭の水撒きや洗車に使われてしまうのである。

なぜ、中水よりも上水道の水が安いかといえば、上水道は生活の基盤となる公共サービスゆえ、生活コストを考えると安く設定せざるを得ないという行政的な背景がある。

CHAPTER 4-4

WHAT HAS OCCURRED TO THE RESOURCE?

穀物概説①

史上最高値を更新した穀物価格

……半世紀ぶりの干ばつが食糧市場を襲った

不安定化する穀物市場に日本はどう対応する?

2012年夏、米中西部穀倉地帯を襲った半世紀ぶりの干ばつは、大豆、トウモロコシ価格を史上最高値に押し上げたばかりでなく、改めて今世紀に入ってからの世界食糧市場の脆弱性を浮き彫りにした。

第3章でも述べたように、ここ数年の穀物価格の高騰は投機マネーによる一過性の上昇ではなく、需要拡大を映した「均衡点価格の変化」である。世界の穀物消費量は、今世紀に入って前年を下回ることなく過去最高を更新し続けている。生産も拡大しているものの天候異変によりますます不安定化し、世界在庫が取り崩される構図にあるといえよう。

米農務省(USDA)は毎年5月の需給報告で、米国および世界の農産物需給予測に加えて、新年度の需給見通しを発表する。5月10日に発表された2012/13年度(概ね12年後半~13年前半、以下同じ)報告では、トウモロコシの生産量は、作付面積の拡大と単収アップ(エーカー当たり)により史上最高を更新する見通しだった。特に、4月の作付期から好天に恵まれ、速いペースで作付けが進捗したことで、例年7月後半とな

図4-9　シカゴ穀物相場の推移と異常気象

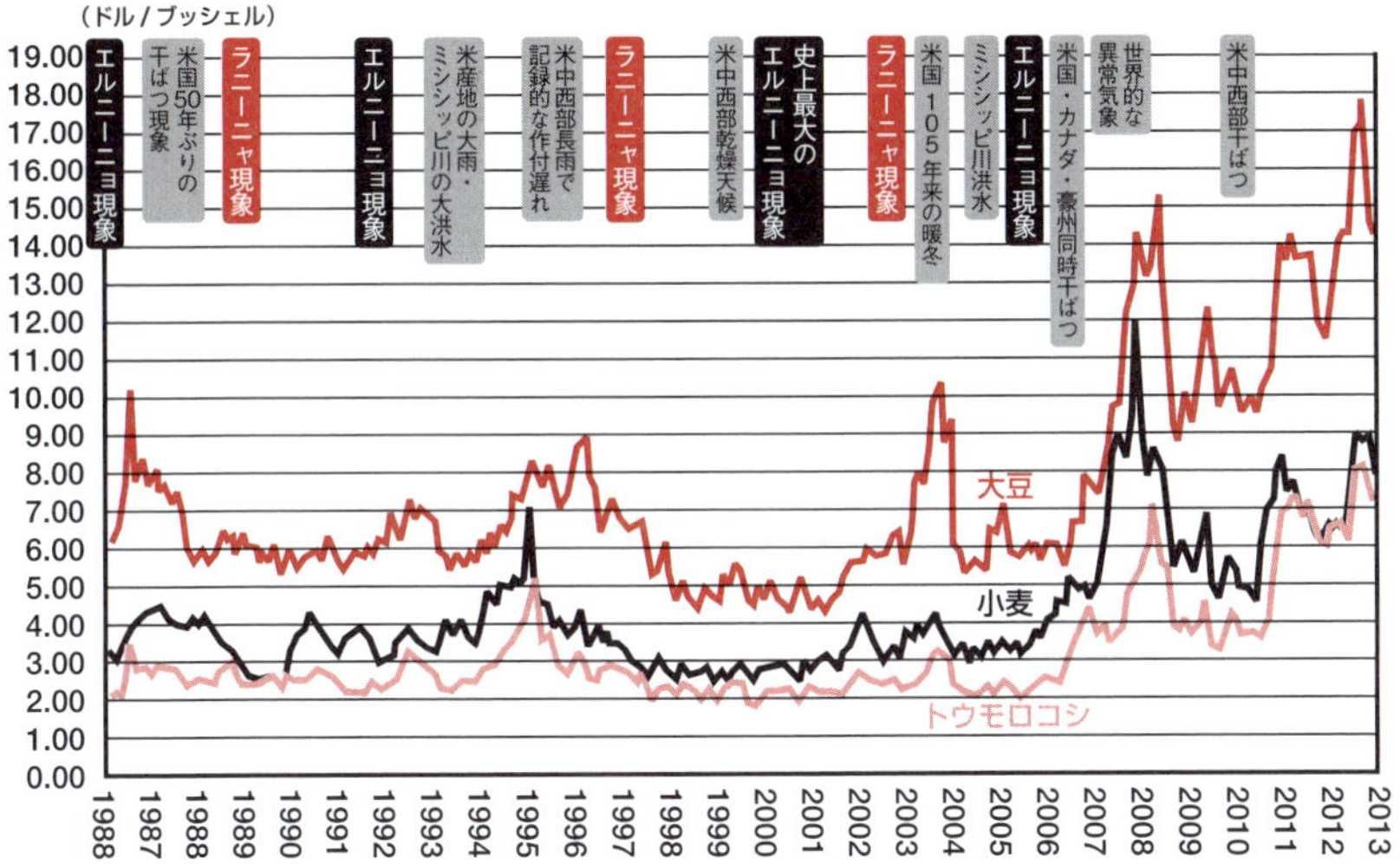
（ドル／ブッシェル）
19.00
18.00
17.00
16.00
15.00
14.00
13.00
12.00
11.00
10.00
9.00
8.00
7.00
6.00
5.00
4.00
3.00
2.00
1.00
0.00
エルニーニョ現象
米国50年ぶりの干ばつ現象
ラニーニャ現象
エルニーニョ現象
米産地の大雨・ミシシッピ川の大洪水
米中西部長雨で記録的な作付遅れ
ラニーニャ現象
米中西部乾燥天候
史上最大のエルニーニョ現象
ラニーニャ現象
米国105年来の暖冬
ミシシッピ川洪水
エルニーニョ現象
米国・カナダ・豪州同時干ばつ
世界的な異常気象
米中西部干ばつ
大豆
小麦
トウモロコシ
1988
1987
1988
1989
1990
1991
1992
1993
1994
1995
1996
1997
1998
1999
2000
2001
2002
2003
2004
2005
2006
2007
2008
2009
2010
2011
2012
2013

［出所］シカゴ穀物取引所（CME）データより丸紅経済研究所作成。価格は期近、月末値による。

る開花・授粉期の上旬への前倒しが可能となったためだ。作付面積の減少が予想される大豆の生産量も、単収アップにより小幅増加の予測であった。

これに伴い、２０１２／13年度の世界穀物生産量は23・7億トンと、過去最高であった前年度の23億トンを上回り過去最高を更新する見通しとなった。しかしその後、５月時点での見通しは、あくまでも机上の計算でしかないことを改めて知らされることになった。

6月に入ると、米中西部での高温乾燥天候が深刻化し干ばつに発展。それまでのＵＳＤＡの空前の豊作シナリオが一変した。２０１１年秋より勢力を強めたラニーニャ現象の影響と思われる世界的な異常気象の発生が米中西部を襲ったためだ。

主産地のインディアナ州では、6月に入って一日の最高気温が連日40度を超える日もあった。6月〜7月にかけてほとんど降雨は無く、8月に入っても干ばつが継続。その後コーンベルトに降雨があったものの、すでに開花・授粉期を逃したトウモロコシにとって、もはや生育の改善には手遅れとなった。干ばつの影響は、ミシシッピ川の水位低下を招き穀物の搬送に支障を生じさせた。

こうしたなか、8月に発表された需給報告では、米国のトウモロコシ生産量は6月時点から27％、大豆は18％下方修正された。これに伴い、期末在庫率もトウモロコシが前年の9・6％から6・5％へ低下。大豆は4・1％から4・3％にわずかに上昇したものの、いずれも来年8月末の期末在庫が「一粒も無くなる」恐れのある危機的レベルである。なお、小麦は約75％が冬に作付し6月に収穫する冬小麦のため、干ばつの影響を免れ、生産量は前年から拡大した。

作柄悪化が深刻化するに伴い、トウモロコシ価格は6月の1ブッシェル＝5ドル台半ばから8月10日には、8ドル台半ばまで約50％急騰。前年の史上最高値を更新した（**図4-9**）。大豆も13ドルから18ドル弱へ約40％近く上昇。08年の史上最高値を更新した。

トウモロコシ価格の高騰は、米国の畜産および養鶏農家を直撃した。コスト負担に耐えかねた農家が家畜を維持できず処分すれば、畜産価格の下落を招くことになる。

さらに、穀物価格の高騰は、世界の食料価格にも影響を及ぼしつつある。ＦＡＯ（国連食糧農業機関）が毎月発表している食料価格指数（２００２～04年＝１００）は、７月以降上昇傾向を強め、08年の世界的食料危機時に迫った。

レーショニングは起こるか 中国の旺盛な食糧需要

今回の大干ばつによる減産という現実に対し、ＵＳＤＡは、２つの面から、世界的な需給調整が進むと想定した。

１つは、トウモロコシについて大規模なレーショニングが起こるとの見立てである。レーショニングとは、価格高騰による需要減退のことである。米国内の飼料用はじめエタノール向け需要、輸出需要がいずれも大幅に落ち込むと予測した。

もう１つは、大豆については、米国の減産分をブラジル、アルゼンチンの大増産が補うという見方である。

図4-10　世界の穀物需給および在庫率

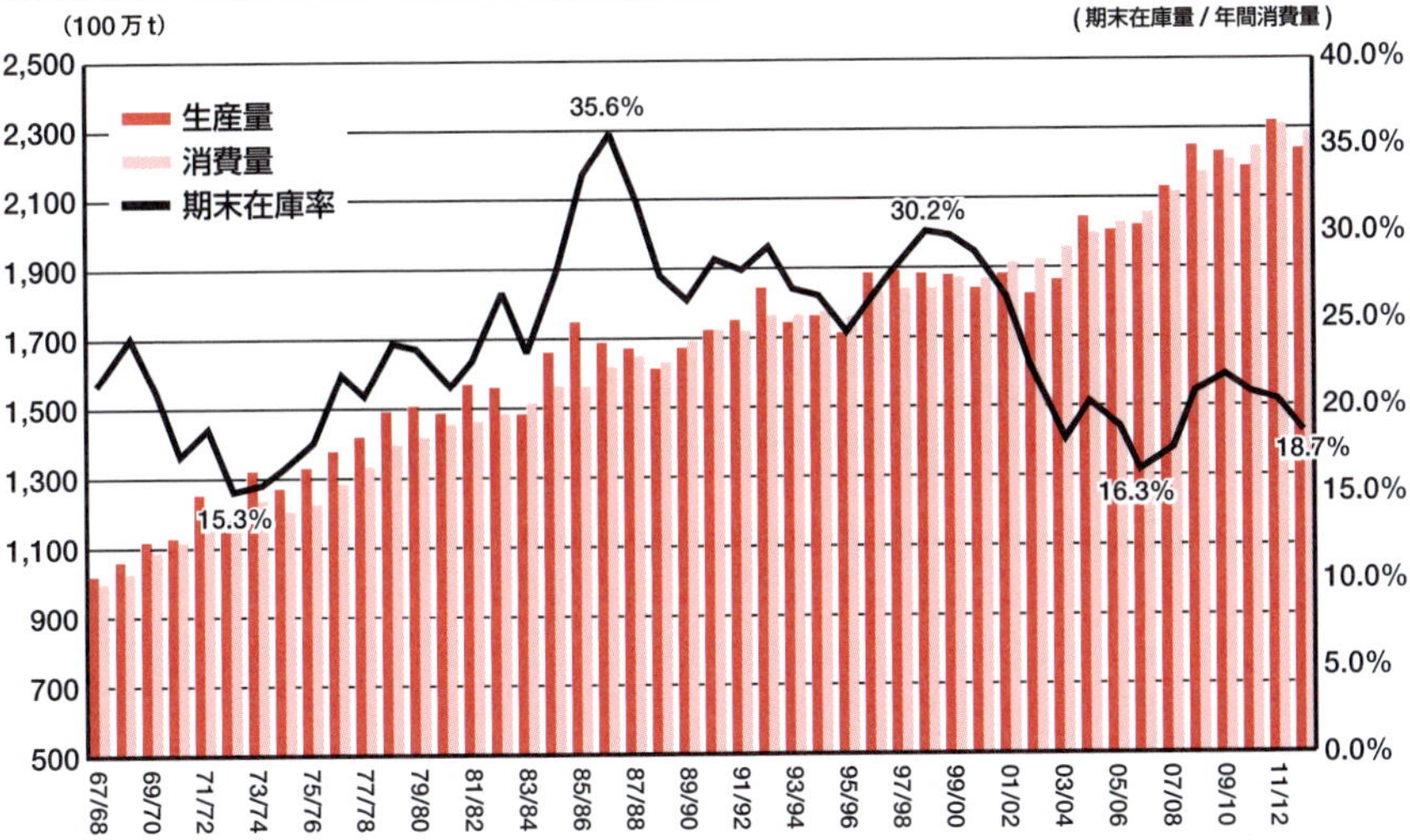
(100万t)
(期末在庫量 / 年間消費量)
生産量
消費量
期末在庫率
35.6%
30.2%
15.3%
16.3%
18.7%
2,500
2,300
2,100
1,900
1,700
1,500
1,300
1,100
900
700
500
40.0%
35.0%
30.0%
25.0%
20.0%
15.0%
10.0%
5.0%
0.0%
67/68
69/70
71/72
73/74
75/76
77/78
79/80
81/82
83/84
85/86
87/88
89/90
91/92
93/94
95/96
97/98
99/00
01/02
03/04
05/06
07/08
09/10
11/12

[出所] アメリカ農務省（USDA）「穀物等需給報告」2012.12.11他より作成

果たしてシナリオどおりに行くのか。

前章でも述べたように、世界の穀物市場では、90年代後半まで生産・消費量ともに18億トン台で推移していた。しかし、2000年以降、拡大基調に転じ、2011／12年度は23億トンに達した。10年間で約5億トン市場が拡大したわけである。特に筆者が注目しているのは消費である。世界の穀物消費量は、今世紀に入って毎年前年を下回ることなく史上最高を更新し続けている。旺盛な消費に追い付こうと、生産量も拡大しているものの、天候異変もあり増減産を繰り返しながらの拡大傾向となっている。

通常、需給がひっ迫し価格が高騰すれば、レーショニングが起こるはずである。しかし、現実は、高値でもレーショニングが起こり難くなっているのが特徴だ。この背景には世界的な人口増加と、増加している新興国人口の大半が豊かになり食生活が向上していることがある。ちなみに、世界の穀物生産・消費量の4割以上は家畜のエサであり、肉1キロ生産するためには平均7キロ（最近は飼料効率も上がり7キロを下回った）の飼料が必要とされる。

また、90年代までは世界の穀物市場は情報の透明性が高かった。主な生産・輸出国は、米国、カナダ、豪州、欧州などの先進国であり、主要輸入国は日本、韓国、台湾などの国々のためだ。しかし、今世紀に入って市場が急拡大する中、参加するプレーヤーも変わった。新たな生産・輸出国にブラジル、アルゼンチンが加わり、新たな輸入国には中国が加わった。もはや情報は透明ではないのである。これにより投機マネーも入りやすくなった。

トウモロコシ輸入は減少するか中国黒龍江省視察の印象

USDA（米農務省）は、2012／13年度の中国のトウモロコシ輸入予想を、干ばつ前の700万トンから200万トンへ500万トン引き下げた。この根拠として、相場高騰によるレーショニングに加えて、中国のトウモロコシ生産量が当初の1・95億トンから2億トンへ500万トン拡大すると見直したためだ。

しかし、消費量は2・01億トンと旺盛で生産量を上回ることから、中国の輸入インセンティブは依然強いと言えよう。

実際、国家食料局は、3月以降、米国穀物輸入協会や米穀物メジャーと情報交換し、4月～5月にかけてすでに100万トンを超える米国産トウモロコシの輸入契約が行われたもようである。今後、輸入量が100万トンに止まるとは到底思えない。

折りしも、筆者は新潟県の「食の新潟国際賞財団」の訪中ミッションの一員として、9月前半にかけて中国の食糧基地である中国黒龍江省三江平原を訪れた。黒竜江省の面積は日本の1・1倍、耕地面積は約1180万ha、うち農地は260万haで日本の水田面積に匹敵する。

新潟空港を中国南方航空で昼に飛び立って、約2時間半で黒龍江省の首都ハルピンに着陸。大型バスに乗り継いで一路、三江平原の中心都市ジャムスを目指す。片道約600キロの行程だ。高速道路の入り口には「世界大湿地」の看板が目に飛び込んできた。ちな

黒龍江省国営新華農場のトウモロコシ

みに、三江平原とは、黒龍江、松花（ショウカ）江、ウスリー江（アムール河の支流）の3大河川とその2000近い支流が、蛇のように広大な大地をのた打ち回る広大な地域だ。また、作家山崎豊子の「大地の子」の舞台でもある。

かつて不毛の地と言われたこの大湿地帯が、今や中国の食糧基地として豊穣の大地に変わったのには、新潟県亀田郷土地改良区の貢献が大きい。

1972年の日中国境回復を契機に、同地では78年より日本の残留孤児・婦人帰国運動が始まる一方、中国政府は日本に農業開発協力を要請。これに応じたのが当時、湿田の乾田化技術を有していた亀田郷土地改良区だ。佐野藤三郎理事長を団長とする調査団が大規模な地質調査を実施。80年代に洪水制御や農地の排水能力向上、灌漑・発電のための多目的ダム建設計画がスタートした。日本の円借款などにより97年に着手された龍頭橋ダムは、03年に完成し4万ha強の湿地帯が優良な水田・畑に変わった。

これを足掛かりに黒龍江省では次々と総合農業開発

が進められ、現在では中国の食糧基地となっている。同省統計局によると、2011年の食糧生産高は5570万トンで中国全体の1割強を占める。内訳は、トウモロコシ2675万トン（国内の14％）、コメ（籾）2062万トン（同9％）、大豆541万トン（同40％）である。大豆、トウモロコシの生産は中国最大だ。グローバル経済下、同地の生産動向が世界の穀物市場に直接影響を及ぼすことになる。

9月末の収穫期を前にトウモロコシ畑には、8月に数十年ぶりに襲来した台風により一部倒伏したものも目に付く。国営新華農場によれば生産は過去最高とのこと。事実であれば、2012／13年度年の中国のトウモロコシ生産量は、米農務省の見立てどおり2億トンに達し、輸入も当初予想の700万トンが、200万トン程度に収まる可能性は高い。しかし、幾つか疑問点も浮かんできた。

一つは、生産拡大の要因が密植であることだ。確かに一面に生育したトウモロコシ間に隙間がない。1ヘクタール当たり9万本植えているという。通常、密植を行えば害虫が発生しやすくなる。現地の商社駐在員によれば温暖化もあり、最近は見たことのない虫が発生しているという。しかし、農場側は害虫駆除を行っているから心配はないと言う。密植が可能なドイツの品種を植えているためトウモロコシ1本当たりの肥料・農薬、水は少なくて済むとの説明だ。だが、単位面積当たりの肥料・農薬使用量は増加するはずだ。しかも毎年同じ作物を作付していれば、ある年突然、連作障害により大凶作という懸念はないのか。

消費は、飼料用、異性化糖、アルコール（焼酎）、食用油など旺盛で生産を上回る。輸入意欲は強いと言えよう。特に中国内のトウモロコシ価格がトン当たり400ドルに対し、シカゴ相場は8月の高値でも300ドル程度で、海上運賃を加えても国際価格よりも遥かに高い。

食料インフレを懸念する中国にとって輸入の魅力は大きいはずである。

穀物概説②

飼料需要を超えた米国のエタノール トウモロコシ価格とエタノール

……穀物需要の増加は、家畜の飼料などにも影響を及ぼす

WHAT HAS OCCURRED TO THE RESOURCE?

CHAPTER 4-5

エタノール生産の増加がトウモロコシ価格高騰をもたらす？

今後のトウモロコシ価格を占う上で、気掛かりは米国のエタノール生産の動向であろう。

ＲＦＡ（再生可能燃料協会）によると、米国のエタノール・プラントは１９９９年の50工場から２０１２年には２０９工場へと増加している。この間、エタノール向けトウモロコシ原料需要は２０００万トンから１億１４００百万トンに拡大した（**図4-11**）。ＲＦＳ（再生可能燃料基準）によるバイオ燃料の義務付け使用量（ガソリンへの混合率）が増加されたためである。この結果、最近ではトウモロコシ需要全体の4割強をエタノール向け原料が占めるようになり、すでに国内の飼料用需要1億４００万トンを上回っている。また07年には６０００万トン強あった輸出需要も現在では２９００万トンまで半減している。

こうしたトウモロコシ・エタノールの使用拡大に対して、飼料代の高騰で経営が圧迫されている米国の畜産関係団体や上下院議員などが、ＲＦＳの削減・見直しの要求をＥＰＡ（米国観光保護庁）に行っていた。しかしＥＰＡは、これらの要請を却下。ＲＦＳについて

は現状のバイオ燃料の義務付け使用量が維持されることになった。

ちなみに、ＥＰＡが米農務省と行った農業分野に与える影響分析を行った結果では、義務付けを減免してもトウモロコシ価格を1％程度値下げする効果しかなく、「義務付け実施が、州、地域、米国経済に深刻な損害を与えていることにはならない」との結論だ。この意味では、トウモロコシのエタノール向け需要が制度面から見直される可能性は薄くなった。

ただ、ここ数年のトウモロコシ原料価格の高騰によりエタノール工場の採算が悪化し、一部不採算工場が閉鎖されている現状をみると、今後エタノール向け需要が減少する可能性はある。通常、エタノール工場の採算は、原料のトウモロコシ価格が安くて製品のエタノール価格が高ければ良いわけだが、現在の原料価格は1ブッシェル＝7ドル超の歴史的な高値の一方、エタノール価格は1ガロン（約3・8リットル）当たり3ドル弱で低迷しているためエタノール工場の採算は良くない。

にもかかわらず多くのエタノール工場が稼働しているのは、1ガロン当たり45セントの連邦補助金に支えられているためだ。なお、**図4-12**はやや古い資料であるが、原油価格とトウモロコシ価格の関係から見たエタノール工場の採算ラインである。これによると、補助金を除く07年時点でのエタノール工場の損益分岐点直線は、原油50ドルでトウモロコシ5・3ドル、原油80ドルでトウモロコシ7ドル台後半である。現在はまさに損益分岐点上に採算ラインがある状況といえよう。

それでも、エタノール政策はグリーンエネルギー振興の柱として進められていることもあり、2期目に入ったオバマ大統領が簡単にその旗を降ろすことはあるまい。

図4-11 米国の輸出およびエタノール向けトウモロコシ需要

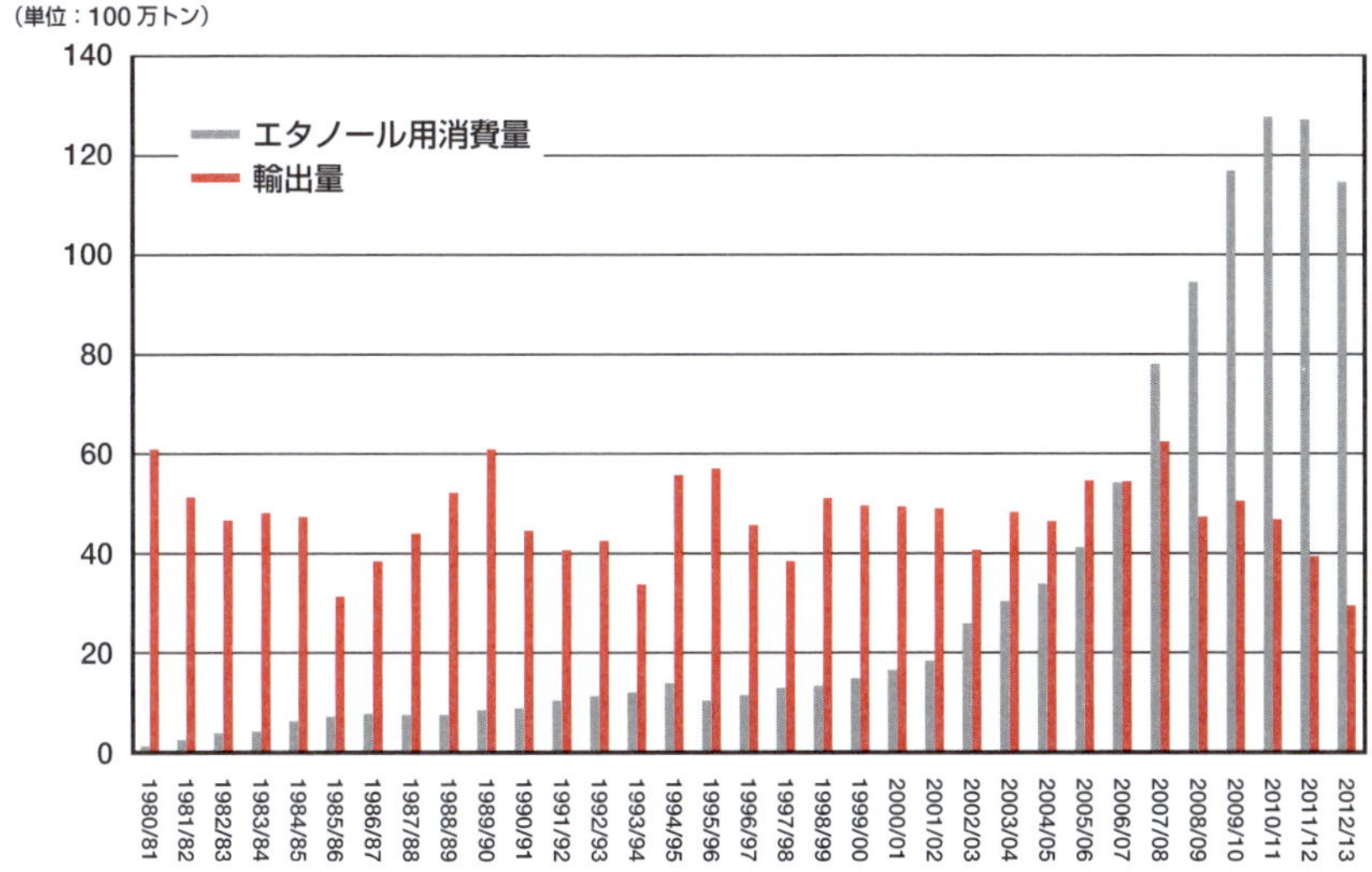

［出所］USDA

図4-12 トウモロコシ／原油価格から見たエタノール工場の採算ライン

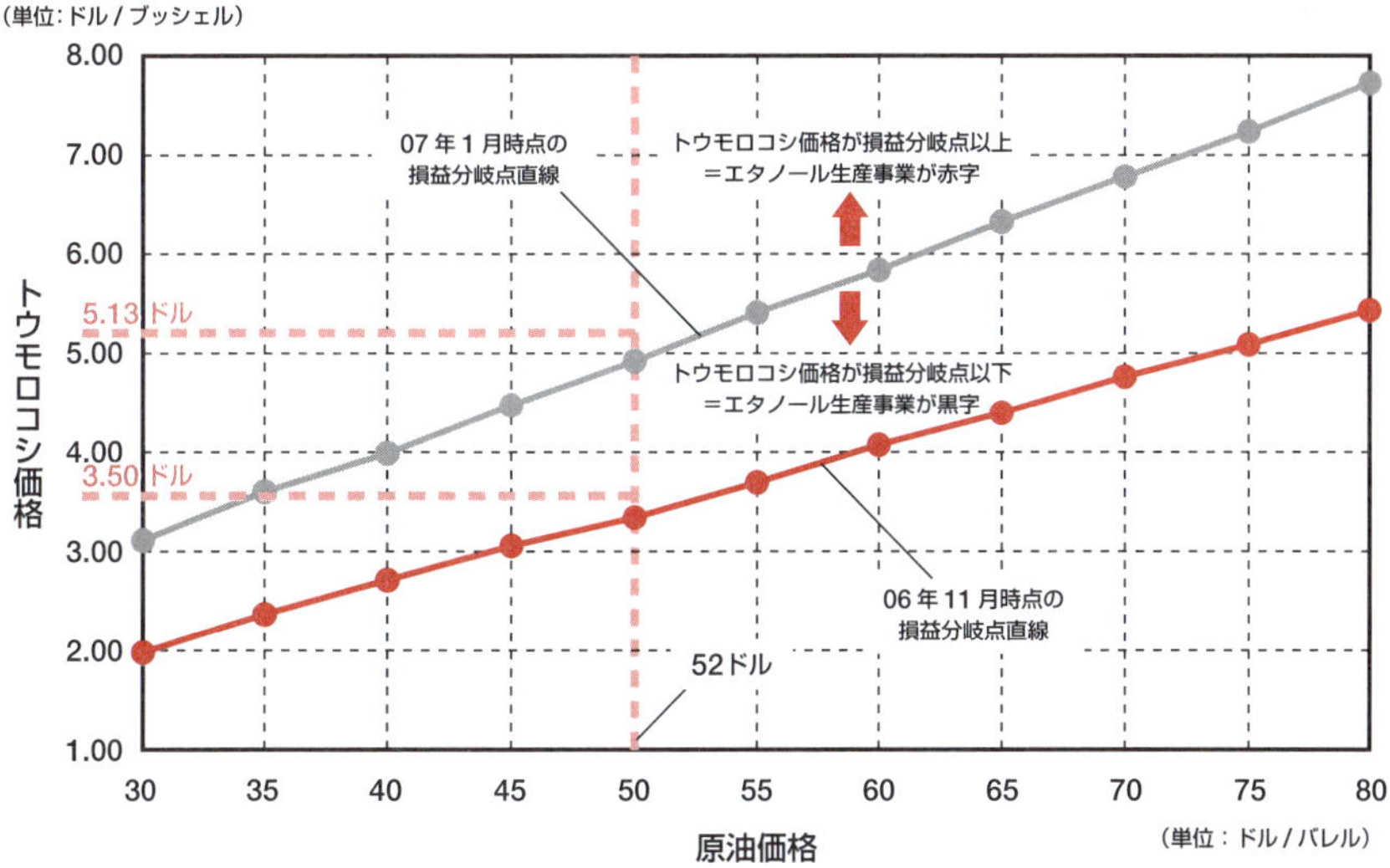

［出所］丸紅経済研究所

穀物概説③

ブラジルのバイオエタノールその食糧戦略はどう変化する？

……その長期にわたる戦略を追う

WHAT HAS OCCURRED TO THE RESOURCE?

CHAPTER 4-6

世界最大の砂糖生産・輸出国バイオ燃料大国ブラジル

世界最大の砂糖の生産・輸出国であるブラジルでは、1930年代よりサトウキビを原料としたエタノール生産が国家主導により行われてきた。2010年の燃料用バイオエタノールの生産量は2553万klで、米国の5009万klに次ぎ世界第2位である。

しかし、米国がバイオエタノールの純輸入国であるのに対し、ブラジルは世界最大のバイオエタノール輸出国であり、バイオディーゼルでも世界有数の生産国であるなど、世界的バイオマスエネルギー大国と言えよう。特に、バイオエタノールのコスト競争力、潜在的な供給能力の大きさを考慮すると、同市場でのブラジルのプレゼンスは今後一段と高まり、世界の先導役を果たしていくことになろう。

バイオマスエネルギー（バイオ燃料）とは、「バイオ（生物資源）」と「マス（量）」から成る言葉で、「太陽エネルギーを蓄えた生物体」すなわち、化石燃料を除いた生物起源の燃料のことだ。この意味では、バイオ燃料といっても、人類は太古の昔から生活の中で薪や木炭、家畜の糞などを燃料として利用してきた。しかし、20

図4-13　世界のバイオ燃料生産量（石油換算万トン）

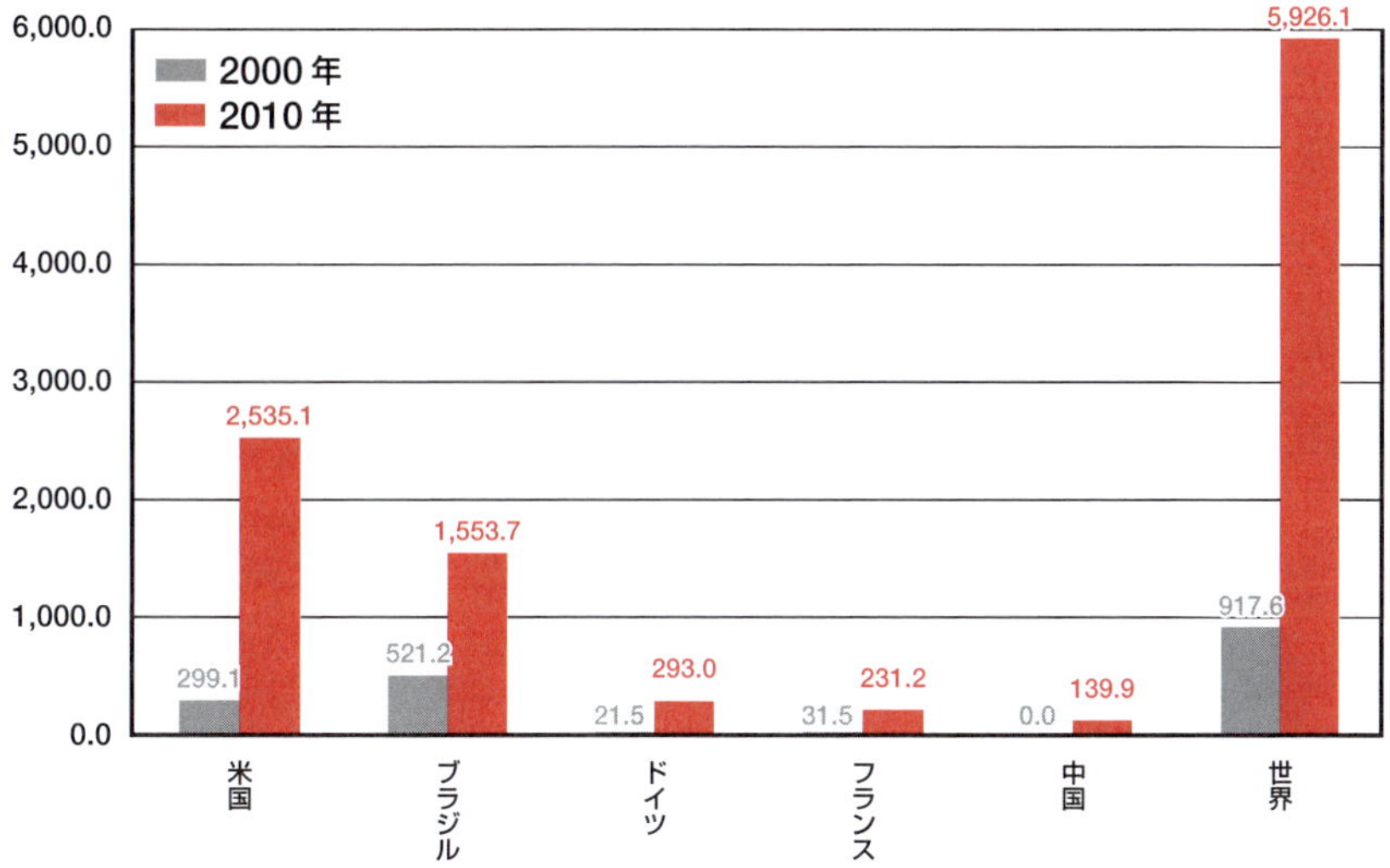
6,000.0
5,000.0
4,000.0
3,000.0
2,000.0
1,000.0
0.0
2000年
2010年
299.1
2,535.1
521.2
1,553.7
21.5
293.0
31.5
231.2
0.0
139.9
917.6
5,926.1
米国
ブラジル
ドイツ
フランス
中国
世界

［出所］BP「Statistical Review of World Energy 2011」

世紀に入って石炭、石油、天然ガスなど化石燃料が急速に普及したことで、こうした生活習慣が失われた。

一方、近年、IPCC（気候変動に関する政府間パネル：Intergovernmental Panel on Climate Change）報告などで、これら化石燃料が排出する膨大なCO^2、メタン、フロンガスなど、地球温暖化との関係が指摘されるようになり改めてバイオ燃料が脚光を浴びるようになった。

バイオ燃料の原料は主に、①サトウキビなどの糖質系、②トウモロコシ、小麦などのデンプン系、③木材、草木などのリグノセルロース系、④大豆油、パーム油、動物油脂などの油脂系、⑤家庭ゴミや産業廃棄物などの廃棄物系に分かれる。このうち、トウモロコシやサトウキビ、木質（セルロース）を発効させて生産するのがバイオエタノールで、大豆、パームオイルなどの植物油から作られるのがバイオディーゼル（ディーゼル用軽油の代替燃料）である。

BP統計によると、世界のバイオ燃料の生産量は、2000年の917万トン（石油換算）から2010

年の5926万トンへ、10年間で約6・5倍に急増している（図4-13）。この内、米国が299万トンから2535万トンと8・5倍となり、生産量としては世界最大である。ブラジルのバイオ燃料生産量は、521万トンから1553万トンへ3倍弱に拡大。米国とブラジルの2国で世界のバイオ燃料生産の約7割を占めている。

なお、バイオ燃料は、主に米国とブラジルで生産されているバイオエタノールと、ドイツ、フランス、ブラジル、アルゼンチンなどで生産されているバイオディーゼルに大別されるが、生産量はバイオエタノールが圧倒的に多い。以下では、ブラジルのバイオエタノールに焦点を絞ることとする。

21世紀に入り原油代替エネルギーとして注目

ブラジルのバイオエタノール生産量は、2000年代に入って急増している。特に、03年以降、原油価格が高騰したことで、石油代替エネルギーとしてのバイオエタノールに注目が集まった。2000年に106億リットルであったブラジルのバイオエタノール生産量は、07年には270億リットルを超えるなど、2・5倍に拡大している。2011年については、欧州債務問題に端を発した世界景気への影響から、ブラジルのバイオエタノール需要の先行き不透明感が強まり、生産量も一時的に落ち込んだ。

なお、ブラジルでは03年以降のフレックス車販売が以降のバイオエタノール需要の拡大に大きく寄与している。フレックス車（FFV：Flex Fuel Vehicle）とは、ガソリンとエタノールが混合可能な車である。ドライバーは、双方の配分量を双方の価格比に応じて柔軟に変えることが可能である。小泉達治『バイオエネルギー大国ブラジルの挑戦』（日本経済新聞出版）によれば、通常は、バイオエタノール価格がガソリン価格の70%以下であれば、ドライバーはバイオエタノールを選択すると見られる。

OECD－FAOの「Agricultural Outlook 2012－21」によると、ブラジルはバイオエタノー

図4-14 ブラジルのエタノール生産と貿易量

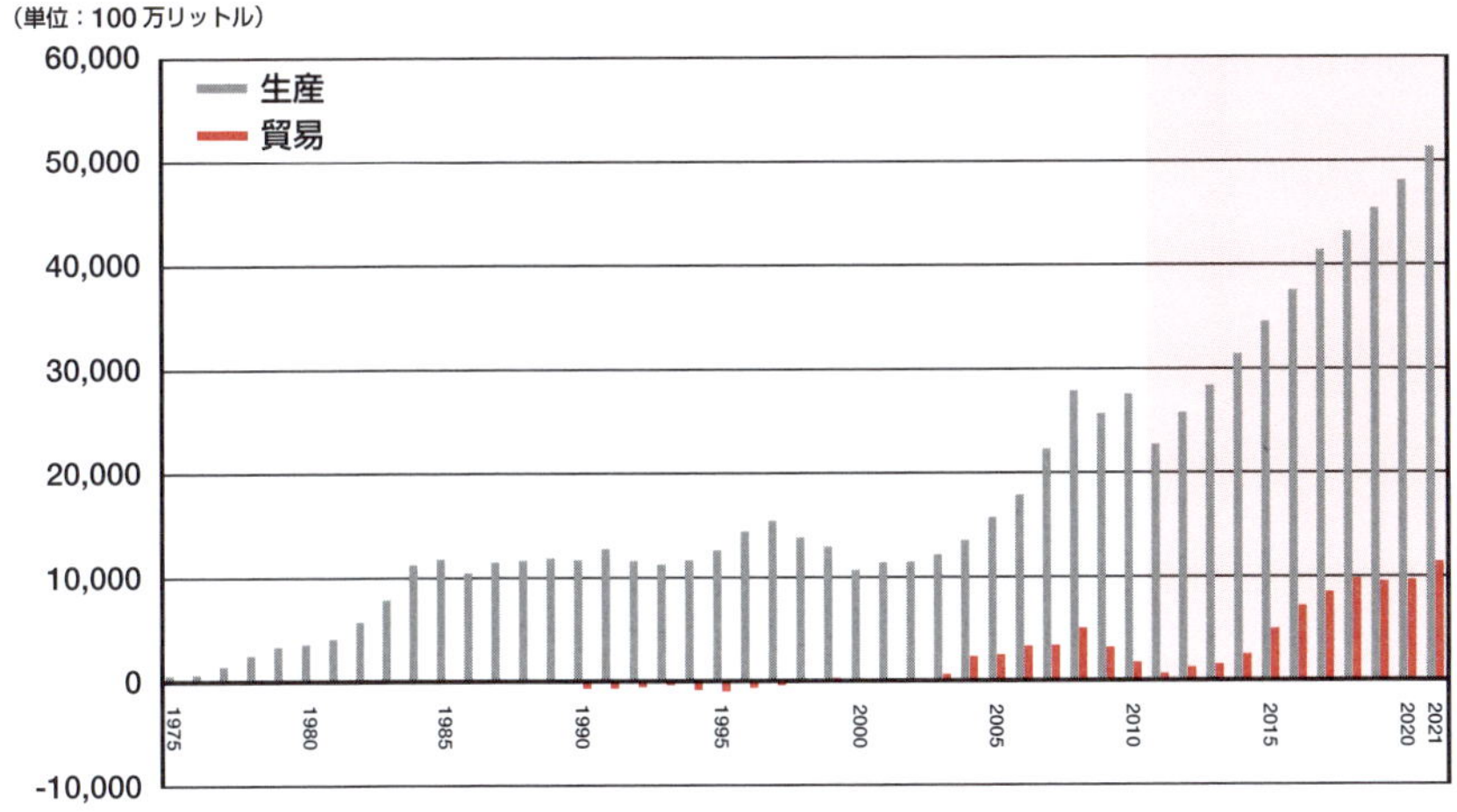

［出所］OECD-FAO　Agricultural　Outlook 2012-2021
（注）2011年以降予測（　部分）

ル生産量を、２０１４年に３１０億リットルに増やし、うち２５０億リットルを内需に、残り60億リットルを輸出に回す計画である。さらに、２０２１年の生産量は５１３億リットルに達し、輸出量も１１０億リットルを上回る見通しだ（**図4-14**）。

世界のエタノール需要が高まるなか、ブラジルはエタノール輸出拡大にも力を入れており、米国、ＥＵ、インド、南アフリカ、日本、韓国などに対して積極的な外交を展開している。ただ、輸出拡大のためには、ブラジルのバイオエタノールの品質の規格を統一していくことが当面の課題である。小泉によれば、２０１１年現在、ブラジルには４３９のバイオエタノール・砂糖工場がある（内３０２工場がエタノール・砂糖双方の生産設備を持っている）。この目標のため、ブラジル全土で90カ所以上の工場の新設が計画されている。

バイオエタノール普及のメリットは多い。具体的には、①再生可能エネルギー、②カーボンニュートラル（燃焼によりCO_2を放出しても、すでにCO_2を吸収して成長しているためトータルとしては不変）、③ガソリンに混合可能で、ガソリン代替によるエネルギー自給率向上、③オクタン価向上（数字が高いほど燃焼不足によるノッキングを起こし難い）、⑤新規市場・雇用創出など農業・農村支援　などである。

一方、課題としては、①ガソリンに比べ熱量が0・60と低い、②エタノールは水との相溶性が高く（例えば、エタノール1リットルをガソリン1リットルに加えても2リットルにならない）、水の混入によるエタノールとガソリンの分離を防ぐためのタンク、貯蔵設備などの改善コストがかかる、③内燃機関やプラスチックなどの部品を腐食させる　などへの対応が必要なことである。

バイオエタノール車普及の歴史

ブラジルのエタノール利用の歴史は長い。サトウキビを原料とするエタノール生産は、1933年に砂糖・アルコール院（IAA）が設立されたのを契機に、1930年代から政府主導で行われてきた。当時、ブラジル政府によりガソリンへ5％のエタノール混合が義務付けられていた。

本格的な生産拡大が進められたのは1975年の「国家アルコール計画（PRO‐ALCOOL）」、すなわちエタノール利用促進策がスタートしてからである。背景には、73年の第一次オイルショックがあった。

原油価格が急騰すると、当時約8割を輸入に依存していたブラジルは、対外債務の急拡大に直面。この対応としてサトウキビを原料としたエタノールを燃料とする車の開発、エタノール生産・流通への補助などを行った。1980年代半ばには乗用車の4分の3、自動車全体の3分の2がアルコール車で占められた。ちなみに、ブラジルのエタノール生産は、1975年の5億5600万リットルから85年の118億2000万リットルへと急増した。

国家アルコール計画では、バイオエタノール市場振興のため、①エタノール価格の補償（生産者買入および小売価格の固定）、②ガソリンへのエタノールの混合義務、③国営石油会社ペトロブラス（PETROBRAS）社にエタノールの販売独占と一部流通独占の付与、④含

図4-15　ブラジルの自動車保有台数

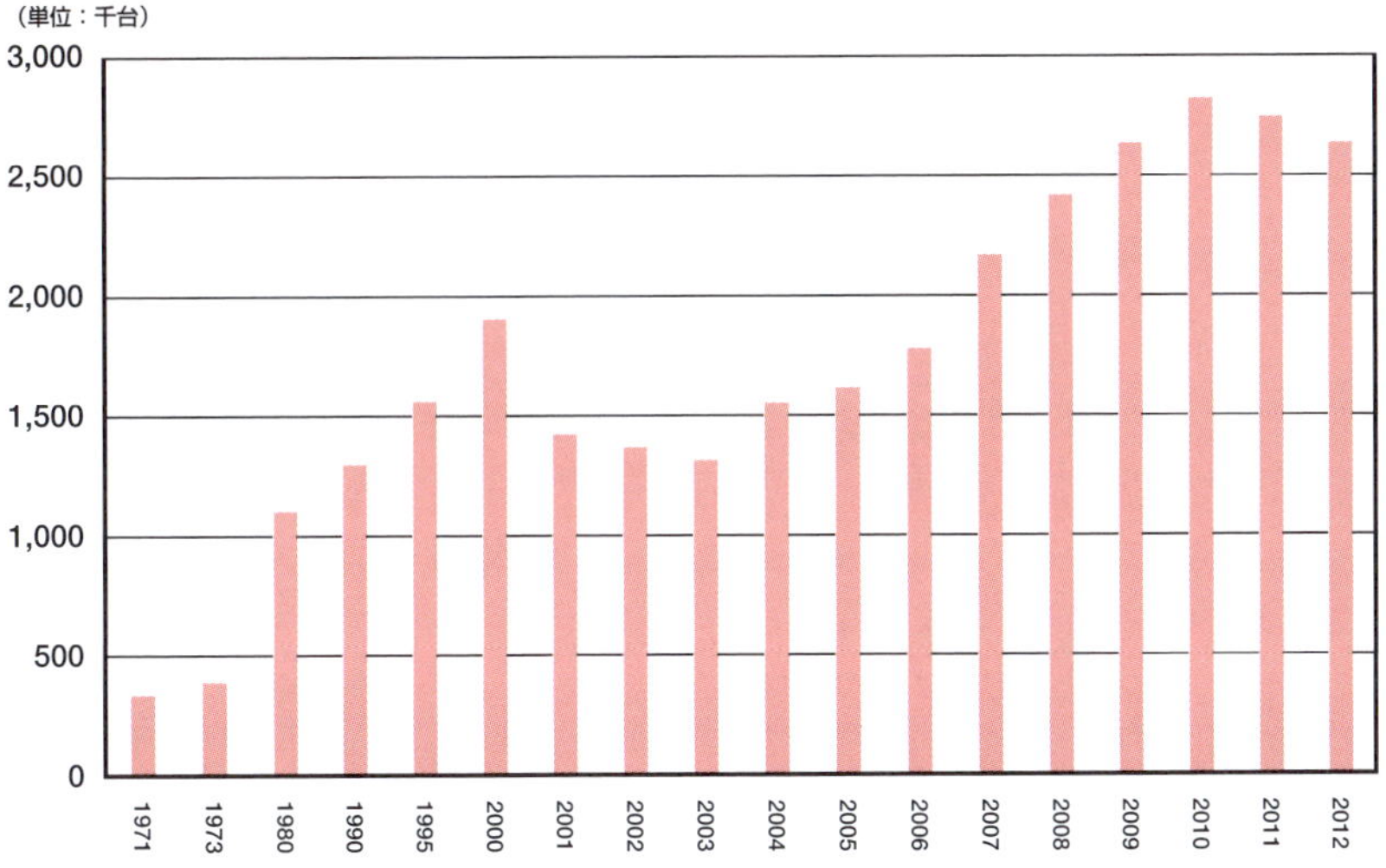

［出所］日本自動車工業会「世界の自動車」統計年報

水エタノール100%で走るアルコール車に対する優遇税制とエタノール価格がガソリン価格に対して割安になる優遇措置　などが採られた。これに伴い80年代前半にかけて、アルコール車および含水アルコールの需要が拡大した。ちなみに、含水エタノール（アルコール分93%～94%）は、アルコール専用自動車やフレックスカーに使用され、無水エタノール（アルコール分99%以上）はガソリン混合車（E25）に使用される。

しかし、80年代後半に入ると、原油価格の下落や政府の財政難から、消費者のバイオエタノール離れ（ガソリン車への回帰）が起こる。90年代初頭には砂糖価格が上昇しサトウキビが砂糖生産に回されたため燃料用アルコールの供給不足が発生し、エタノール車は大幅に減少した。この時期、多くの南米諸国が80年代の「失われた10年」からの脱却とインフレ抑制のために、新自由主義的改革（市場メカニズムを重視した自由化、規制緩和、構造改革、小さな政府）を採用するようになると、ブラジルでも自由化・規制緩和に向けた構造調整が進められた。

1995年に誕生したブラジル社会民主党（PSDB）のカルドーゾ政権（95〜02年）は、インフレ抑制と「社会自由主義国家」建設に向けた改革を打ち出した。それは、社会的公正の面から国家の役割をも重視した経済改革を進めるものであった。03年1月に発足した左派・労働党（PT）の現ルラ政権（03〜10年）は、基本的にカルドーゾの政策を継続し、貧困対策、税制改革を進めたことで、海外投資家の信頼が維持され、ブラジルは安定成長に入った。11年1月には労働党よりルセーフ大統領が誕生した。

バイオエタノール政策についても2003年に、あらゆるエタノールの混合比率のガソリンにも対応したフレックス車（Flex Fuel Vehicle）が始めて導入された。フレックス車は、①03年以降のガソリン価格の上昇、②政府の優遇税制、③75年以降30年以上にわたるエタノール利用の歴史の中で、給油インフラが整備されていた（全てのガソリンスタンドでエタノール用のポンプとタンクが備わっている）などの理由から急速に普及した。実際、ブラジルの自動車国産自動車販売に占める割合は、03年3・7％、04年21％、05年53％、06年70％と急増している。

これにより燃料用エタノール消費が急増した。日本メーカーも、ホンダが06年にシビックとフィットのフレックス車をブラジルで発売、トヨタも07年からカローラのフレックス車を現地生産し販売している。

バイオエタノールの潜在的供給力と競争力

ブラジルでは、サトウキビ由来のエタノール生産が行われている。潜在的な資源量や栽培適地、エネルギー効率性、生産コストなどの面からサトウキビが最も適しているためである。OECD—FAOによると、同国のサトウキビ生産量は、2000年の3・27億トンから10年6・92億トンに、10年間で2・1倍に拡大している。また、全国に439あるバイオエタノール・砂糖工場が、サトウキビの栽培—収穫—バイオエタノール・砂糖の製造—品質管理—流通販売を一貫して行っている。その際、工場がサトウキビの糖汁から、

図4-16 **原料別バイオエタノール収量**

	重量当たりのエタノール収量（リットル／トン）	耕地面積当たりのエタノール収量（リットル／ha）
トウモロコシ	336.9	2,133
サトウキビ	56.8	5,191
大麦	333.1	861
グレインソルガム	325.5	1,263
小麦	302.8	692
米	302.8	1,637
ライ麦	299.0	505
オーツ麦	242.3	533
サツマイモ	128.7	1,777
ジャガイモ	87.1	2,797
テンサイ	83.3	3,854

［出所］USDA、大聖泰弘、三井物産「バイオエタノール最前線」（工業調査会）より作成

砂糖およびバイオエタノールの配分比率を決定する点が、他の生産国とブラジルとの大きな違いである。

小泉によると、2009／10年度のサトウキビ生産量6・29億トンのうち、砂糖が3・26億トン、バイオエタノールが2・78億klと、両者の配分比率は約52％対48％と、ほぼ半分ずつと言えよう。なお、世界の砂糖生産においては、ブラジルは20～25％のシェアを有し、世界最大である。なお、サトウキビの搾りかすであるバガスは、燃料としてボイラーに送られ、発電（バイオ電力）に利用されている。

原料別に見たエタノール収量（**図4-16**）によれば、重量（トン）当たりエタノール収量の最も高いのはトウモロコシであるが、面積（1ヘクタール）当たり、エタノール収量が最も高いのはサトウキビである。

このため、世界最大のトウモロコシ生産国である米国では、トウモロコシがエタノール生産の主原料となったのに対し、耕地が膨大でサトウキビを作付けする余地の大きなブラジルでは、サトウキビがエタノール生産の原料となった。また、ブラジルのサトウキビ

図4-17 世界の砂糖の需給動向

（単位：100万トン）

主要国	生産		輸入		輸出		消費		生産シェア%	
	2010/11	2011/12	2010/11	2011/12	2010/11	2011/12	2010/11	2011/12	2010/11	2011/12
中国	11.5	11.0	3.1	4.5	0.1	0.1	15.5	15.4	7.0	6.4
インド	26.0	28.1	0.4	–	2.2	3.0	23.4	23.6	15.7	16.3
タイ	10.1	10.2	–	–	6.4	7.2	2.7	2.8	6.1	5.9
ブラジル	38.4	36.2	–	–	27.1	22.8	13.0	13.3	23.3	20.9
EU-27	15.7	17.9	4.3	3.4	1.1	2.0	18.9	19.0	9.5	10.4
米国	7.1	7.2	3.4	3.4	0.2	0.2	10.3	10.3	4.3	4.2
豪州	3.8	4.0	–	–	2.6	3.0	–	–	2.3	2.3
世界計	165.1	172.8	51.6	49.0	53.0	50.3	163.7	167.4	100.0	100.0

［出所］FAO「Food Outlook 2012.5」より作成
（注）2010/11は推計、11/12は予測

由来のエタノールは米国のトウモロコシ由来のエタノールに比べて低コストである。エタノールがガソリンより安いときにはエタノールを使用し、エタノールがガソリンより高いときにはガソリンを使用できた。熱量等価で比較するためエタノールの効率がガソリンの70％であるとして比較すると、エタノール価格は2・00レアル／リットルに相当し、ガソリンより2割安い。

環境問題への影響として政府は、サトウキビであれば食料や環境との競合は少ないとみている。ただ、バイオエタノール生産拡大によるサトウキビ栽培の拡大が、牧草地への大豆栽培を促し、大豆農家に牧草地を売った牧場主は更にアマゾンの奥地に牧場を求めて森林を伐採しながら移動するという、玉突き的な「森林破壊のサイクル」が生じているとの指摘がある。

とはいえ、長期的なエネルギー不足や地球温暖化が懸念されるなか、ブラジルのバイオエタノール産業は、将来的にも世界の再生エネルギー分野を先導する産業であると言えよう。

トウモロコシ

生産国でも輸入を開始 急速に進む消費拡大

……………２０１３年も在庫率が低水準に。最も注視される穀物

WHAT HAS OCCURRED TO THE RESOURCE?

CHAPTER 4-7

純輸入国に転じた中国のトウモロコシ

世界的な食糧危機はトウモロコシの争奪戦となって先鋭化する公算が強い。その主役が中国である。

今世紀に入って、世界を揺るがす出来事が3つ生じた。1つは、２００1年9月11日の米国を襲った同時多発テロだ。これを契機にテロとの戦争が始まった。2つは、２００8年9月15日のリーマンショックだ。その後遺症は、ギリシャ発の欧州信用不安となって継続中だ。そして3つ目の出来事。それは中国の台頭である。

１９７8年に鄧小平の「改革・開放」により市場経済への道を歩み始めた中国は、以来30年以上にわたり高成長を遂げてきた。この間、89年の天安門事件を乗り切り、92年の「改革・開放」加速を契機に流通市場の自由化が進展。食料消費市場も急速に多様化し流通市場の変革が進んだ。さらに、２００1年11月のWTO加盟は、都市部の富裕層や中間層を中心に、中国の食料市場を大衆消費社会へと突入させることになった。

中国では、米と小麦については、人間の主食であることから基本的に自給することとされている。このた

め中国の食料問題が、より先鋭的に表れるのはトウモロコシ市場においてである。中国は08年までトウモロコシの純輸出国であった。しかし、旺盛な自国の需要をもはや国内生産だけでは賄い切れず、09年よりトウモロコシ100万トンを米国から輸入するようになり、11年は523万トンを輸入している（図4-18）。

本来、世界のトウモロコシ市場でのプレーヤーは限られる。USDA（米農務省）によれば、2011／12年度（概ね11年後半～12年前半）の世界トウモロコシ生産量8・80億トンの4割弱（3・13億トン）、輸出1・10億トンの4割弱（3990万トン）が米国である。中国の生産は1・92億トンで世界2位だが、すでに輸出余力は失われた。米国以外のトウモロコシ輸出国としては、アルゼンチン1600万トン、ウクライナ1400万トン、ブラジル1000万トンが新興輸出国として台頭しているが、依然としてトウモロコシは米国一辺倒の穀物と言える。

これに対して、これまで最大のトウモロコシ輸入国は日本でその量は1500万トン、次いでメキシコ830万トン、韓国800万トンと続き、これら3カ国で全体の33％を占める。しかし、ここに中国が新興トウモロコシ輸入国として加わってきた。いまのところ数量は500万トンと限られるが、中国が一旦トウモロコシの輸入に道を開けば、堰を切ったように輸入量は拡大し数年のうちに1000万トンの規模に拡大することは必至である。

中国在住の知人によると、中国では、4・4億トンの配合飼料の供給計画があるという。通常、この半分の2・2億トンはトウモロコシが原料となる。

輸入国に転じる中国では世界在庫に占める比率も上昇

図4-19は、中国のトウモロコシ生産および消費量の推移である。いずれも、80年の6000万トンから2012年は2億トンへと3倍強に拡大している。80年代までは主に食用として直接消費されていたが、90年代に入ってからは飼料用が拡大し、2000年以降はそれが急拡大しているのが分かる。

図4-18 中国のトウモロコシ輸出入

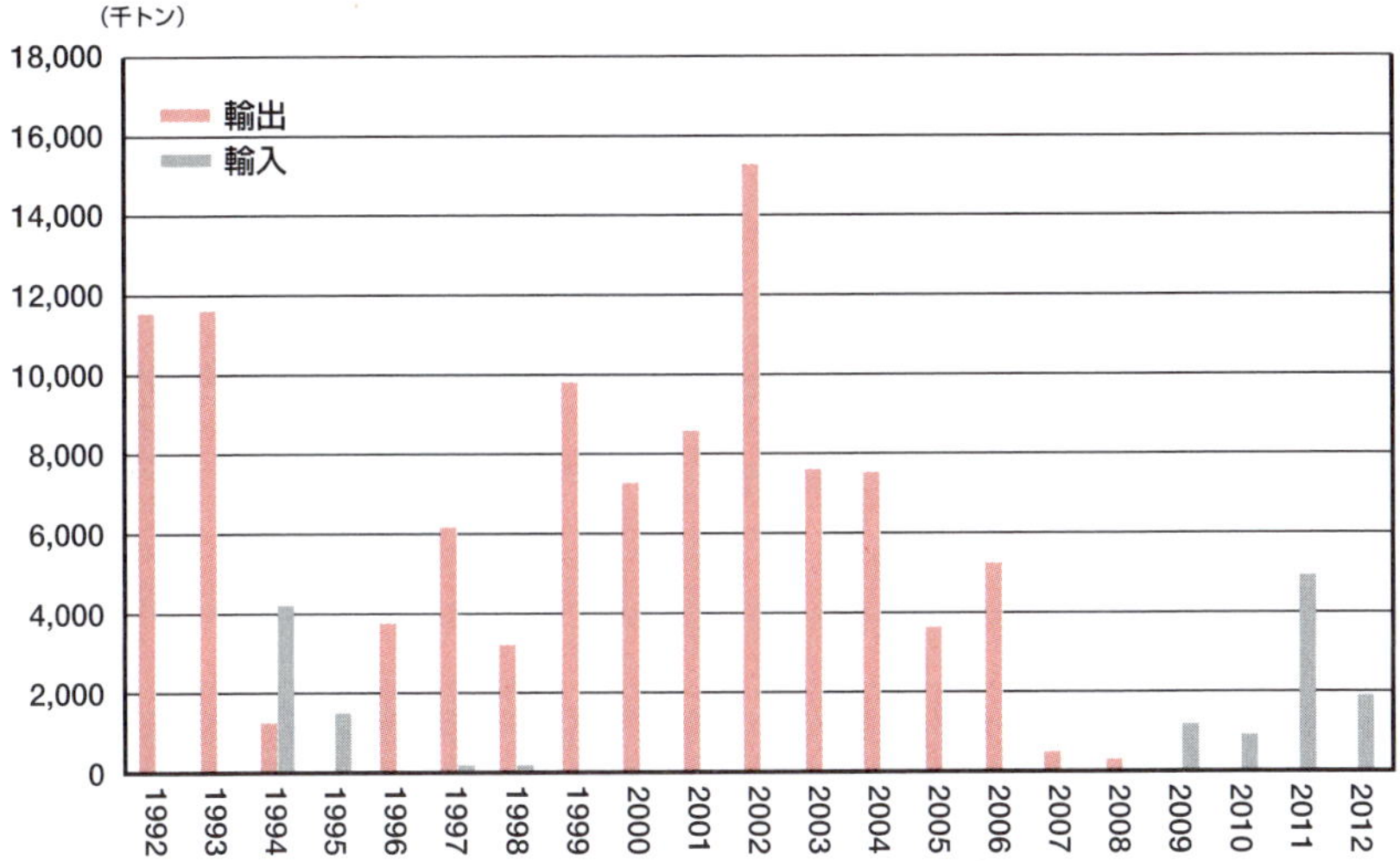

[出所] アメリカ農務省（USDA）「穀物等需給報告」2010.9.10

図4-19 中国のトウモロコシ生産と消費量

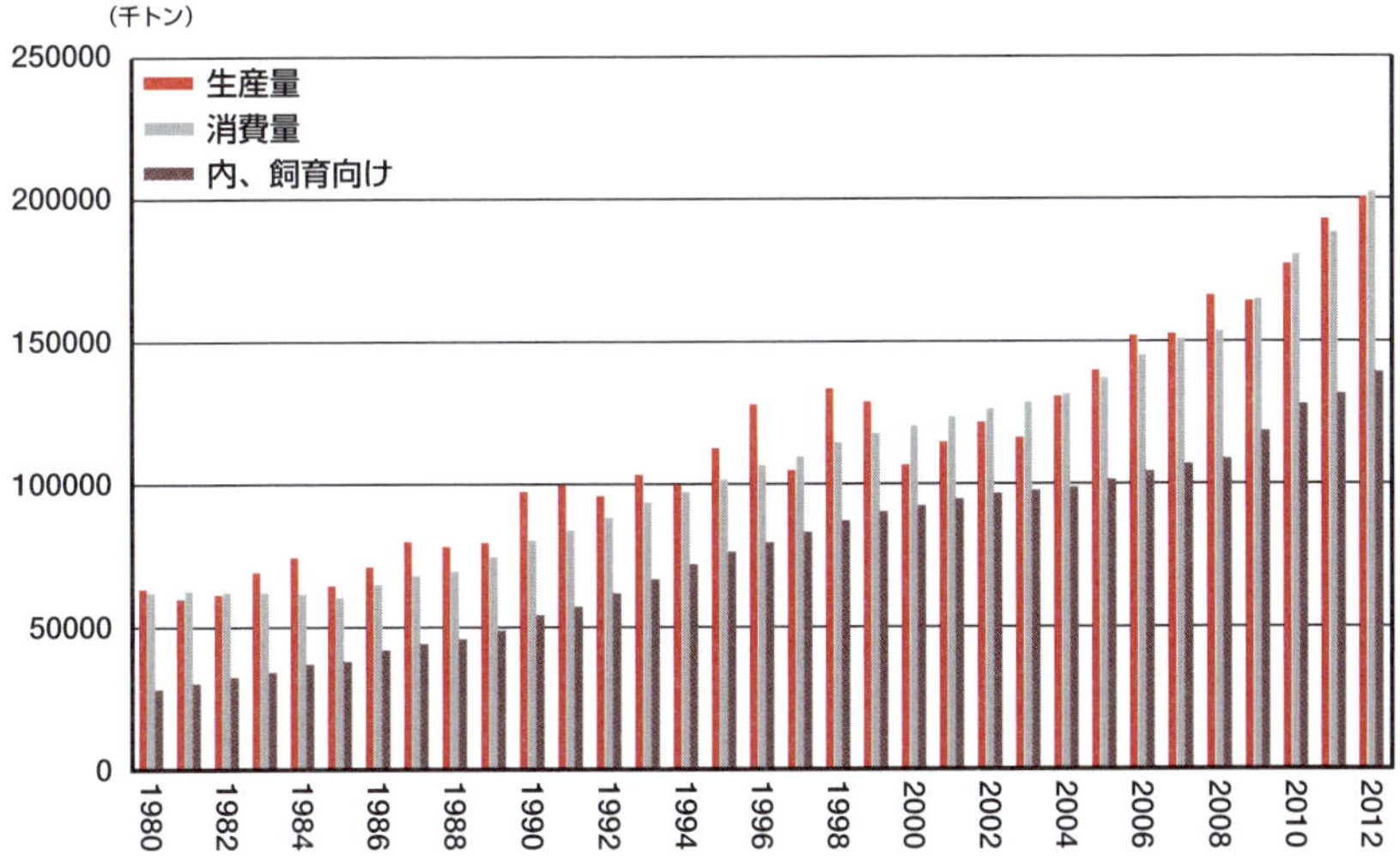

[出所] アメリカ農務省（USDA）

かつて中国が2001年11月のWTO加盟を前に、その加盟が農業にとって「機会か危機か」喧々諤々《けんけんがくがく》の議論をしていた当時、筆者は中国農業部などに食料自給率についてヒアリングしたことがある。その時は、「概ね自給する」との返事であった。「概ね」とは何%なのかと尋ねると95%と言う。ということは残り5%は輸入してもよいということになる。当時の中国のトウモロコシ消費量は約1・2億トンで、その5%は600万トンに相当する。しかも最近は、「概ね自給する」という当局の考えも90%程度まで低下し、輸入についても10%まで拡大してもよいとする考え方に変わっているようだ。すでに中国のトウモロコシ需要は2億トンを超えた。その10%が輸入されるとなると、2000万トンである。これは、世界のトウモロコシ需給を一気にひっ迫させかねない。

一方、大豆については、中国は、東北3省（黒龍江、遼寧、山東）の産地がトウモロコシと重なっていることもあり、国内生産は、食品用に非遺伝子組み換え大豆（非GMO大豆）を1300万トン程度とし、食用油や大豆ミール向けなどはブラジル、アルゼンチンから輸入するようになっている。その規模は2012年で6300万トンにも達する見通しだ（図4-20）。USDAによると、大豆の消費は、食用・産業用植物油の拡大を背景に2010年の7300万トンから2020年には9000万トンへ拡大する見通しである。ただ、すでに中国には沿海部を中心に、多くの新鋭の搾油工場が建設され、その能力は年間1・2億トンに達すると聞く。少なくとも稼働率70%を維持するとしても、8000万トン以上の輸入が必要となる。USDAの輸入予測は、過小に評価されていると言えよう。

ちなみに、中国の国産大豆は輸入大豆に比べて油分が少なく、土地生産性も低いことから、消費の増分はもっぱら輸入大豆に頼らざるを得ない。

ところで、近年の穀物市場を見る場合、特に筆者が注目しているのが世界の期末在庫率である。2011年の「アラブの春」（依然火種は残っている）に象徴さ

図4-20 輸入量を増し続ける中国の大豆

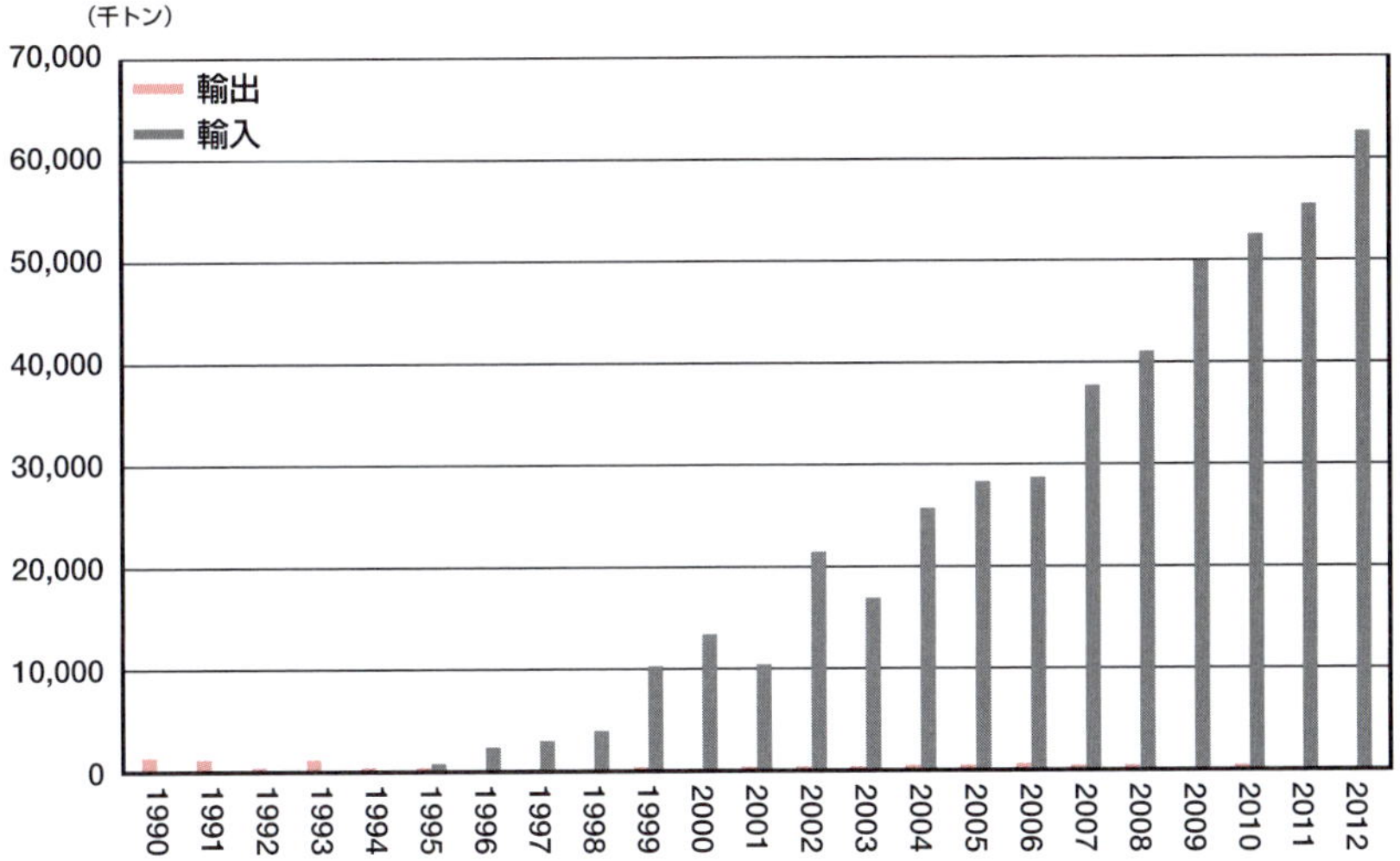

[出所] 米農務省(USDA)「穀物等需給報告」

れる市民革命の引き金となったのが食糧価格の高騰であった。

このように、中国、インド、ASEAN諸国、南米など高い経済成長を背景に食糧需要が拡大している国においては、食糧は単なる商品ではなく、不足するとみればたちまち長期独裁政権をも覆す政治財に転換する。そこで、政府がもっとも注意を払うのが食糧について十分な在庫を確保することだ。

では、穀物の適正在庫は何パーセントか。FAO(国連食糧農業機関)によると、適正在庫は年間消費量の2カ月に相当する17~18%である。これに対し、足元の在庫率は18%台だから心配はないとの見方も多い。商社のトレーダーの中には、せいぜい米国では10%の回転在庫があれば十分との意見もある。確かに、情報の透明性や輸送技術、在庫管理などが発達したことから、適正在庫水準も低下していると言えよう。

しかし、こうした見方は、90年代までの先進国が世界経済を牽引し、ほぼ独占して食糧を消費していた時代の話である。21世紀は中国やインドなど人口大国

図4-21　世界の穀物在庫における中国の占有率

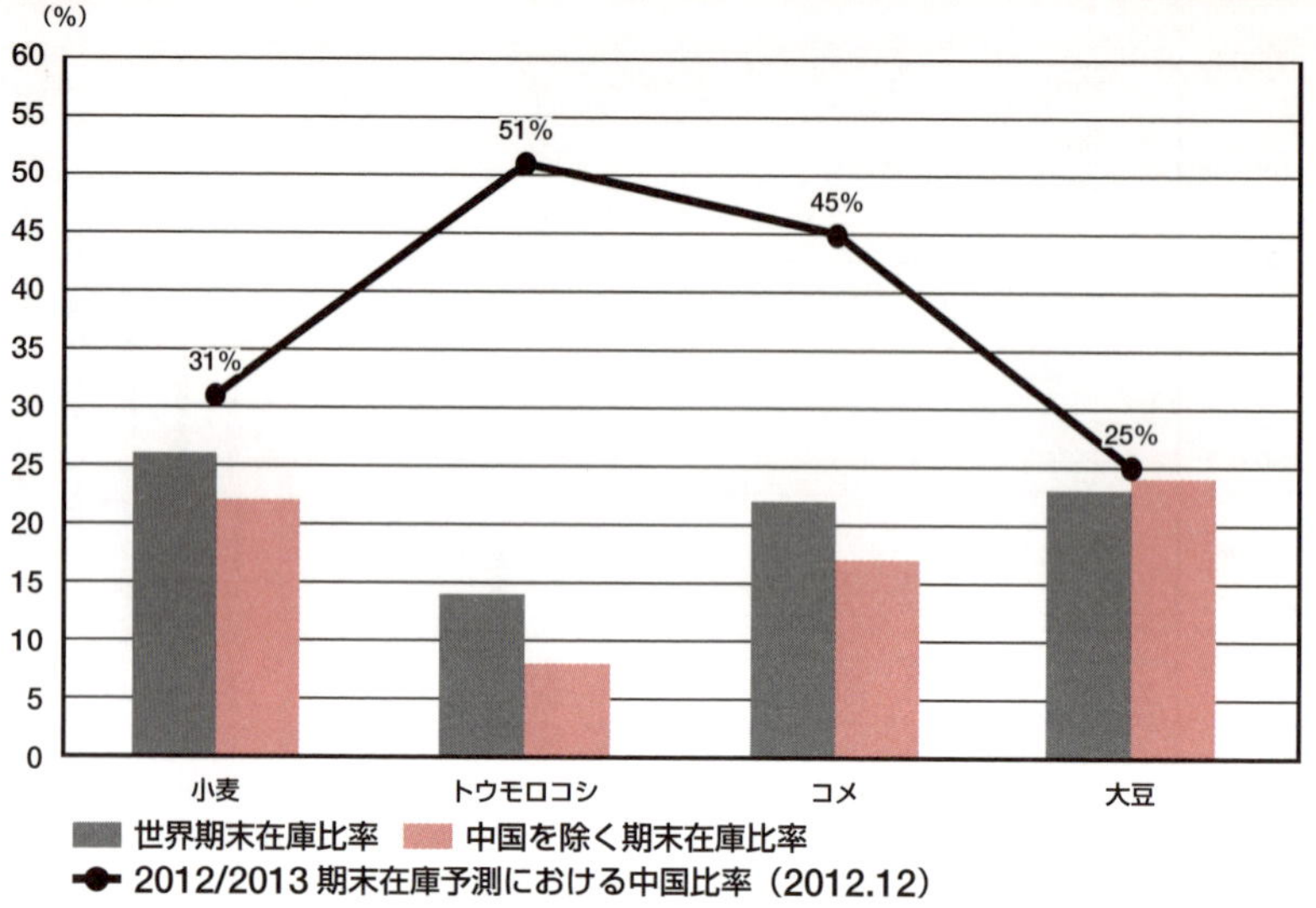
(%)
60
55
50
45
40
35
30
25
20
15
10
5
0
51%
45%
31%
25%
小麦
トウモロコシ
コメ
大豆
世界期末在庫比率
中国を除く期末在庫比率
2012/2013 期末在庫予測における中国比率（2012.12）

［出所］アメリカ農務省（USDA）「穀物等需給報告」2010.10.8他より作成

の新興国が世界経済を牽引し、所得向上や都市化とともに食糧需要が急速に拡大する時代に入った。

もはや、90年代の需給構造を前提に、市場を占うことは不可能になった。急拡大する新興国の食糧需要を前提にした場合、干ばつ・洪水などの供給不安が生じると、投機マネーが流入しやすい構造となった。

図4-21は、世界の主要穀物在庫に占める中国の位置付けをみたものである。個別の穀物で見ると、2012／13年度の世界の期末在庫率は、小麦が26％、コメ22％、トウモロコシ14％である。これらの内の3～4割強は実は中国の在庫である。中国を除くと世界の期末在庫率は大きく低下し、トウモロコシに至っては8％に落ち込む。決して楽観は許されないのである。これらの数字より窺えるのは、中国は将来の食糧不足に備えて積極的に在庫を積み増しているという事実である。

CHAPTER 4-8

WHAT HAS OCCURRED TO THE RESOURCE?

砂糖 現在は需給安定も市場規模の拡大トレンドは続く

……ここでも中国やインドなど新興国の輸入増加がポイントに

途上国にとって砂糖消費量は経済・文化のバロメーター

ここ数年、原油、金、穀物などが注目されるなか、砂糖はどちらかと言えば蚊帳の外に置かれていたようだ。しかし、砂糖相場も今世紀に入ってしっかりと「均衡点変化」をしているのである。

そこで、砂糖市場について改めて整理をしてみよう。指標となるニューヨーク砂糖相場は、1980年代後半から2000年初めまで1ポンド（453グラム）=10セントを中心に上・下5セントのボックス相場が続いていた。

しかし、2005年以降、強い上昇基調に転じ、2011年初に30セントを突破した。その後、下落基調にあるが、最近は20セント前後で踏み止まっている（図4-22）。この背景は何か。

砂糖はサトウキビ（甘しゃ糖）、ビート（てん菜糖）から精製される甘味料である。サトウキビは干ばつに強く、低緯度の熱帯・亜熱帯地域で栽培されているのに対し、ビートは主に欧州圏など高緯度で生産されている。すなわち、砂糖は世界の110カ国以上で生産されており、価格変動に対して速やかに増減産されるなど供給の弾力性は高い。

図4-23は、英調査会社LMCのレポートより、1980年代以降の世界の砂糖需給を見たものである。2013年度（砂糖年度10月～翌年9月末）の世界の砂糖生産量は、1億7855万トンで、81年度の8855万トンから2倍に拡大している。

主要生産国は、ブラジル（3880万トン）、インド（2652万トン）、EU（1716万トン）、中国（1296万トン）、タイ（991万トン）、米国（777万トン）などだ。かつて800万トン前後を生産していたキューバの砂糖産業は崩壊して久しい。

これらのうち、中国、米国を除く4カ国は砂糖の輸出国でもあり、特に、ブラジルの輸出量は2536万トンで世界の45％を占める。これにタイの輸出量772万トンを加えると、両国で世界の砂糖輸出量の過半を占める。

一方、世界最大の砂糖消費国はインド（2528万トン）で、EU、中国、ブラジル、米国、ロシア、インドネシアなどが続く。

通常、所得水準が上がると砂糖を使用した嗜好品の消費量が増加することから砂糖の消費量も増加する。砂糖が「文化のバロメーター」と言われる所以である。なお、砂糖とコーヒー、ココア、紅茶は相互に補完関係にもある。ニューヨークなどの先物市場で投資対象となるのは、精製糖となる前段階の粗糖であり、サトウキビから粗糖を抽出したあとに残る糖蜜からエチルアルコールが作られ、バイオエタノールとして燃料に使われる。

2009年から12年末にかけて、砂糖相場は乱高下を繰り返し現在に至っている。**図4-22**からも見てとれるように、現在の下落基調の背景に大幅な供給過剰があることを考えると、たとえ世界的な砂糖需要の拡大基調を加味し相場の均衡点が変化したとしても、今後1年程度は砂糖相場の上値は限られよう。

図4-22 ニューヨーク砂糖相場の推移

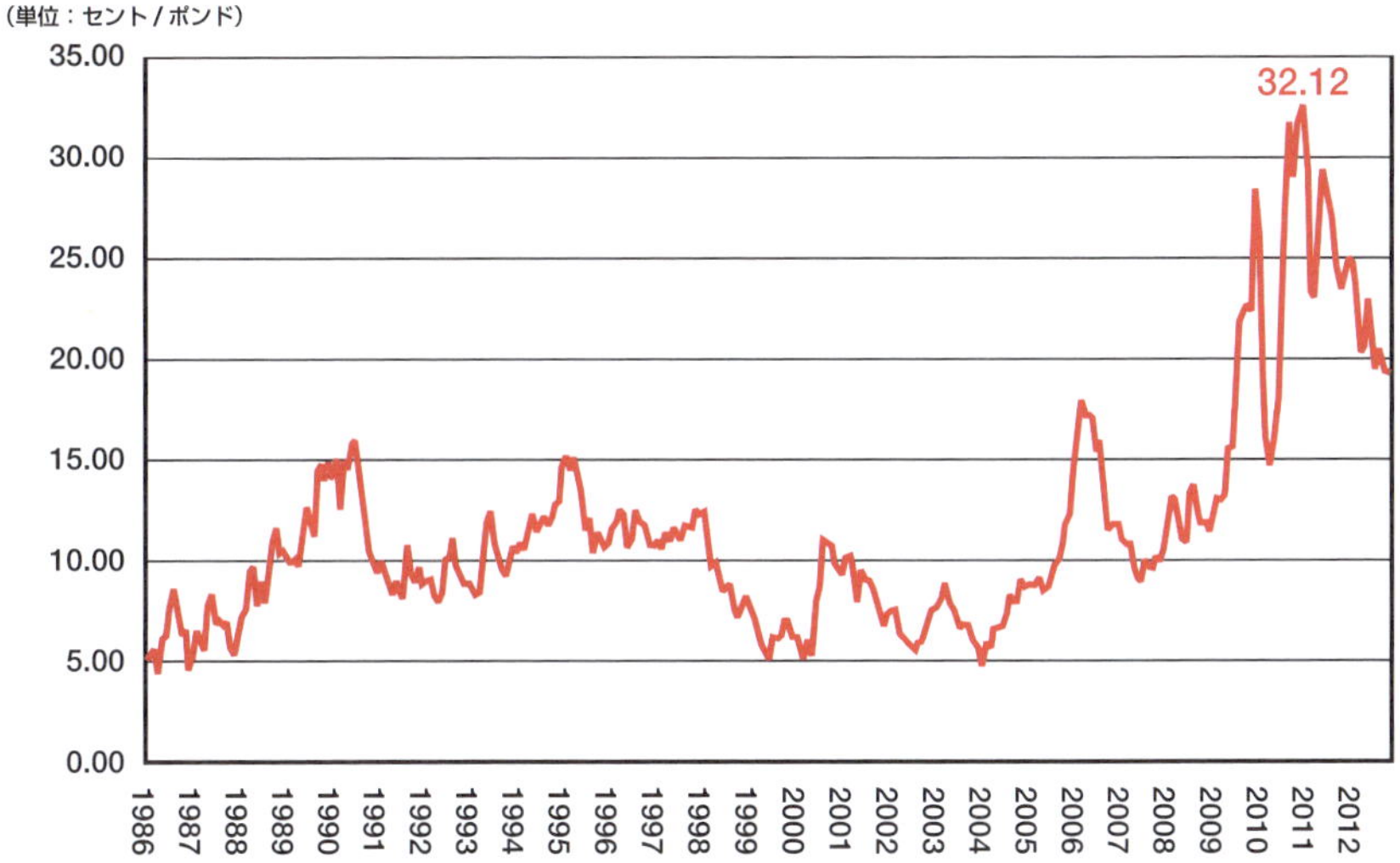

［出所］ニューヨークマーカンタイル取引所（NYMEX）

図4-23 世界の砂糖需給

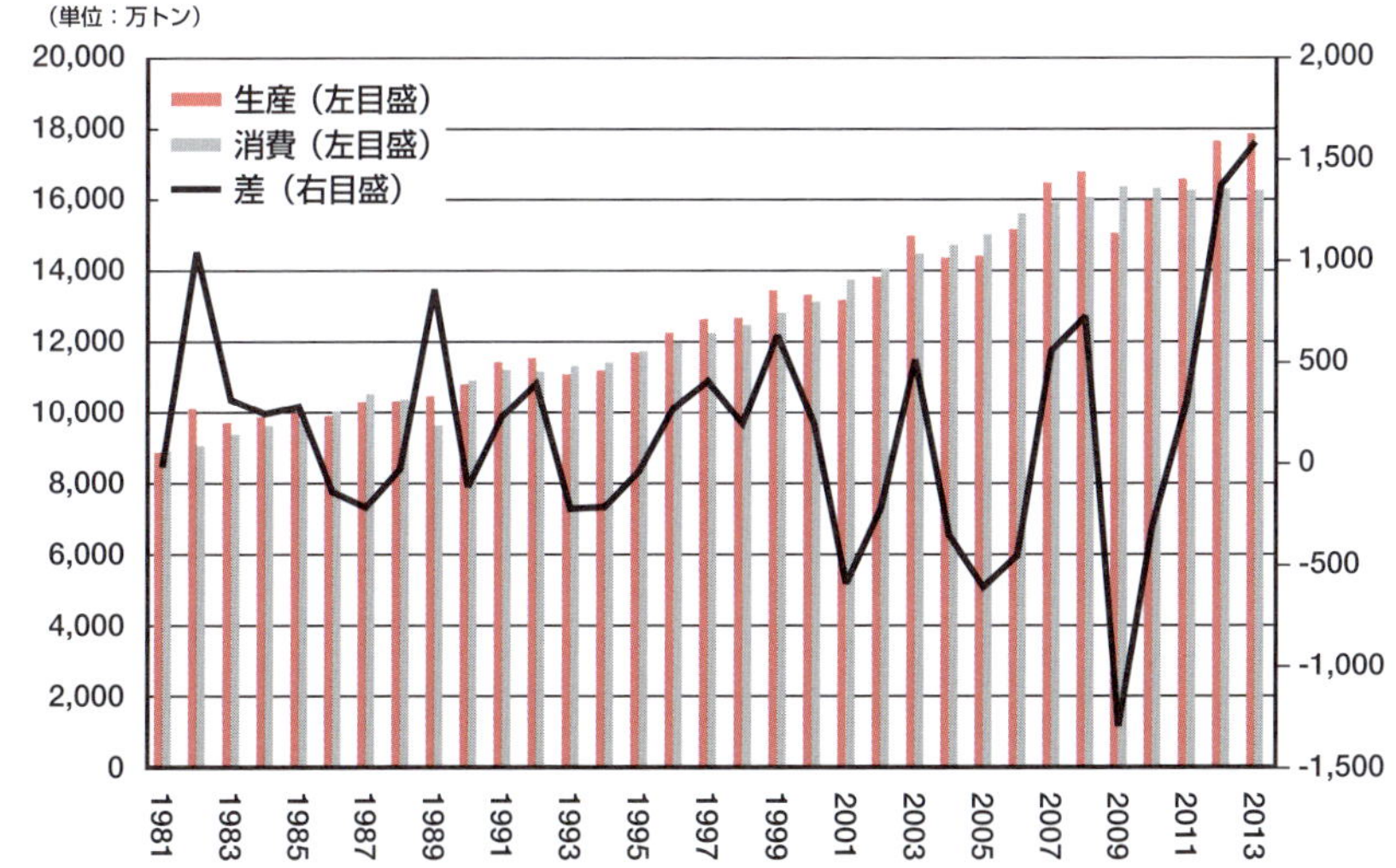

［出所］LMC' Quaterly Stastical Update' .July 2012

CHAPTER 4-9

WHAT HAS OCCURRED TO THE RESOURCE?

コーヒー 意外と知られていない「政治商品」

……小売店の価格転嫁も進む、極めて政治色の強い作物

８年あまりの上昇トレンドの後、下落基調にあるコーヒー価格

長期上昇トレンドにあったコーヒー価格が、２０１１年以降下げトレンドにある。背景に何があるのか。

ニューヨークコーヒー価格（期近）は、「コーヒー危機」と言われた２００２年初頭の１ポンド（４５３グラム）当たり50セント割れを底に緩やかな上昇に転じ、若干の上げ下げを繰り返しながらも、２０１１年春には２８０セント台に乗せ、95年の史上最高値３００ポイント台を窺うかに見えた（図4-24）。

歴史的に見ても価格変動の激しいコーヒーが、２００２年以降、８年にわたり上昇トレンドを辿っていたのはなぜか。その要因を２つ指摘したい。

世界のコーヒー豆（生豆）の生産は、南北回帰線をはさむコーヒーベルト（北南緯25度）地帯に集中する約60カ国、２５００万人により生産されている。

種類は主に、レギュラーコーヒーに使用されているアラビカ種（約65％）とインスタントコーヒー原料やアラビカ種の補填（増量用豆）に多用されるロブスタ種（約35％）に分かれる。

世界のコーヒー生産量は、１９９０年代半ばの６０

図4-24 **NYコーヒー相場価格（期近）の推移**

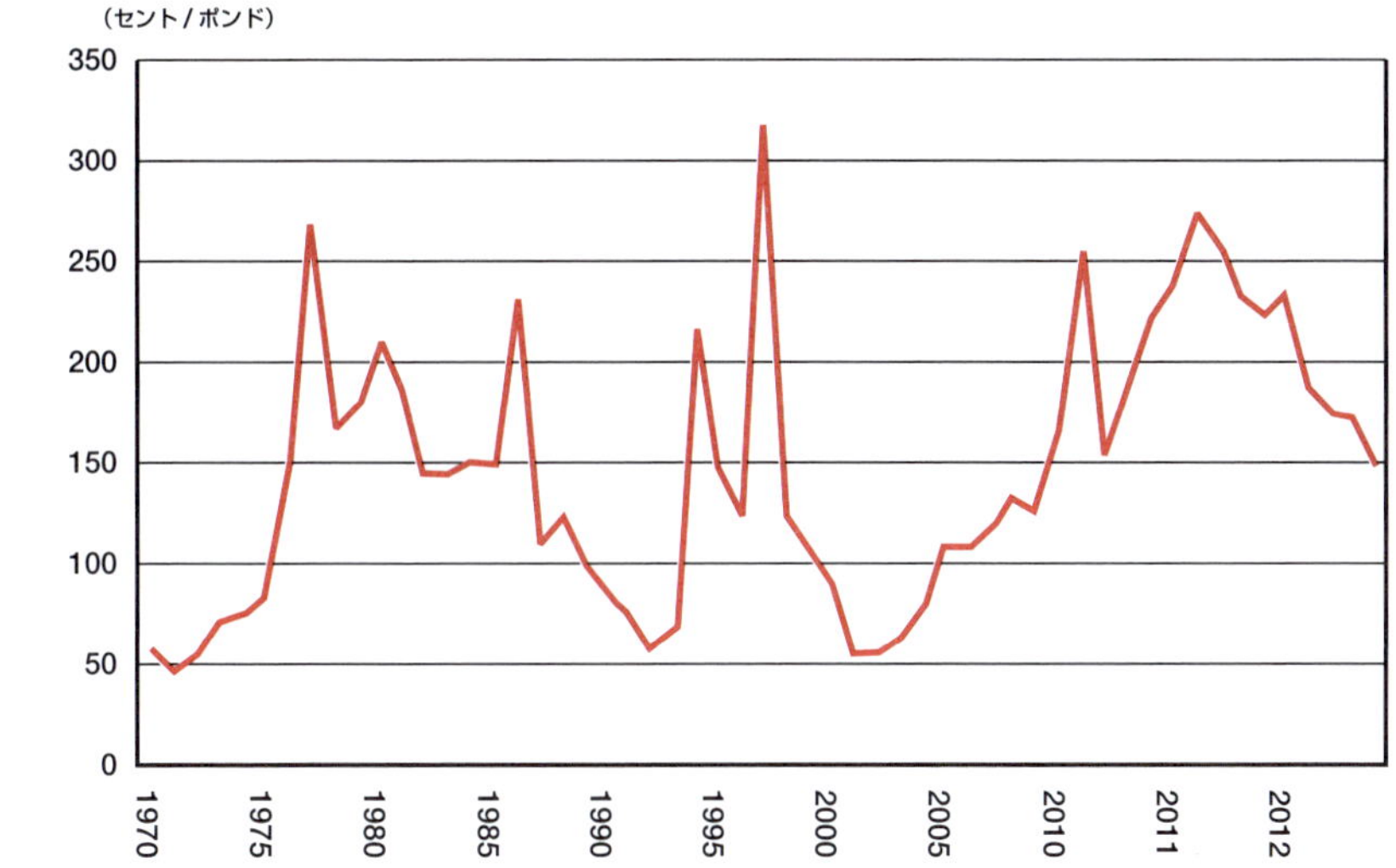

［出所］ニューヨークマーカンタイル取引所（NYMEX）

０万トン弱から08年は約７５０万トンに拡大している。このうちブラジル、ベトナム、コロンビアの３カ国で約６割を占める。一方、この間、消費量も拡大しているものの、長期にわたり供給が需要を上回る格好となっている。

コーヒーの消費は、米国、ＥＵ、日本など先進国（輸入国）での消費と、生産国での国内消費に分かれる。輸入国の消費量は年間５００万トン前後で頭打ちとなっている一方、ブラジルなど生産国での消費量は、経済発展などから90年代初めの約１３０万トンから最近では２５０万トン前後まで拡大している。

かつての生産国が持続的な経済発展により新たな消費国として台頭してきたことが、コーヒー価格を長期にわたって押し上げている第一の要因である。

長期的に見ると、コーヒー価格は70年代から90年代にかけて１ポンド40セント台から３００セント付近での変動を繰り返しており、約10年に１度は大相場が生じている。価格を左右するのは、基本的には世界のコーヒー生産動向である。中でも、世界のコーヒー生産量の約3分の1を占めるブラジルの生産量の増減が大きな影響を与える。

特に、同国では、収穫期（6～8月）の霜害、収穫後の開花期（9～11月）の干ばつなど、天候要因が重なることで生産量が大きく変動する。ちなみに、霜害は一晩で農園に壊滅的な被害を及ぼすが、干ばつの場合はボディブローのように徐々にダメージを与える。

さらにコーヒーには、樹木特性として表作（成り年）と裏作（不作年）を交互に繰り返す性質がある。「コーヒーの樹は豊作の後には消耗する」ためだ。かつて裏年の減産率は2～3割と言われていたが、最近は、技術進歩などにより1～2割ほどに平準化されている。

ブラジルでは、97年の相場高騰を契機にコーヒーの樹を植える農園が急増し、成木の数は、90年代半ばの約30億本から2000年には50億本を超えた。これが、裏作による減産を相殺する格好となった。

米国の動向に見られる政治財としての側面

通常、コーヒーの樹100本から約1袋（60kg）のコーヒーが生産されるため、50億本の生産能力としては5000万袋程度となる。ここから、裏作の年の減産分や霜害の影響を差し引いても生産高は4000万袋前後にはなる計算である。

これが、90年代後半から02年にかけてのコーヒー価格の下落につながった。特に、01年の生産は史上最高の5360万袋となったことで、02年初頭には、コーヒー価格は50セントを割り込んだ。世界のコーヒー生産国では「コーヒー危機」と言われる苦境に陥り、新たな国際問題を引き起こした。

これに対し、米下院は02年11月、「世界のコーヒー過剰問題を解決するための決議」を採択。決議文には、①97年以来、コーヒー相場は7割近く下落した、②世界で2500万人のコーヒー農家が人道的な危機に直面、③コロンビアやペルーでは、コーヒーからコカインやアヘンへの転作が進んでいる　など、生産者の直面している窮状や問題点が指摘された。

この決議文を受け、米政府やコーヒー業者は、南米、

図4-25 ブラジルのコーヒー生産量とNY相場（期近）

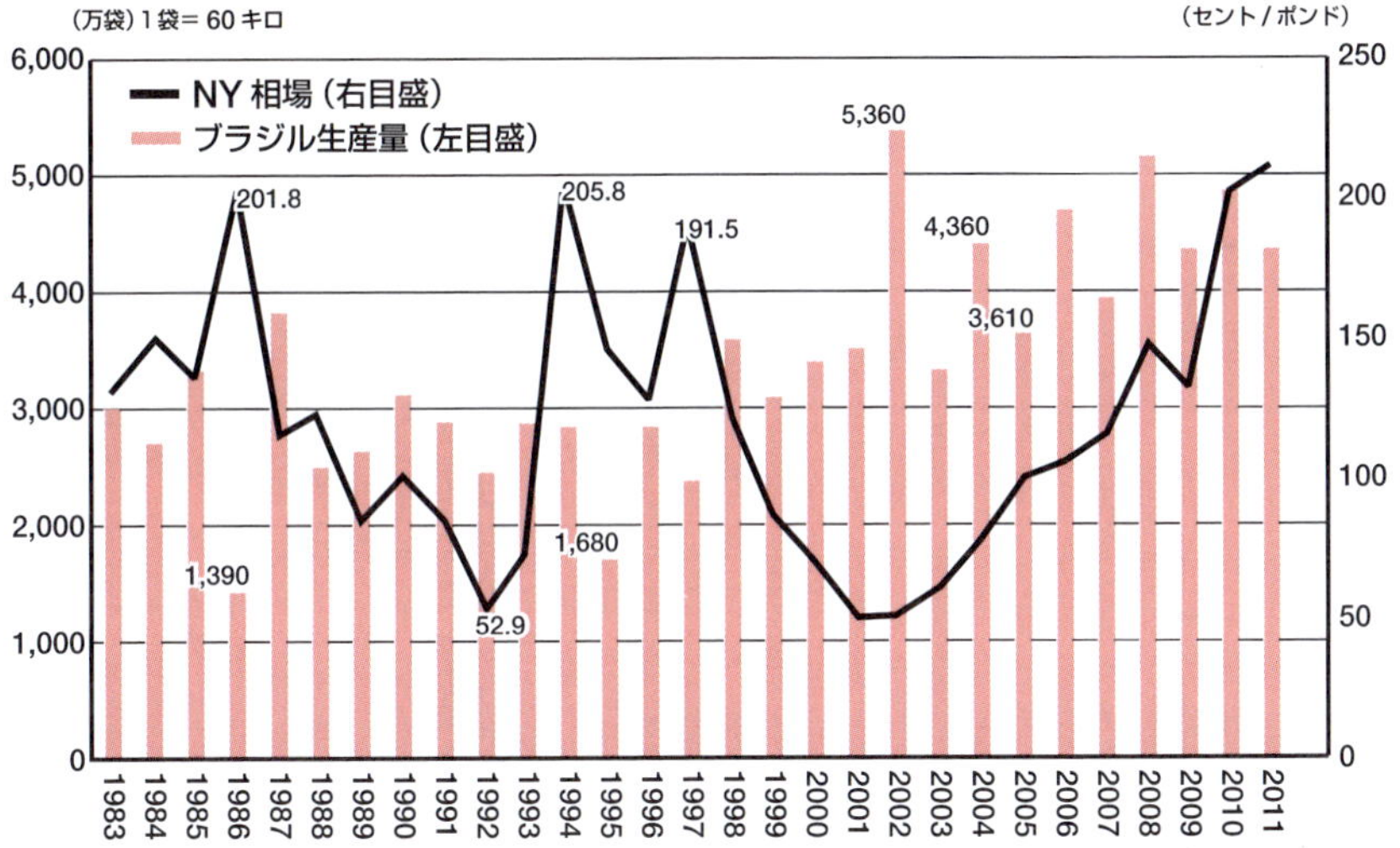
（万袋）1袋＝60キロ
（セント/ポンド）
NY相場（右目盛）
ブラジル生産量（左目盛）
6,000
5,000
4,000
3,000
2,000
1,000
0
250
200
150
100
50
0
201.8
205.8
191.5
52.9
5,360
4,360
3,610
1,390
1,680
1983
1984
1985
1986
1987
1988
1989
1990
1991
1992
1993
1994
1995
1996
1997
1998
1999
2000
2001
2002
2003
2004
2005
2006
2007
2008
2009
2010
2011

［出所］ニューヨークマーカンタイル取引所（NYMEX）

アフリカ、アジア諸国と協力し、コーヒー価格低迷に苦しむ生産国の問題などを解決することを呼びかけた。こうした価格の低迷を招いた要因には、米国が93年に国際コーヒー機関（ICO）から脱退したことがある。ICOは62年に価格の安定のため、生産国と消費国の協力により米国の主導で創設された機関である。

背景には当時、東西冷戦構造下にあって生産国を援助することでソ連化を防ぎたいとの米国の政治的意図があった。しかし89年、冷戦が終焉すると、米国はICOへの関与を放棄してきた。

それが一転して02年に、米国がICOに再加盟し、新たにコーヒー生産国に肩入れしようとした背景には、01年9月の同時多発テロを契機に、米国がイスラム原理主義に対する「テロとの戦争」を強く意識しだしたことがある。コーヒー価格が供給過剰にもかかわらず02年から8年間、上昇トレンドを辿ったのは、国際的問題に対するコーヒーという商品の政治財的な性格も指摘できよう。とすれば、11年以降の価格下落は、ブラジルの国力の回復を意味するのかもしれない。

水産資源

世界のシーフード・ブームと水産資源枯渇問題

……………高まる消費には養殖の増分で対応。海洋資源には問題山積

WHAT HAS OCCURRED TO THE RESOURCE?

CHAPTER 4-10

脚光の集まる魚食だが水産資源には危機が

1990年代半ば、当時のワールドウォッチ研究所のレスター・ブラウン所長は「誰が中国を養うのか」という論文を『フォーリン・アフェアーズ・リポート』誌に寄稿し、話題を呼んだ。経済発展する中国の旺盛な食料需要をみて、近い将来の食料不足問題を逸早く警告した論文であった。

これに対して当時の李鵬首相は、「中国を養うのは中国である」と反論し、中国全土で食料の大増産に打って出た。2000年での5億トンの生産を目標としたところ、96年には達成してしまった。これにより中国は1949年の建国以来の課題であった「飢餓の心配」から解放されることになった。

しかし、2000年代に入って経済が一段と成長し、肉などの消費が拡大すると再び食料不足懸念が生じるようになった。ただし、今度は豊かな食生活が維持できるかといった不安である。皮肉なことに飢えから逃れようと一生懸命努力し経済を発展させ、ようやく飢えから解放されたと思ったら、新たな食料不足が懸念されるようになったのである。

図4-26 中国の水産品生産量

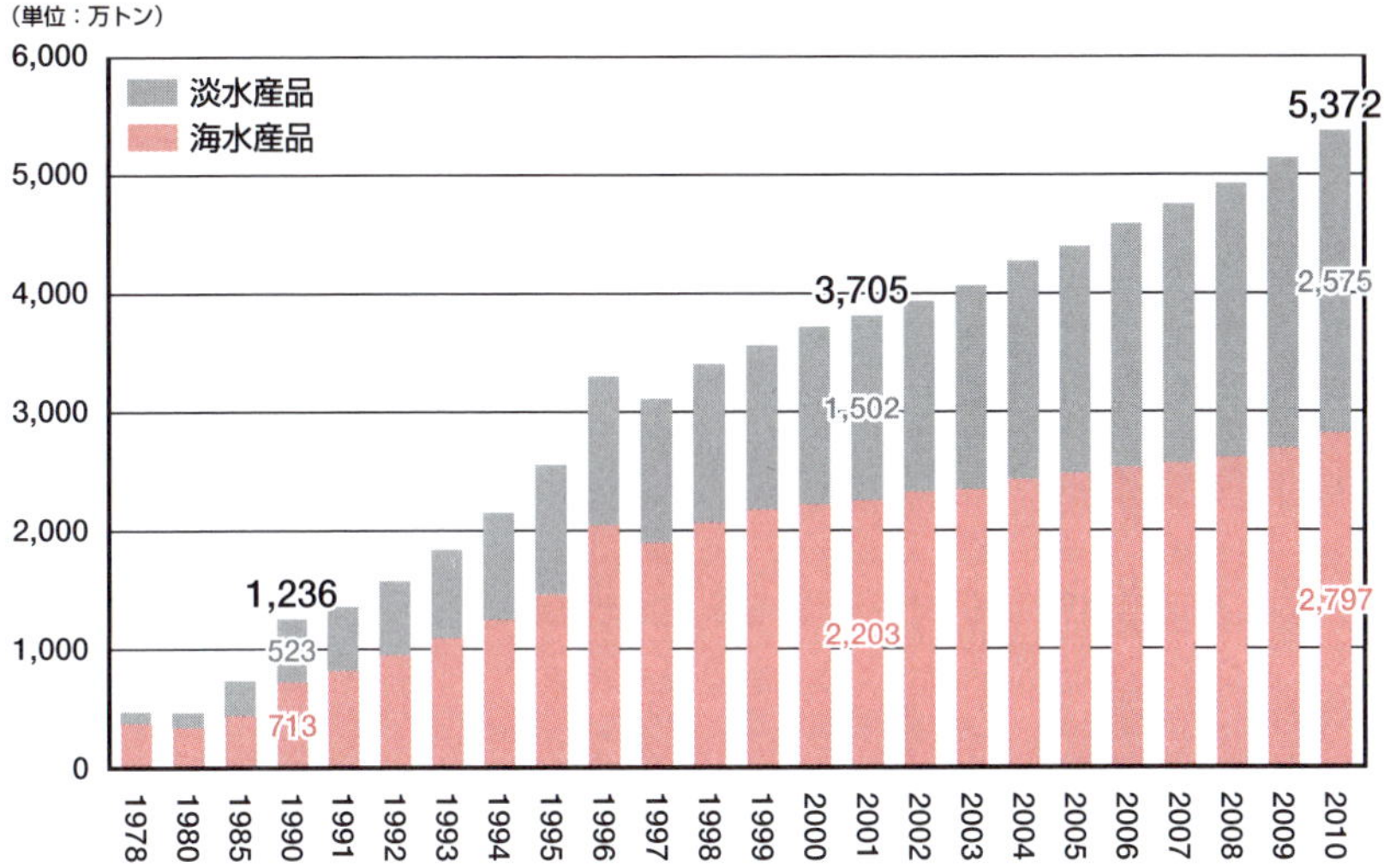

［出所］中国統計年鑑2011年版

中国ばかりではない。地球規模で再びレスター・ブラウンの指摘が現実味を帯びるようになった。

実は、レスター・ブラウンの警告は世界の漁業資源の状況から類推されたものであった。世界はシーフード・ブームにある。経済成長著しい中国や発展途上国の人々にとって、いまや魚はステイタス・シンボルともいえる食べ物だ。だが一方で、水産資源の枯渇が懸念されている。

国連食糧農業機関（FAO）によると世界の漁業・養殖生産量は、95年の1億2500万トンから09年の1億6288万トン（漁業8983万トン、養殖7304万トン）へと30%拡大している。

しかし増分のほとんどは養殖によるもので、海面での漁獲量は2000年以降、9000万トン前後で頭打ちにある。この内、中国が約5000万トンである（図4-26）。

レスター・ブラウンは、ある一定の水準を超えて漁獲すれば、漁業資源そのものが減少してしまうことを指摘していたのである。

全漁獲量の約3分の1を占め、多くの研究者が過大推計ではないかと指摘する中国を除くと、世界の海面漁獲量はむしろ減少傾向にある。

しかも海洋水産資源の約4分の1が過剰漁獲か枯渇の状態にあると言われる。すでに捕鯨問題やクロマグロなど国際的な漁獲規制の動きも強まっているのはご承知のことだろう。

漁業科学者であるフィリップ・キューリーと科学ジャーナリストのイヴ・ミズレーは『魚のいない海』(NTT出版)で、ニシンやタラの歴史をさかのぼって人類と魚との関わりや世界の漁業で何が起こっているかを分析している。気候変動における温室効果ガス排出と同様に、漁業資源は引き返すことのできないところまで来てしまったのではないかと危惧する。

この原因は、乱獲、混獲、爆弾漁法、シアン化物を使用した毒流し漁法、幽霊漁業(漁師が捨て去った漁箱、漁縄、ハエ縄などの仕掛けがいまだに機能している)などさまざまだ。ちなみに混獲とは、漁業における非対象魚の捕獲を意味する。いわば目的外だったこれらの魚は、生きたままであろうが死んだ状態であろうが海に投棄され、その量は全漁獲量の3分の1にも達するという。キューリーとミズレーは「水産資源は徐々にではなく、むしろ出し抜けに枯渇する。つまり、魚が突如として消滅し、それとともに漁業が行き詰まる」と警告している。

数字にも現れている日本の魚離れの現実

水産資源の枯渇問題について女性ジャーナリストのイザベラ・ロヴィーンも『沈黙の海』(新評論)で、スウェーデンとヨーロッパ近海で、ウナギの生息数がわずか20年あまりで99%以上減少したという実態を指摘している。

ウナギは地球上で最も古い生物のひとつで、先祖は2億年前にすでに存在していたが、それをほんのわずかな年月の間に現代人が絶滅に追いやろうとしているのである。

行政機関が漁業に対し不都合な調査結果を公表した

がらず、寛大な公的助成を行ってきた結果、ヨーロッパ全体で見た漁船の漁獲能力が持続可能な漁業を行うのに見合った能力を大幅に上回り続けていることも問題である。魚を海に投棄するときに海鳥の大群が漁船の上空で待ち構えており、ピンポイントの正確なダイビングで魚を一尾残さず捕まえてしまう。表向きの漁獲量の陰で投棄されている魚の数が膨大であることを知るべきであろう。

漁獲資源量減少のもう一つの可能性

なお、漁業資源の減少については、乱獲ばかりの問題ではないとの指摘もある。それがレジーム・シフトという考え方だ。海洋生物資源学者・川崎健の『イワシと気候変動』（岩波新書）によると、レジーム・シフトとは、「大気・海洋・海洋生態系から構成される地球環境システムの基本構造（レジーム）が、数十年の時間のスケールで転換（シフト）すること」だ。

川崎は、日本近海のイワシが1990年代に入って消滅した現象について、詳細なデータ分析に基づき地球環境システムの変動から説明する。それによると、世界の大気と海と海洋生態系は1つのシステムとして、数十年の時間スケールで調和の取れた運動をしている。

サケ、イワシ、ニシン、マグロなどの漁業に、大漁のときも不漁の時もあるのは、漁獲対象の生物量自体が大きく変動するためだと指摘する。こうした状況下、過剰な漁獲圧力によって、レジーム・シフトの変動システムが乱されたり、壊されたりすることが「乱獲」なのだという。川崎理論によって、長年論争されてきた水産資源の「乱獲」と「変動」の問題が統一的に理解されるようになった。

では、我々はどう対応したら良いのか。レジーム・シフト理論からは、水産資源の枯渇問題は、沿海国における個別資源の管理という従来の考え方から、国際協調による生態系の持続的な利用という考え方にシフトすべきであるという提案になる。

日本の漁業はどうなっているのか。世界のシーフード・ブームとは反対に、多くの専門家により指摘され

図4-27 魚介類の1人当たり消費量（2003～05年平均）

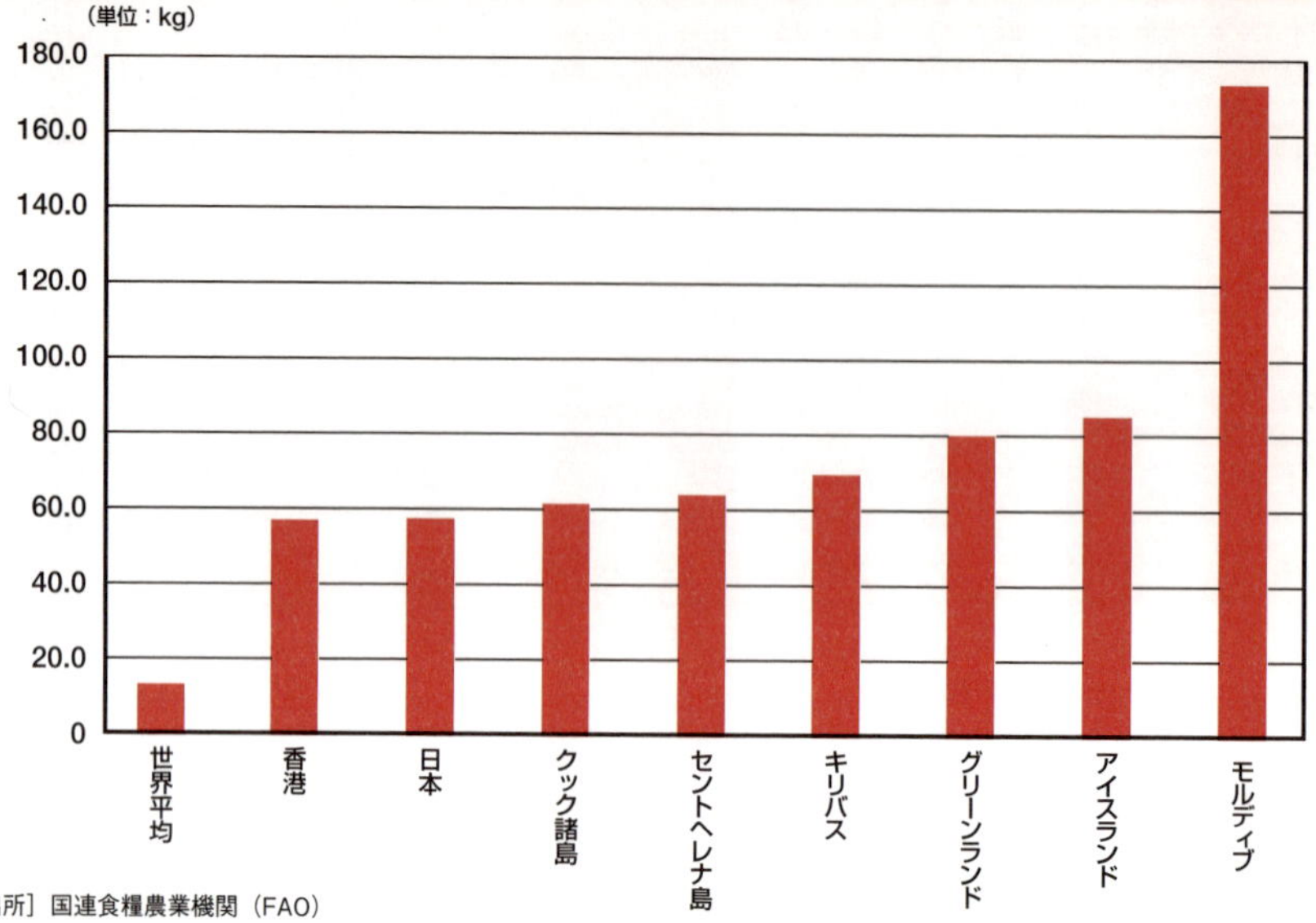
（単位：kg）
180.0
160.0
140.0
120.0
100.0
80.0
60.0
40.0
20.0
0
世界平均
香港
日本
クック諸島
セントヘレナ島
キリバス
グリーンランド
アイスランド
モルディブ

［出所］国連食糧農業機関（FAO）

るのは消費者の魚離れ、水産資源の枯渇問題に伴う生産量の減少、魚価低迷、漁業就労者数の減少と高齢化、水産物輸入の増加など日本農業と同じような漁業衰退の姿である。

実際、1人当たりの魚介類消費量は、70年～95年の年間70kgから08年には56kgと、60kgを割り込んだ。魚食大国ニッポンの「魚離れ」が進んでいる。

これを受けて、日本の漁業生産高も、84年の1286万トンから08年には559万トンにまで減少している。もちろんこの背景には、魚離れの他にも、200カイリ（約370㎞）排他的経済水域設定による遠洋漁業の衰退やマイワシ資源の減少、原油価格高騰と燃料コスト上昇、魚価低迷などさまざまな要因がある。

しかし、アジアはじめ世界的なシーフード・ブーム（魚食革命）下で日本の地位低下が目立つ。その象徴が水産物輸入の際の中国などとの買い負けである。漁業においても強い政治力が問われていると言えよう。

章まとめ＆今後①

食料安全保障と主要国の農業政策

……食料自給率低下を問題視し、他国に学ぶ姿勢が必要

WHAT HAS OCCURRED TO THE RESOURCE?

CHAPTER 4-11

他国とは異なる食料安全保障の定義

食料の安全保障については必ずしも国際社会で認識が一致しているわけではない。言葉の概念の整理が必要である。

食料安全保障（フードセキュリティー）といった場合、日本で想起されるのは食料自給率の低さの問題であり、不測の事態に「量の確保」ができるのかといった問題である。

これに対して、国際社会においては、食品の安全を指す場合が多く、また途上国の食料不足や貧困問題に対し、どのように対処するかといったフードスタンプ（食料配給）の問題であり、食料を数量的に扱う概念はない。

ちなみに、穀物価格が高騰する中、２００８年６月および09年1月に開催されたＦＡＯ（国連食糧農業機関）での「世界の食料安全保障に関するハイレベル会合宣言」や08年7月のＧ８洞爺湖サミットでの「世界の食料安全保障に関するＧ８声明」、などは、飢餓・栄養不足に苦しむ途上国に対する対応を謳ったものである。

２０１２年にＯＥＣＤ・ＦＡＯが提出した「グローバ

図4-28 穀物の自給力とは？ 〜いかに「溜め」をつくるか〜

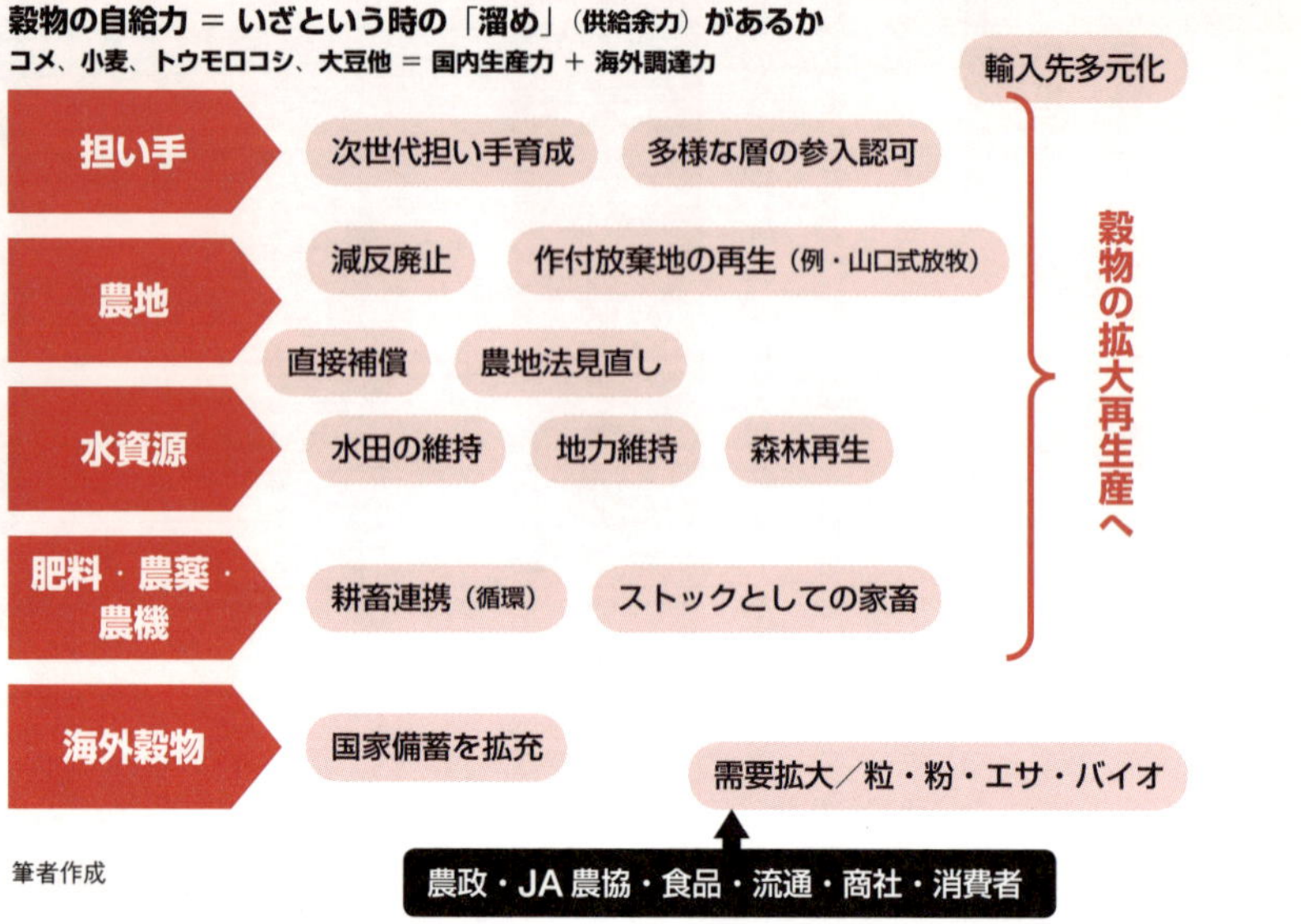
穀物の自給力 = いざという時の「溜め」（供給余力）があるか
コメ、小麦、トウモロコシ、大豆他 = 国内生産力 + 海外調達力
輸入先多元化
担い手
次世代担い手育成
多様な層の参入認可
農地
減反廃止
作付放棄地の再生（例・山口式放牧）
直接補償
農地法見直し
水資源
水田の維持
地力維持
森林再生
肥料・農薬・農機
耕畜連携（循環）
ストックとしての家畜
海外穀物
国家備蓄を拡充
穀物の拡大再生産へ
需要拡大／粒・粉・エサ・バイオ
農政・JA農協・食品・流通・商社・消費者

［出所］筆者作成

ル・モニターリング報告」も、ここ数年の食料価格の上昇により、世界の栄養不足人口が拡大してしまうことに如何に対処するかといった内容である。

いずれの対策も、短期的には、投機マネーの抑制、情報の透明化を図ること、緊急食料援助や農産物貿易の改善であり、中・長期的対策としては、共同備蓄、小規模灌漑や人材育成などの農業投資を増加することで農業生産性の向上や食料増産につなげるものである。

日本においては、こうした途上国を支援し食料供給力を高めることで、間接的に自国の食料安全保障を担保しようという考えもある。

食料輸入に依存する他国はどのような政策を採っている？

とはいえ、主要国はどのような食料安全保障政策をとっているのだろうか。この点については、財団法人農政調査委員会『平成19年度　食料安全保障に係る情勢分析に関する報告書』が参考になる（筆者も検討委員会に加わった）。

対象国は、スイス、韓国、イギリス、フランス、ドイツ、ブラジル、アルゼンチン、アメリカ、カナダ、オーストラリア、ノルウェー、中国、インド、ロシアの14カ国だ。

これらのうち、日本と同様に食料輸入に依存している国（スイス、韓国）および日本と貿易関係の深い食料輸出国（アメリカ、オーストラリア）の政策の特徴を紹介しよう。

【スイス】
・エネルギーなど食料品以外の品目を含む包括的な安全保障政策である。
・家庭と企業に平常時の義務的備蓄（自由意思と強制によるものがある）。
・企業の買いだめ禁止・出荷義務、価格水準の監視、生産転換など。

【韓国】
・コメは自給を原則とし、年間消費量の12～13％を2年間、公共備蓄。
・小麦、大麦、大豆は価格支持制度を導入。

【アメリカ】
・食料不足に対する備えとしての食料安全保障政策はない。
・食料備蓄に関しては商品金融公社（ＣＣＣ）による穀物の保管があるが、これは市場価格の下落に歯止めをかけるための制度である。
・最貧困層に対する援助として、フードスタンプなどの制度がある。

【オーストラリア】
・食料安全保障に限らず、農業に関する政策介入はない。一方、土壌保全、干ばつ対策など豊かな農業生産基盤を保全する政策はある。

なお、イギリスやフランス、ドイツなどＥＵ加盟国については、共通農業政策（ＣＡＰ）があるため、食料供給の広範囲かつ長期にわたる途絶リスクはあまり想定されておらず、むしろ流通を含む食品産業のサプライチェーンへの信頼とその円滑な機能の維持に力点が置かれている。

図4-29 **諸外国と日本の食料自給率（カロリーベース）**

（単位：%）

	2004年	2005年	2006年	2007年
オーストラリア	238	245	172	173
カナダ	160	173	185	168
フランス	135	129	121	111
ドイツ	94	85	77	80
イタリア	73	70	61	63
韓国	47	45	45	44
オランダ	67	62	78	75
スペイン	90	73	81	82
スウェーデン	88	81	79	78
スイス	54	56	52	52
英国	69	69	69	65
アメリカ	122	123	120	124
日本	40	40	39	40

［出所］農林水産省ホームページ「食料自給率の部屋」

40年で半減した食料自給率 日本に課せられた大きな課題

一方、日本は食料安全保障についてどのような考え方をしているのだろうか。農林水産省によると、2010年度の食料自給率（カロリーベース）は39%と再び40%を割り込んだ。高温、多雨などの天候不順によりてん菜や小麦、イモ類の生産が減少したとの理由だ。自給率の低下は2年連続である。

食料自給率は、国内で消費している食料の内、どの程度国内生産で賄ったかを示す数字である。79年に約80%あった自給率はその後ほぼ一貫して低下し、97年には40%と、40年弱で半分になった。

アメリカの128%、フランス122%、ドイツ84%、イギリス70%（いずれも03年）と比べても極端に低い。政府は長期的には食料自給率を50%まで引き上げるというが、日本の抱えた食料・農業問題は、たかだか自給率を10%引き上げるといったレベルで解消されるものではない。

章まとめ＆今後②

食糧危機にどう備えるか 国内資源のフル活用を図れ

……日本の食料安全保障をどう確保するか、TPPの問題は？

WHAT HAS OCCURRED TO THE RESOURCE?

CHAPTER 4-12

食料を疎かにする国は滅びる ヨーロッパの教訓

主要国における食料・農業の位置づけを日本と比較してみると改めて驚かされる（図4-30）。人口約1億3000万人弱の日本の穀物生産量は1000万トン程度だ。毎年3000万トンの穀物を輸入している。

この点、韓国も人口4800万人に対しコメ生産量は500万トンで、毎年800万トンのトウモロコシを輸入しているなど、日本農業は韓国と酷似している。

これに対し、人口6000万人のイギリスは、日本の半分の国土で3000万トンの穀物を生産している。工業国としてのイメージの強いドイツは、8200万人の人口で5500万トンの穀物を生産している。日本の10倍以上の人口を抱えた中国であるが、日本の50倍の5億トン強の穀物を生産している。

しかも、これら諸国のGDPはいずれも世界上位5カ国に入る経済大国だ。実は日本が経済規模の割には食糧生産小国で済んでいるのは、年間約3000万トンの穀物（トウモロコシ1600万トン、食用小麦500万トン、飼料用小麦230万トン、大豆300万トンなど）を恒常的に輸入しているためである。言わば、過剰と不足が併存するなか、不足する穀物を前提にした上で初めてコメなどが過剰であると言えるのである。

ヨーロッパには「農業を疎かにする国は滅びる」という歴史的な考えが根付いていると言う。ヨーロッパの国々は経済大国の道と食料生産の道をしっかりと両立させてきたのである。改めて日本という国を振り返ると、ひたすら工業化による経済大国を目指す一方、結果として「農業」が疎かにされてきたとも言える。それは、自然に対する畏敬の念や他人に対する思いやりの文化をも失ってきた道でもある。

日本は、これまで食料に関しては「安い価格」、「安全な品質」、「安定した供給」の「３つの安定」を同時に得ることができた（**図4-31**）。しかし、ここ数年の穀物価格の高騰とその背景にある中長期的な需給の逼《ひっ》迫《ぱく》は、日本の消費者が当たり前と思ってきた「３つの安定」が脅かされる時代に入っている。現在の世界的な経済危機と食料危機は、日本にとって「農業」を根本的に立て直す時期が来ていると言えよう。

トウモロコシ価格の上昇に経営を圧迫される畜産農家

穀物価格の高騰は、２つの面から日本に影響を及ぼすことになろう。１つは、家計にとっての食料品価格の上昇であり、他は日本農業を見直す動きである。

２００７～08年の穀物高騰時には、円相場が各１ドル１１７円、１０３円と円安のため食料品価格の上昇に繋がった。今回は80円を割る超円高もあって、これまでのところ食卓への影響は限られている。

しかし、すでに民主党政権下でこの超円高が2年近く続いており、今回の穀物価格の高騰は直接、食品メーカーの原料コストを押し上げる。さらに、安部自民党政権は円高是正を政権公約に掲げ、日銀には「インフレ目標２％」を迫っており、すでに２０１２年末の為替市場では、１ドル85円まで円安が進行、90円台をも視野に入れた動きとなっている。

もはや、食品メーカーや生産者のコスト競争は限界であり価格転嫁をせざるを得ない。政府の小麦売り渡

図4-30 主要国の食糧生産比較

	小麦	粗粒穀物	コメ	油糧種子	合計	人口	国土（日本比）	GDP（2007）	GDP（順位）
米国	68	324	7	88	490	300	25.0	13.8	1
中国	113	164	131	58	470	1,330	25.0	3.3	4
インド	78	38	98	33	250	1,140	19.0	1.2	12
ロシア	63	40		8	110	140	45.0	1.3	11
ブラジル		58	8	63	139	190	23.0	1.3	10
アルゼンチン	11	25		56	95	40	7.0	0.2	
カナダ	27	26		14	70	30	26.0	1.3	9
豪州	20	10		2	35	10	20.0	0.8	15
フランス	39	30		6	75	60	1.5	2.6	6
ドイツ	26	24		5	55	80	0.9	3.3	3
英国	17	7		2	30	60	0.5	2.7	5
スペイン	7	16			25	40	1.3	2.1	8
イタリア	10	11	1	1	25	60	0.8	1.4	7
日本	1		8		10	130	1.0	4.4	2
世界	700	1,100	400	400	2,600	67 億人	1.4 億 km^2	54 兆ドル	

日本の基本データ		
GDP	512 兆円（H18 年度）	
農業総生産	4.7 兆円（H18 年度）	ピークは 7.9 兆円（H 2 年度）
農業人口	3 百万人	ピークは 15 百万人（S35 年度）
コメの生産量	8.8 百万トン（H20 年見込）	ピークは 14.5 百万トン（S42 年度）
耕地面積	4.7 百万ヘクタール	ピークは 6.1 百万ヘクタール（S36 年度）
耕地放棄地	40 万ヘクタール	

［出所］筆者作成

図4-31 日本が追求してきた「3つの安定」が脅かされる

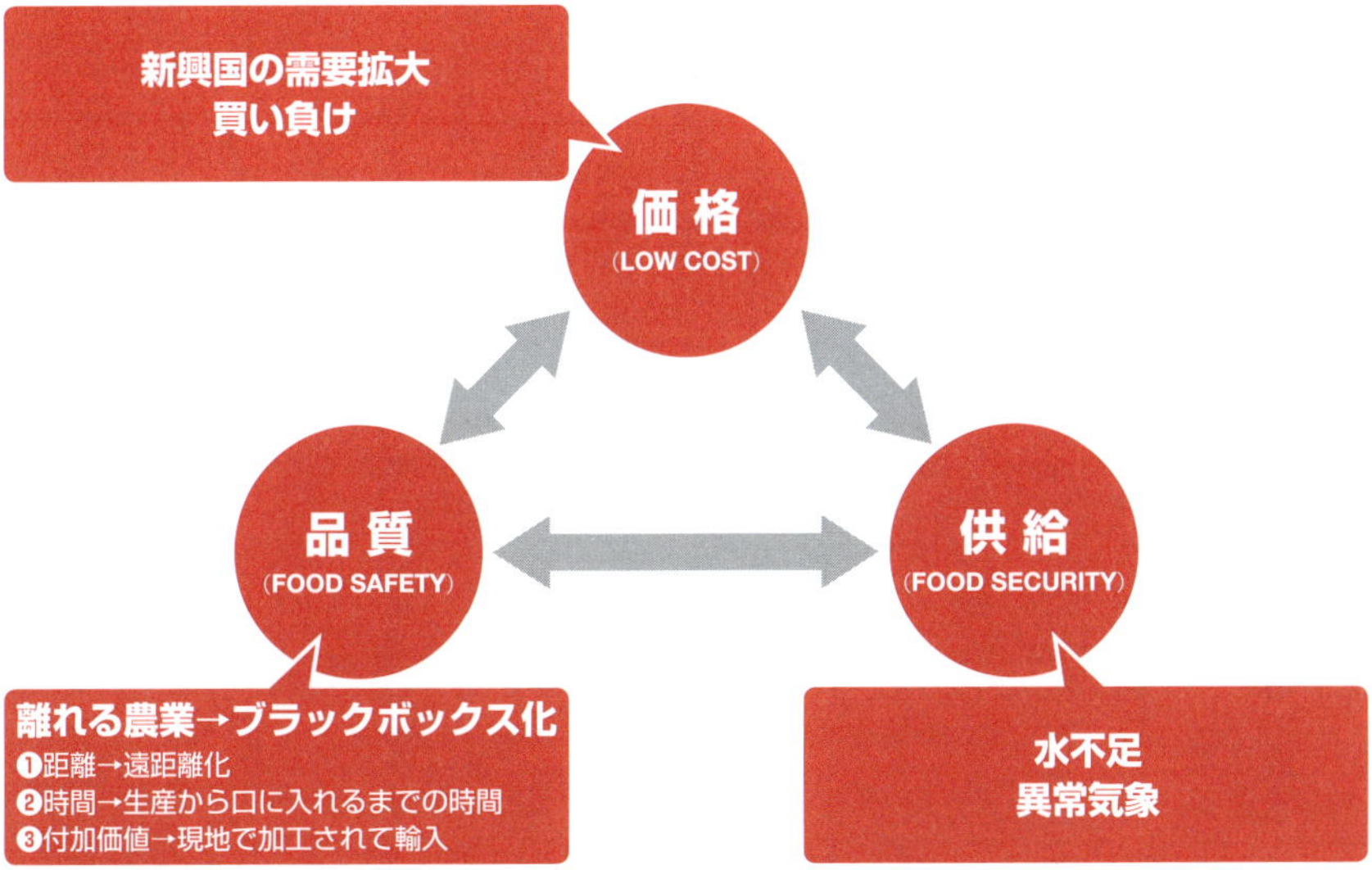
新興国の需要拡大
買い負け
価格
（LOW COST）
品質
（FOOD SAFETY）
供給
（FOOD SECURITY）
離れる農業→ブラックボックス化
❶距離→遠距離化
❷時間→生産から口に入れるまでの時間
❸付加価値→現地で加工されて輸入
水不足
異常気象

［出所］筆者作成

し価格の本格的な上昇は2012年4月の価格改定時に進む可能性が高い。

日本の畜産農家や酪農家にとっても、トウモロコシ価格の上昇はもはや経営の死活問題である。過去30年以上にわたり、日本は年間2400～2600万トンの配合飼料を家畜のエサとして供給している。このうちの半分がトウモロコシであり、輸入量の9割強を米国に依存している。ここ数年のトウモロコシ価格の高騰により、すでに畜産農家の生産費に占める飼料代の比率は4～6割に達しており、酪農家を含めた経営が圧迫されている。

ちなみに、2007年～11年の5年間で見ても、日本の肉用牛の飼養頭数は289万頭から273万頭に▲5・5％減少しているが、この間の飼養農家戸数の減少幅▲18・7％（8・04⇒6・54万戸）と大きいため、1農家当り飼養頭数は増え、大規模化している格好となっている。しかし、わずかに増えているのは北海道だけで、都府県の肉用牛農業は衰退が加速している。この傾向は養豚、養鶏、酪農においても変わりがない。

社会の安定装置としての農業 地域資源の丸ごと保全を図れ

食料品への価格転嫁が広がるとともに、国内の生産力を見直す動きが強まろう。

現在の日本農業はこうした要請に応えることができるであろうか。日本の農業も干ばつのリスクから無縁ではない。農林水産省によると、過去10年間をみても、沖縄を除くすべての都道府県で渇水時の調整（渇水調整協議会の開催）を行っている。

私は2012年8月、石川県と新潟県の土地改良区を訪れる機会があった。土地改良区とは1949年に制定された土地改良法により、一定の地区内で土地改良事業を行うことを目的として設立された法人だ。主な活動は農地の圃場整備や農業用のため池や水路などの維持や管理を行うことである。全国で組織され「水土里（みどり）ネット」の愛称で呼ばれている。

日本の農業用水の歴史を辿ると、川からの取水ルールは、干ばつ時の水争いの長い歴史を経て、社会慣行

図4-32　大豆・穀物のさまざまな用途

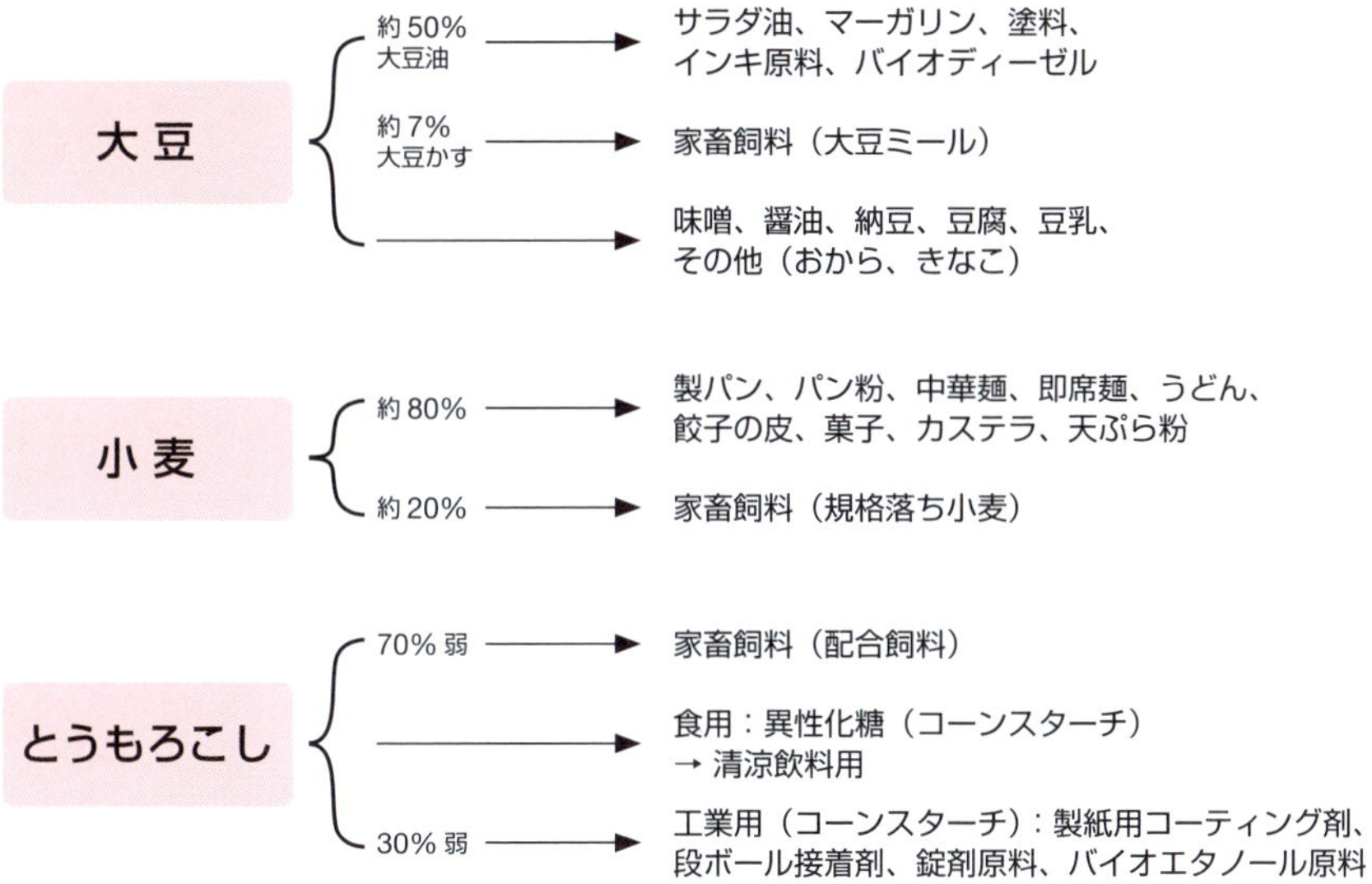
大豆
約50%
大豆油
サラダ油、マーガリン、塗料、
インキ原料、バイオディーゼル
約7%
大豆かす
家畜飼料（大豆ミール）
味噌、醤油、納豆、豆腐、豆乳、
その他（おから、きなこ）
小麦
約80%
製パン、パン粉、中華麺、即席麺、うどん、
餃子の皮、菓子、カステラ、天ぷら粉
約20%
家畜飼料（規格落ち小麦）
とうもろこし
70%弱
家畜飼料（配合飼料）
食用：異性化糖（コーンスターチ）
→清涼飲料用
30%弱
工業用（コーンスターチ）：製紙用コーティング剤、
段ボール接着剤、錠剤原料、バイオエタノール原料

［出所］筆者作成

として形成されてきた。戦後は、土地改良事業を通じた農業水利の再編と他種利水との調整が図られている。

今回訪れた石川県の手取川七カ用水土地改良区の名は、氾濫を繰り返しながら「七たび水路を変えた」暴れ川の伝承に由来。水量が豊かでも水争いが絶えなかったとのことだ。また、新潟県の加治川沿岸土地改良区では、「降れば洪水、降らねば干ばつ」という加治川の渇水時の農業水利をめぐって、番水（節水のための排水管理）がいまも行われている。

これら土地改良区の委員の悩みは農家の離農である。地域の共有財産である農業用水は、集落内の共同作業ではじめて維持可能だ。しかし、最近は20～60戸からなる多くの集落で、1、2戸の農家しか残っていないと言う。これまでは、離農者が出れば農地を請け負う農家もあったが、いまは請け負った農家にも離農者が増えている。高齢化が最大の理由だが、背景には40年にわたる生産調整があると言えよう。

これ以上、生産調整を続ければ、農家は農業の将来に対する意欲を失う。それは同時に、耕作放棄地の増加や農業水利秩序の崩壊、水源涵養林の荒廃など、地域資源の崩壊に直結する。

農業用水という精緻なインフラが維持されても、肝心の農家がいなければ元も子もない。政府は、早急にこれら地域資源を丸ごと保全する方向に政策転換し、喫緊の食糧危機に備えるべきである。

第5章

産業に与える影響は？
―採掘資源の現在と未来を考える

金属の分類・特性

経済情勢とリンクする鉱物価格も均衡点は上昇

……他資源同様、新興国の爆発的な需要増で均衡点シフトへ

WHAT HAS OCCURRED TO THE RESOURCE?

CHAPTER 5-1

産業に欠かせない金属は大きく鉄と非鉄に分けられる

本章では、産業に直結するような鉄や非鉄金属などの鉱物資源、あるいは近年ではほぼ毎日耳にする、レアメタルなどについて触れていく。

金属にはさまざまな種類がある。しかし、鉄以外の金属材料の生産総量は、鉄鋼材料の生産量に比べて圧倒的に少ない。そのため、金属は産業分類上、「鉄」(ferrous metal)と「非鉄金属」(nonferrous metal)に区分されることが多い。

非鉄金属とは、鉄及び鉄を主成分とした合金以外の金属の総称と考えることができる。

非鉄金属のうち、金、白金族などのように産出量が少なく、空気中で酸化せず、化学変化を受けにくい性質がある金属は、他の金属に比べて高価なため、「貴金属」(precious metal)と呼ばれる。

この貴金属と逆の性質をもつ一般の金属を「卑金属」または産業的に使用量が多いことから「ベースメタル」(base metal)と呼ぶが、この概念は貴金属に対する対義語であり、ほとんどの金属は空気中で酸化しやすい性質を持つため、卑金属・ベースメタルに属すること

図5-1 金属の分類

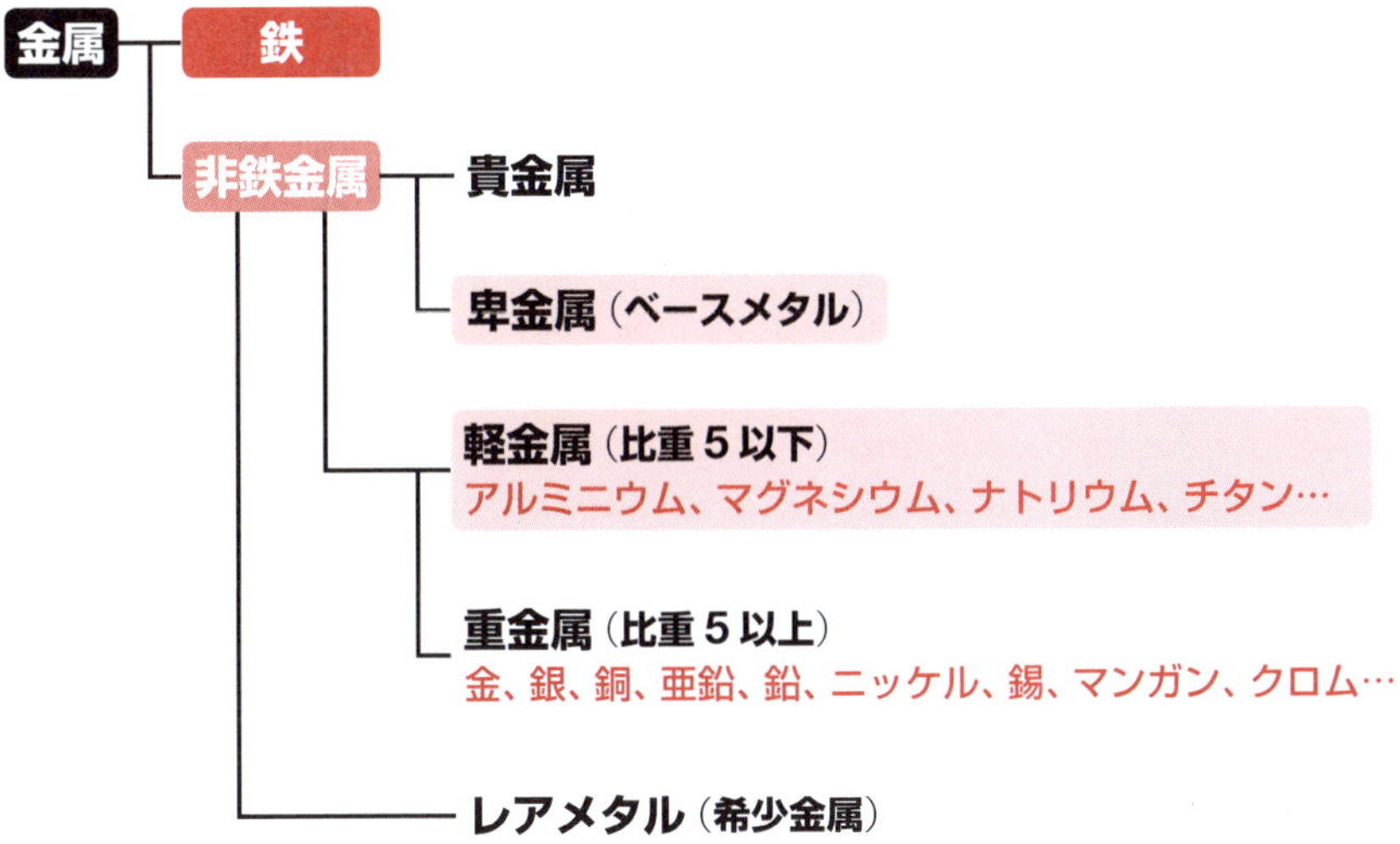
金属
鉄
非鉄金属
貴金属
卑金属（ベースメタル）
軽金属（比重５以下）
アルミニウム、マグネシウム、ナトリウム、チタン…
重金属（比重５以上）
金、銀、銅、亜鉛、鉛、ニッケル、錫、マンガン、クロム…
レアメタル（希少金属）

［出所］筆者作成

になる。

貴金属と卑金属の分類とは別に、非鉄金属は比重によって、「軽金属」（light metal）と「重金属」（heavy metal）に分類することもできる。一般に、比重4以上の金属を「重金属」、比重4ないし5以下の金属を「軽金属」と呼ぶ。

比重とは、ある物質の質量が同体積の摂氏4度の水の質量の何倍かを示す比のことだ。なお、チタンは比重4・5であるが、軽金属に分類されるのが一般的である。純鉄の比重は7・86である。

軽金属は重金属に比べると種類は少ない。産業素材として用いられる代表的な軽金属としては、アルミニウム（2・70）、マグネシウム（1・74）、ナトリウム（0・97）、チタン（4・5）などを挙げることができる（カッコ内の数値は比重）。

同じく産業素材として重要な重金属としては、金（19・3）、銀（10・5）、銅（8・9）、亜鉛（7・14）、鉛（11・3）、マンガン（7・2）、クロム（7・0）、水銀（13・546）などが挙げられる。

基準が曖昧なレアメタル大量にあったチタンなどの例も

地球上に少量しか存在せず、単体として取り出すことが技術的に困難で、採掘や精錬の費用が高い金属を、「希少金属」と呼ぶ。一般には、レアメタル（rare metal）という言葉でよく知られているだろう。

しかし希少金属と普通金属との明確な区分がある訳ではなく、チタンのように近年になって地球上に大量に存在することが確認され、希少と呼ぶのにふさわしくなくなったものもある。

原油や穀物でみられた「均衡点価格の変化」は、鉱物資源でも例外ではない。中でも中国の需要急増による価格押し上げの影響が大きい。

問題は、中国など新興国の資源多消費型成長がいつまで持続するかということだ。中国の人口13・4億人一人当たりの資源消費量をどうみるかで判断が分かれる。13億人を抱えた一国全体としてみた場合、すでに中国の資源の生産・消費量は膨大であり、成長には限界がある。しかし、それを13億人の人口で割ってみると、中国の資源生産・消費量は日本と比べても大したことはない。例えば、２００９年時点の鉄の消費量でいえば、中国（年間２７０キロ）は日本（同約６５０キロ）の半分以下に過ぎず、キャッチアップはこれからだ。

ただ、２０１１年の中国の粗鋼生産はすでに7億トンに達したことから、１人当たり年間鋼材消費量は４５５kgとなり、日本の５３８kgに近付いている。

「掛け算の世界」に突入した資源の需要ショック

実は、２０００年以降、国際資源市場で起こったことは、中国・インドなどの人口大国が、限られた資源を人口数で割って使っていた１９９０年代までの「割り算の世界」から、１人ひとりが、先進国並みの資源消費量を求めていく「掛け算の世界」に突入したことによる「需要ショック」といえよう。

これは時間の流れのように後戻りのない不可逆的な動きであり、中国・インドの人口規模を考慮した場合、

図5-2　需要強度と技術革新

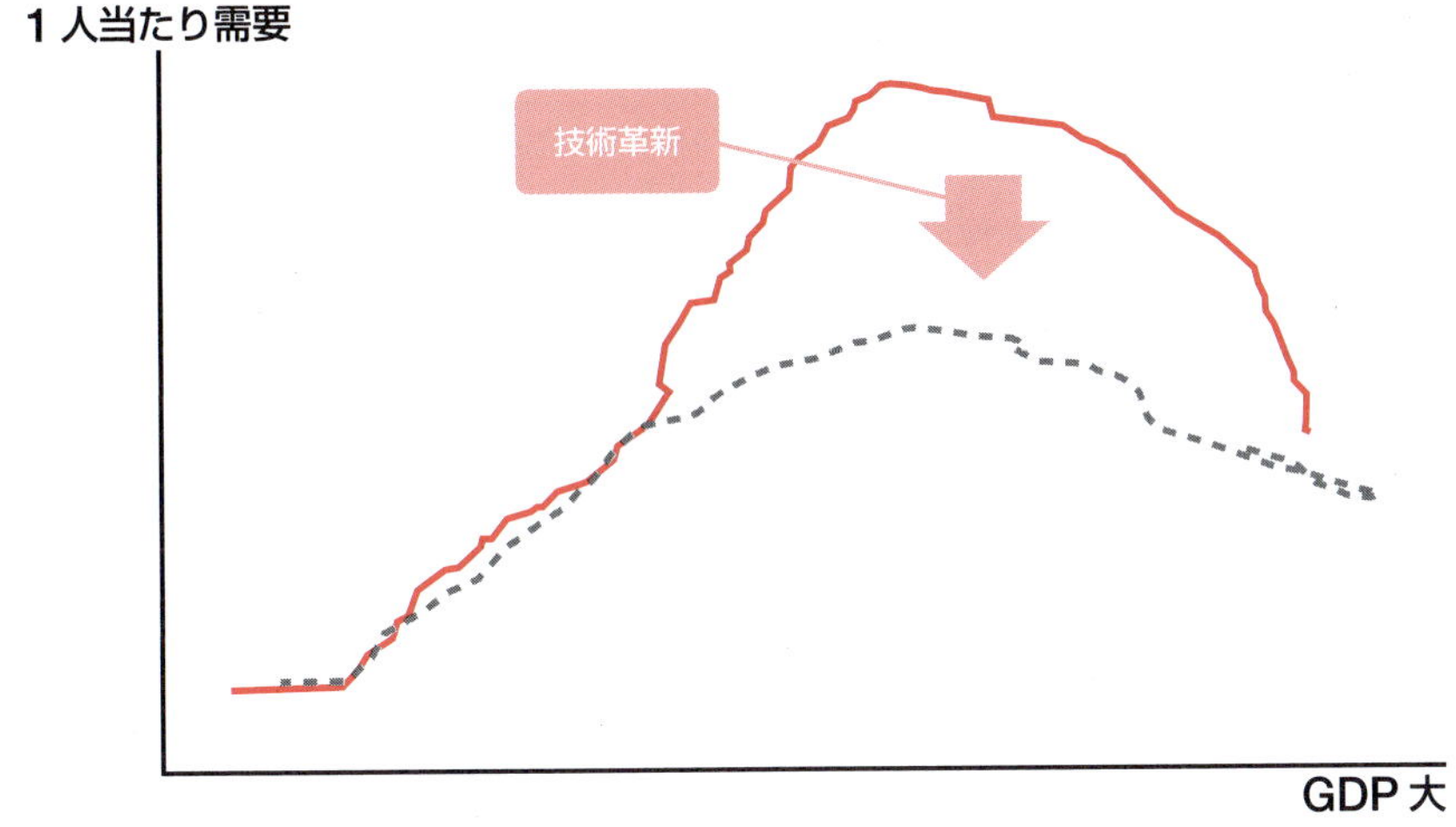

［出所］筆者作成

今後長期にわたる国際商品市況の上昇トレンドの始まりであったと言えよう。

1人当たりGDPと鉄鋼消費量の関係を、主な先進国および発展途上国についてみてみると、1人当たり消費量は急激に拡大する。現在、中国、インドなどは、まさにこの成長局面にある。BRICsに牽引された5%前後の世界経済成長が10年間累積した場合、資源市場へのインパクトは測り知れない。

中国だけを取り上げてみても、世界の2000~11年の粗鋼生産の伸び約7億トンのうち、約85%の5億6000万トンが同国によるものである。同様に資源の塊とも言える世界の自動車生産台数の伸び（2267万台）の72%（1635万台）は、中国一国の伸びである。ここ数年の多くの資源価格の高騰は、こうした中国の累積的な資源消費量による面が大きい。

通常、一人当たりGDPが3000ドルを超えれば、鉄鋼消費量も急増する局面にある。中国はすでに11年で5000ドルを超えており、資源需要の伸びもそろそろ頭打ち傾向に向かう局面ではある。

鉄鉱石・石炭

一段とプレゼンスを高める中国の鉄鋼業

……鉄鋼業の急速な発展から原料資源も価格高騰している

WHAT HAS OCCURRED TO THE RESOURCE?

CHAPTER 5-2

「鉄が鉄を呼ぶ」中国の鉄鋼需要

中国鉄鋼業は2000年代に入って、毎年5000万〜1億トンを上回るペースで生産が拡大している。まさに「鉄が鉄を呼ぶ」形で鉄鋼多消費型の高度成長ステージに入っている。しかし、粗鋼生産が急拡大するに伴って、近年、鉄鉱石をはじめ石炭（原料炭）、鉄スクラップなどの輸入が急増し、新たなボトルネックを生み出したことも事実だ。

89年に1241万トンだった中国の鉄鉱石輸入は、02年に1億トンを突破し（図5-3）、04年には2億トンに達し、08年は6億トンを超えた。11年は6億8608万トンだ。

これは、鉄鋼需要の急速な拡大もさることながら、中国で生産される鉄鉱石の大半が貧鉱（鉄分含有率は平均30％程度）で、日本の輸入する鉄鉱石の同比率約60％と比べ大きく見劣りし、大型高炉の原料には適さないためでもある（ちなみに、中国には鉄鉱石採掘会社が4262社あり、10年時点では10億6470万トンの鉄鉱石の生産を行う、世界一の鉄鉱石生産国でもある）。

中国の鉄鉱石輸入の急増により、過去30年にわたり

図5-3　中国の鉄鉱石輸入の推移

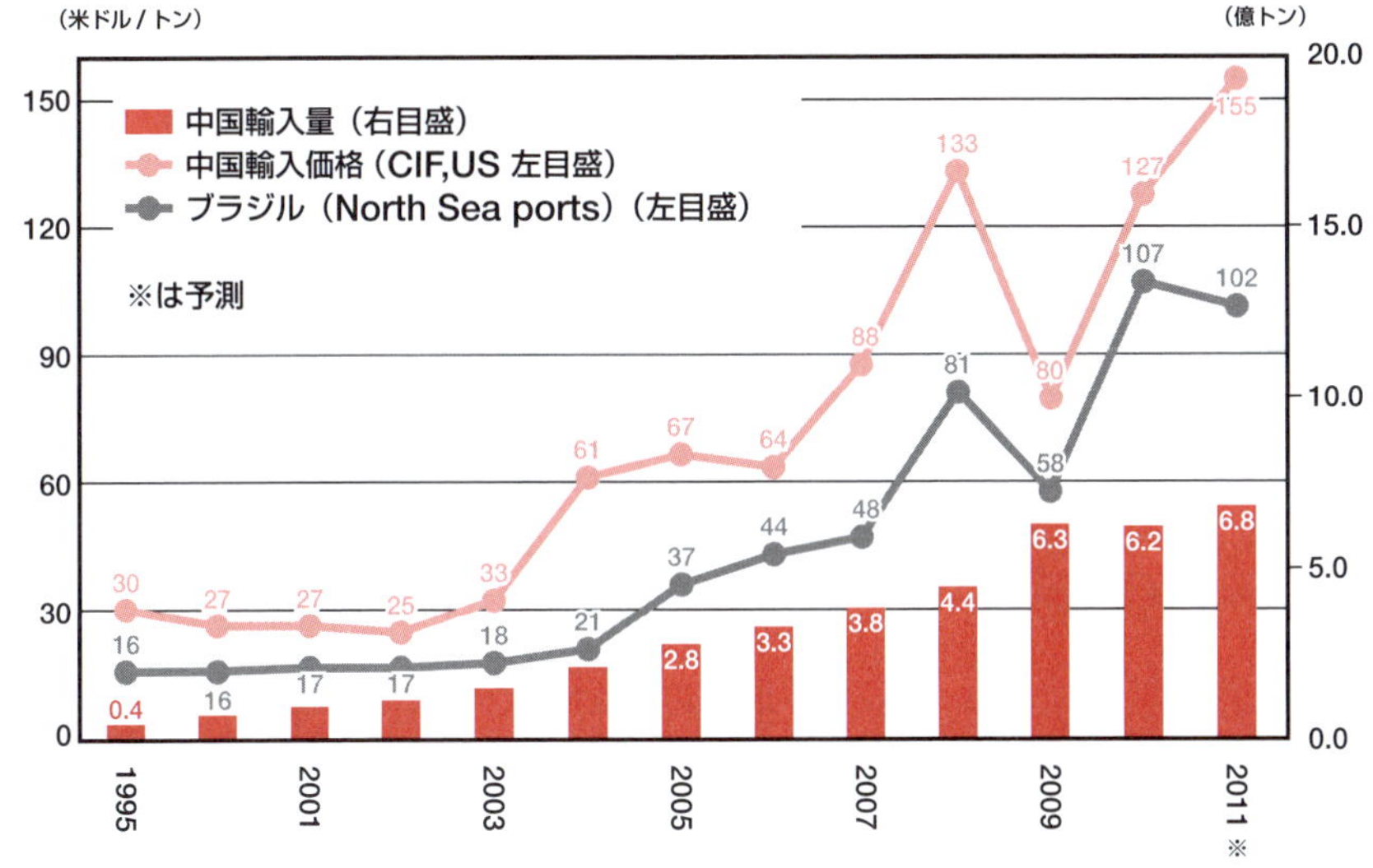
（米ドル／トン）
（億トン）
中国輸入量（右目盛）
中国輸入価格（CIF,US 左目盛）
ブラジル（North Sea ports）（左目盛）
※は予測
150
120
90
60
30
0
20.0
15.0
10.0
5.0
0.0
1995
2001
2003
2005
2007
2009
2011※
30 27 27 25 33 61 67 64 88 133 80 127 155
16 16 17 17 18 21 37 44 48 81 58 107 102
0.4 2.8 3.3 3.8 4.4 6.3 6.2 6.8

［出所］IMF"International Financial"、CEIC 等より作成。

4億トン台で推移していた世界の鉄鉱石貿易量は、すでに10億トンを突破している。

さらに、粗鋼生産の拡大は、原料スクラップや製鉄に不可欠なコークス用原料炭の輸入を増加させる。中国では電力不足が伝えられる中、石炭需要が拡大すると共に、原料炭にも需要が高まり不足が目立つようになった（図5-4）。このため、沿岸地域の製鉄所を中心に早晩、原料炭の輸入が本格化するとみられる。国際的な原料炭需給の逼迫は、すでに価格面に表れており、過去30年間、トン当たり30ドル前後で推移してきた石炭価格は、08年は１３３ドルに上昇。その後、80ドル台まで下げたものの、10年には１５０ドル近辺まで上昇している。さらに、中国では原料スクラップ消費および輸入も急増しており、国際スクラップの価格の上昇を促している。

中国の鉄鋼業は、建国以来、経済発展を担う重要な支柱産業として中央および地方政府によって積極的な投資が行われてきた。具体的にはソ連の技術を導入し、鞍山や大連などの既存製鉄所を拡張する一方、包頭や武漢で一環製鉄所を新設する方向でスタート。粗鋼生産は、第1次五カ年規画初年の177万トンから大躍進運動の60年には1866万トンに拡大した。

しかしその後、中ソ対立によるソ連技術者の引き揚げや文化大革命による混乱で、鉄鋼業は大幅に遅れをとった。70年代に入ると、72年のニクソン訪中による米中国交回復など、西側諸国との関係が改善するのに伴い、西側からの技術導入が活発化した。例えば、武漢製鉄所は、日本の熱延技術、西独の冷延技術および連続鋳造技術などの最新技術を導入した。

また、80年には、日本や西独の技術援助をテコに大型一貫製鉄所である宝山製鉄所（当初年産能力670万トン）の建設に着工し、89年に生産を開始。その際、新日鉄が設備供給や技術者の指導などを行った。

30年間、前年比増が続く中国の鉄鋼市場

こうした育成努力の結果、中国の鉄鋼業は徐々に拡大軌道に乗っていく。80年以降の日本と中国の粗鋼生産の推移をみると、中国の粗鋼生産は、81年の3560万トンから03年には2億トンを突破して以降、毎年5000万～1億トンのペースで拡大し、10年は6億トンを突破した。

この間30年、中国の粗鋼生産は1度も前年を下回ったことがない。なお、日本はすでに96年に中国に抜かれ、世界第2位の鉄鋼生産国の地位に止まっている。2000年代に入って、中国の粗鋼生産が加速した背景には、固定資産投資を中心とした経済発展に伴う旺盛な鉄鋼需要に加え、01年のWTO加盟という外的条件の変化がある。

中国の実質GDP成長率と粗鋼生産の伸びの関係（粗鋼生産の実質GDP原単位）をみると、81年から2000年までは、同原単位が1を下回っていた、すなわちGDPの伸びに対して粗鋼生産の伸びが下回っていた。しかし2000年から10年にかけて、GDPが約5倍になったのに対し、粗鋼生産も1・2億トンから6・3億トンへと5倍強となっている。これは、経済発展に伴うマイカー・ブームやマイホーム・ブー

図5-4 中国の石炭需要見通し（炭種別）

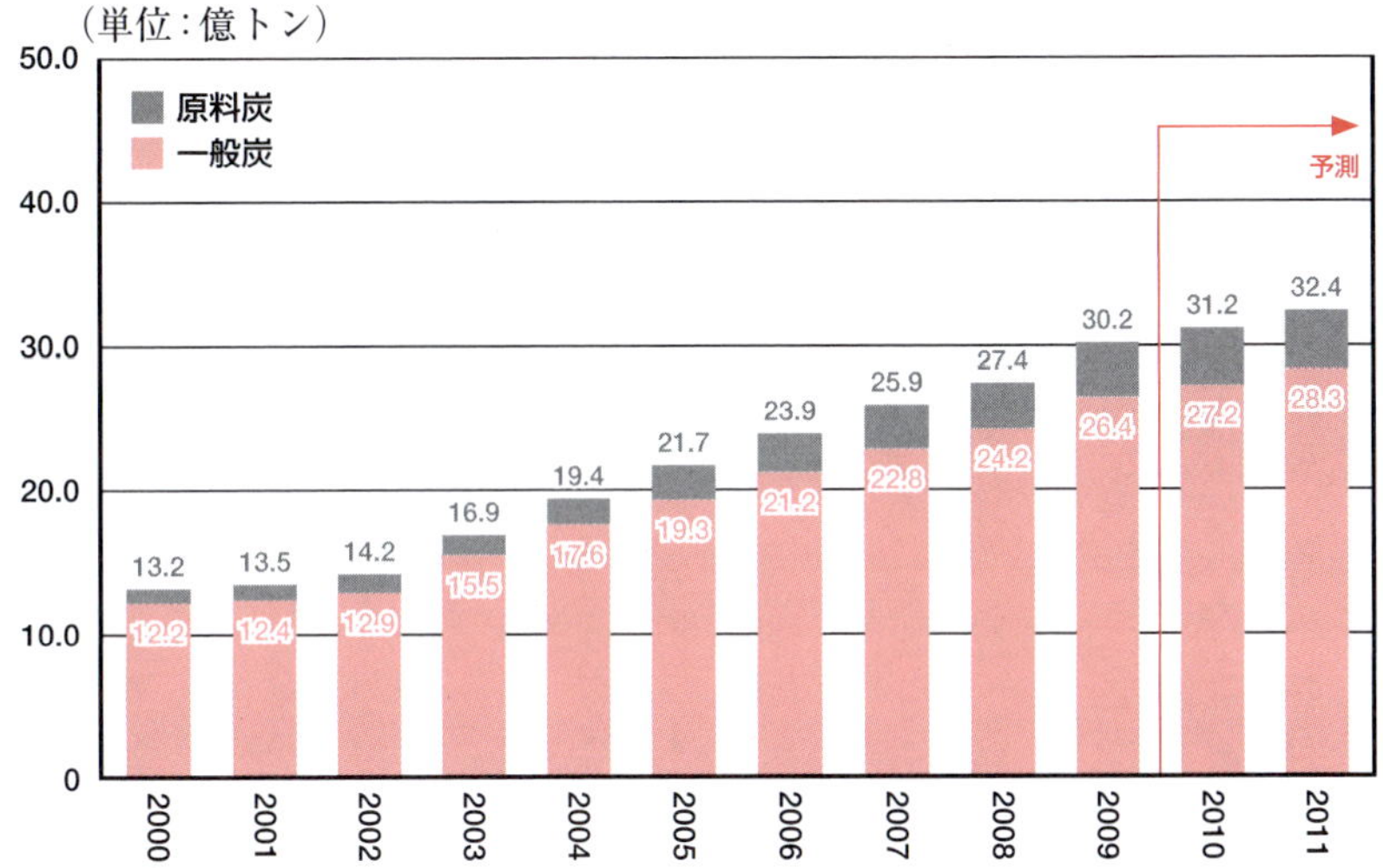
(単位：億トン)
原料炭
一般炭
予測
50.0
40.0
30.0
20.0
10.0
0
13.2
13.5
14.2
16.9
19.4
21.7
23.9
25.9
27.4
30.2
31.2
32.4
12.2
12.4
12.9
15.5
17.6
19.3
21.2
22.8
24.2
26.4
27.2
28.3
2000
2001
2002
2003
2004
2005
2006
2007
2008
2009
2010
2011

［出所］「中国国家統計年鑑」、CEIC、WIND等をもとに丸紅経済研究所作成

図5-5 中国の鋼材輸出入の推移

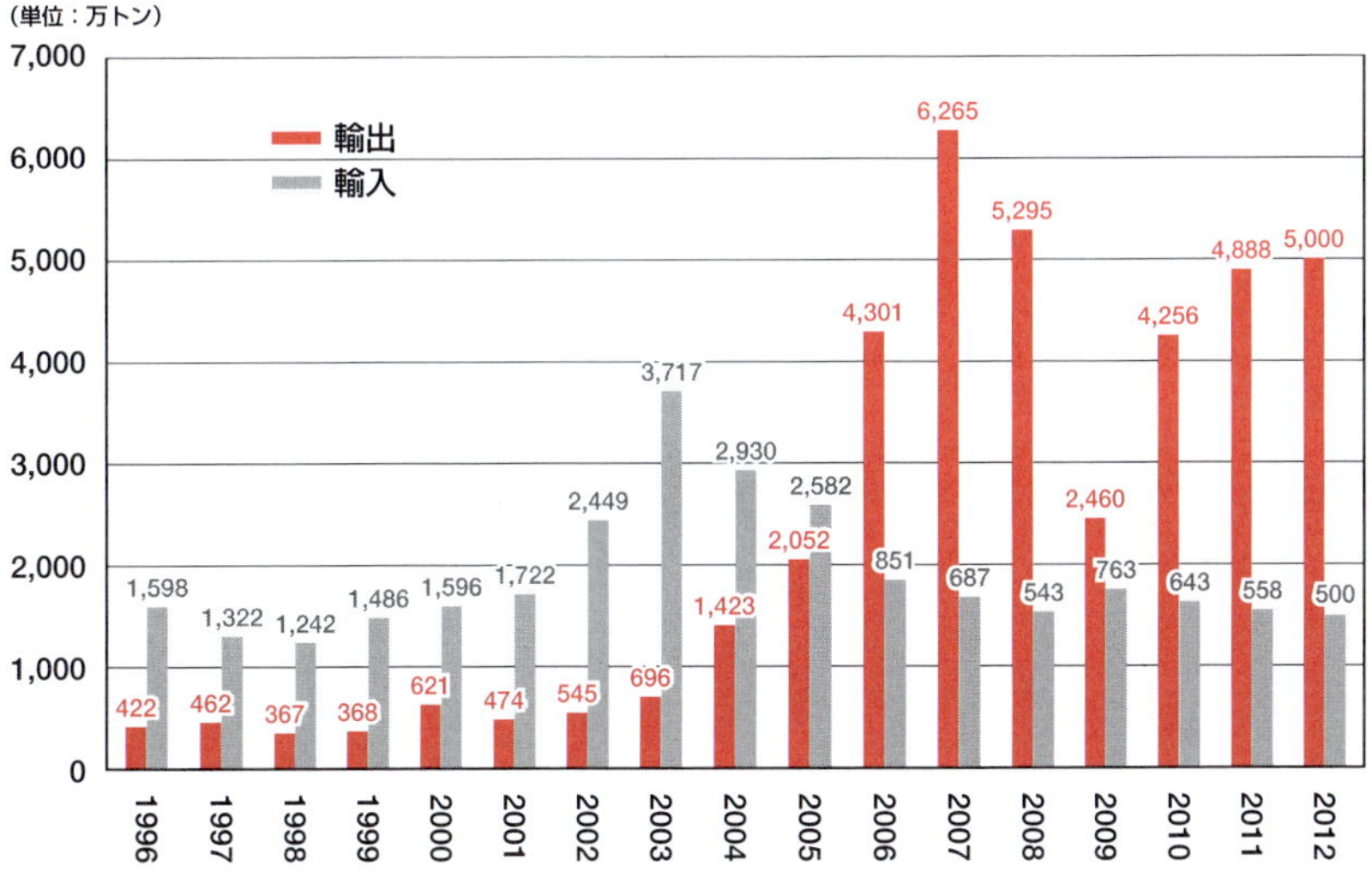
(単位：万トン)
輸出
輸入
7,000
6,000
5,000
4,000
3,000
2,000
1,000
0
1,598
1,322
1,242
1,486
1,596
1,722
2,449
3,717
2,930
2,582
851
687
543
763
643
558
500
422
462
367
368
621
474
545
696
1,423
2,052
4,301
6,265
5,295
2,460
4,256
4,888
5,000
1996
1997
1998
1999
2000
2001
2002
2003
2004
2005
2006
2007
2008
2009
2010
2011
2012

［出所］「中国国家統計年鑑」、CEIC、WIND等をもとに丸紅経済研究所作成

ムにより鋼材需要が拡大すると同時に、08年の北京五輪、10年の上海万博など、国家発展の重要な節目に向けてのインフラ整備のための建材需要が急拡大し、粗鋼生産への投資が急増したためである。

粗鋼生産の急拡大にもかかわらず、中国では2000年代に入って鋼材輸入も2000年の1596万トンから03年のピークには3717万トンへ拡大。ただ、その後減少に転じ、07年以降は、国内供給力の限られる高張力鋼板や電磁鋼板などのハイグレードな鋼材を中心に、輸入量は1500～1600万トンで推移している（**図5-5**）。

一般に、鋼材輸入の拡大は、中国における鋼材生産の品種構成と需要のミスマッチによるところが大きい。過去、中国で生産される鋼材は、製造が容易な条鋼、形鋼、線材などの建設用鋼材比率が過半を占め、製造が難しく、需要家の品質要求も格段に厳しい鋼板や鋼管（パイプ）などの比率が少ないのが特徴であった。この結果、国内で生産が困難な板類や鋼管は輸入に依存することになる。実際、中国の鋼材輸入の約5割は、日本、台湾、韓国によるものである。

鋼材輸入国から2006年以降、鋼材輸出大国へ

しかし、2006年になると状況は一変する。**図5-5**で見るように、この年、中国の鋼材の輸出入が逆転した。2003年まで1000万トンを下回っていた鋼材輸出量は、04年に1423万トン、05年に2052万トン、06年4301万トンと倍々ゲームで増え、07年には6265万トンに達した。その後、輸出は減少するものの、12年には5000万トン程度まで拡大が予想される。背景には、2000年以降の粗鋼生産の急拡大がある。今や中国は、世界の粗鋼生産、鋼材消費、鋼材輸出、鉄鉱石輸入において日本を遥かに上回り、世界最大の鉄鋼大国である。

なお、こうした中国鉄鋼業の急速な発展には、特有の構造問題がある。**図5-6**は、中国の鉄鋼メーカ上位10社とその他の粗鋼生産量を見たものである。

これによると、河北鉄鋼集団（7114万トン）、鞍

図5-6 中国の鉄鋼メーカーと粗鋼生産量

順位	企業名企業名	粗鋼生産量　万トン	シェア %
1	河北鉄鋼集団	7,114	
2	鞍鋼集団	4,624	
3	宝鋼集団	4,334	
4	武鋼集団	3,769	
5	江蘇沙鋼集団	3,192	
6	首鋼集団	3,004	
7	山東鉄鋼集団	2,402	
8	渤海鉄鋼集団	1,919	
9	馬鞍山鋼鉄	1,668	
10	華菱鉄鋼集団	1,589	
	上位 10 社計	**33,615**	**49.2**
	会員 64 社計	58,812	86.1
	非会員その他	9,515	13.9
	全国計	68,388	100.0

［出所］CISA（中国鉄鋼協会）
（注）2011 年の粗鋼生産量

鋼集団（4624）、宝鋼集団（4334）はじめ上位10社の生産量は3億3615万トンで全体の49％に止まっている。換言すれば、中央政府が管理・掌握できている粗鋼生産量は上位10社の部分で、他の50％は各地方政府が管理・把握する格好である。

地方の鉄鋼メーカーの大半は1960年代以降の設備であり、老朽化が指摘されている。中央政府は老朽設備の淘汰と鉄鋼メーカの集約化を進めたいものの、これまではかばかしい進展はみられない。こうしたなか、リーマンショックを契機とする世界景気の後退が生じると、中国では、粗鋼生産の拡大による供給過剰問題が深刻化しやすい。国内の鉄鋼需給が緩和すると、輸出が拡大され、日本はじめ周辺国との貿易摩擦に発展することになる。

ただ、長期的には中国鉄鋼業の発展余地は大きい。政府の第12次5カ年規画では、2015年の粗鋼生産は7・5億トンと予想。15年～20年に7・7～8・2億トンでピークに達し、その後も一定期間そのレベルで推移する見通しである。

CHAPTER 5-3

WHAT HAS OCCURRED TO THE RESOURCE?

ベースメタル①［銅、亜鉛］中国を中心とした消費拡大で1万ドルの大台を突破

……………需給ギャップに悩む中国が動くなど上値圧力は継続

トン当たり1万ドル大台を超えた銅価格

国際銅価格が高水準で推移している。ロンドン金属取引所（LME）の銅地金価格（現物）は、08年前半にかけて1トン＝8000ドルを超え史上最高値を更新し、その後リーマンショックにより急反落し3000ドルを割り込んだものの、09年後半より世界経済が息を吹き返すとともに上昇に転じ、11年2月には1万ドルを突破した。その後、欧州債務不安や中国経済の減速を受け銅価格も値を下げたものの、12年以降は8000ドル前後で推移している（図5-7）。

2002年まで1500ドル台で推移していたのと比べると5倍以上だ。世界的な需要拡大に供給が追いつかず、需給が逼迫しているのが要因だ。この背後に中国の旺盛な銅消費がある。

銅は、電線やケーブルなどインフラ（社会基盤）整備に欠かせない素材である。国際銅研究会（ICSG）によると、世界の銅消費量は、1997年の1517万トンから10年には1933万トンに拡大した。15年には2330万トンに達する見通しだ（図5-8）。

この間、中国における銅消費量は、127万トンか

図5-7 ロンドン金属取引所　銅価格の推移

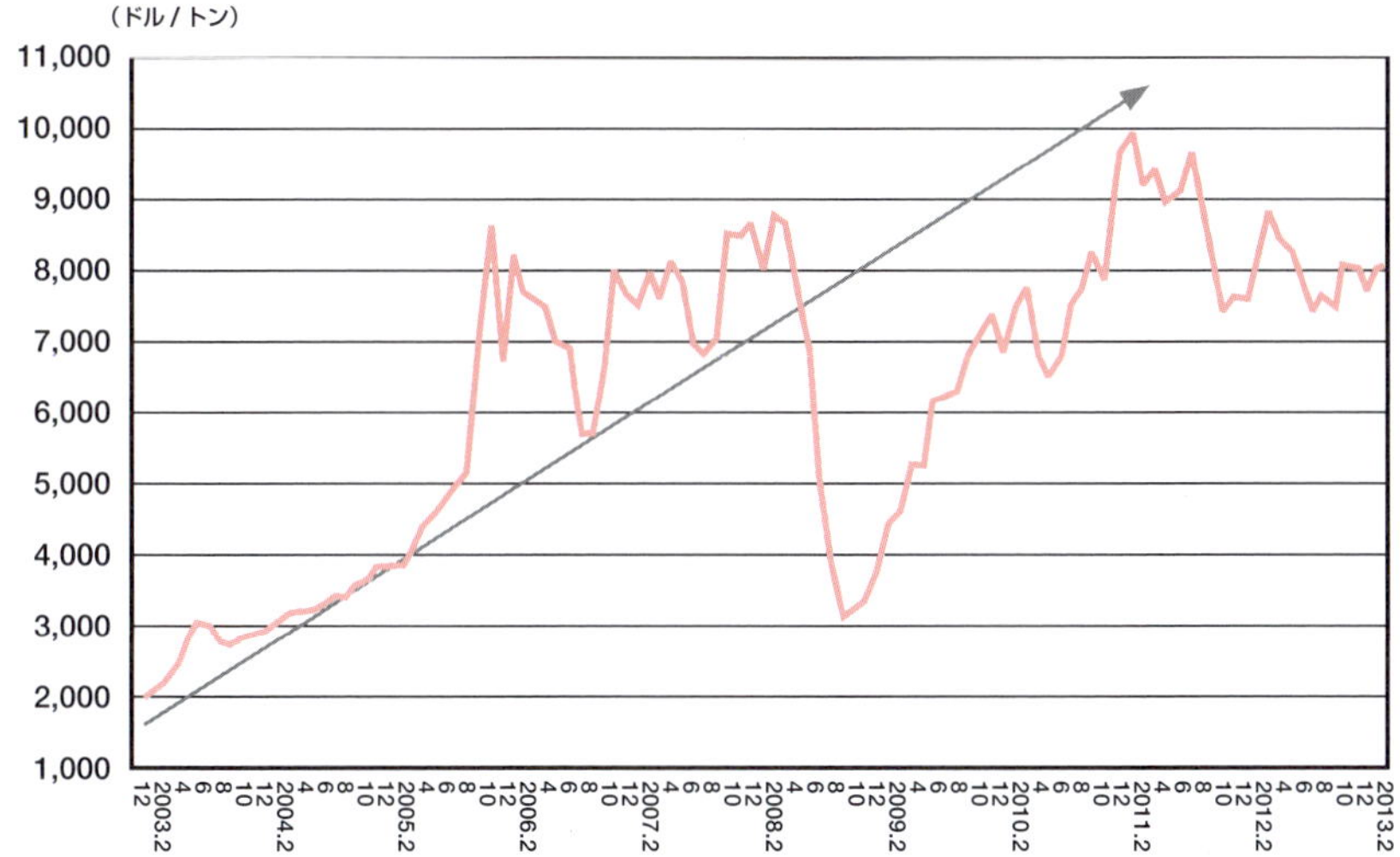

[出所] ロンドン金属取引所（LME）

図5-8 世界銅需給予測

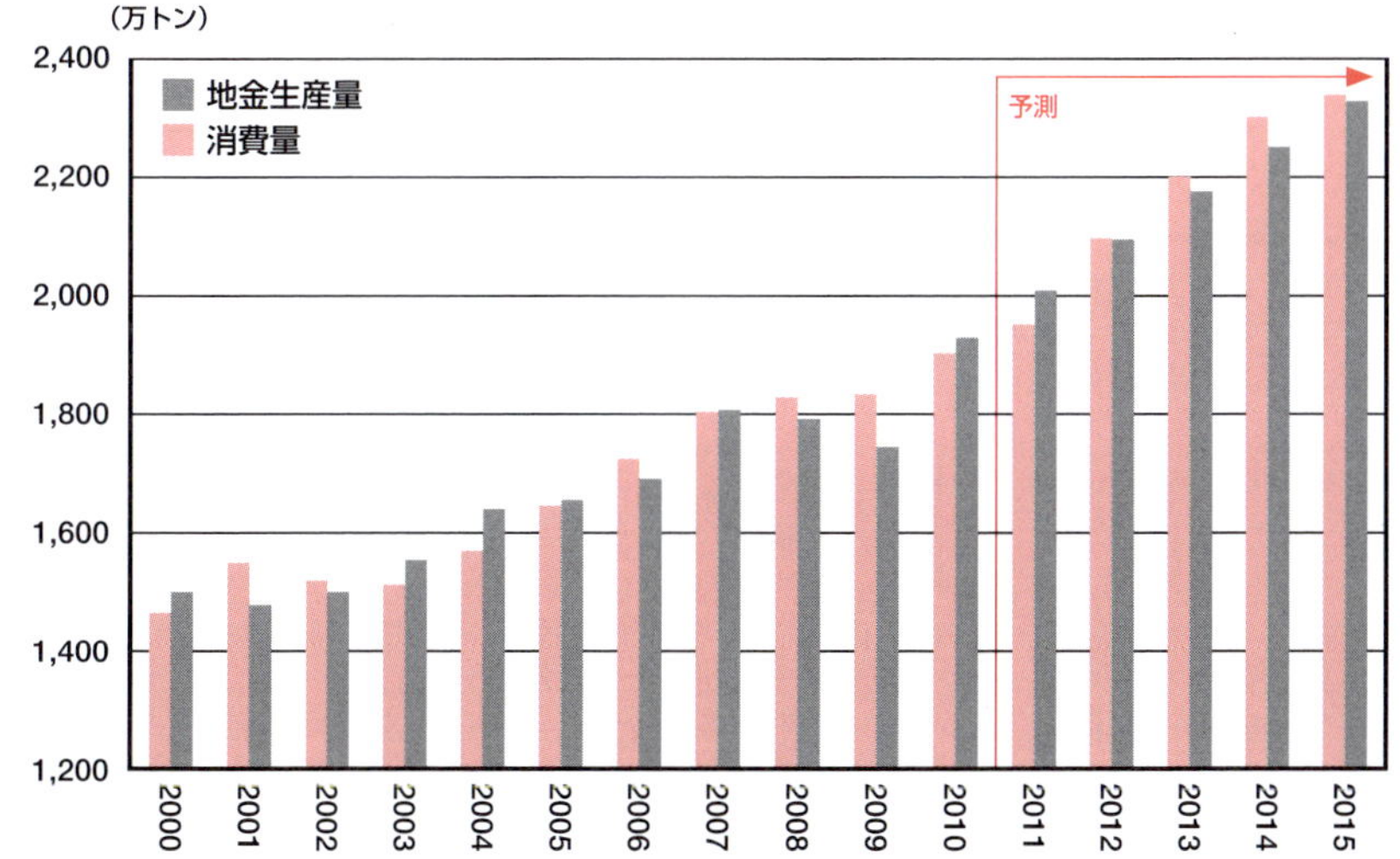

[出所] JPMorgan

ら751万トンと13年間で6倍弱に拡大。年率15％近い伸びであり、この間の平均GDP成長率を大きく上回っている。世界の銅需要1953万トンの4割弱を中国が消費していることになる。

一方、中国の銅地金生産は97年の118万トンから10年457万トンへ4倍弱に止まっており、需給ギャップは依然として300万トン近くある。中国は、この不足分を輸入に依存せざるを得ず、国際市場への影響も大きくなっている。

中国政府は、第11次五カ年規画（06〜10年）で、GDPの年平均成長率7・5％を目標としていた。しかし、実際には11・2％の成長となり、銅需要の増勢が続いている。第12次五カ年規画（11〜15年）では、外需から内需への転換を謳っているものの、そのために2020年に向けて、約660の都市をことごとく100万ボルト以上の超特別高圧送電線のネットワークで結ぼうとする「三横三縦」計画を立てており、銅需要拡大は止まらない（**図5-9**）。

今後の建設予定を含めると国内の精錬銅の生産能力も拡大するものの、その大半が国内需要を賄うためには引き続き大量の輸入が必要である。

さらに問題は銅鉱石の不足だ。日中経済協会の『日中経済白書2011』によると、個別の鉱山生産が未公表のため詳細な実態は不明であるが、自給率向上を目指す国内資源政策と国際銅価格高騰による探鉱・投資活動が活発化し、鉱山生産は増加している。

中国の銅産業の特徴は、加工能力（04年で年間500万トン）が精錬能力（250万トン）を上回り、さらに精錬能力は銅鉱石の調達能力を上回る構図にある。このため、業界は常に資源面での制約を受ける。新華通信ネットジャパンによれば、中国の08〜10年の精錬銅生産能力のうち、原料銅鉱石の海外依存度は90％以上となっている。

不足する資源の輸入拡大を図るため中国政府は、従来の「国内開発」型から「海外開発」型へと資源戦略の大転換を図っている。そのリーダー的存在が中国有色集団だ。同集団には「一二三」発展構想がある。一は「一つの目標」で非鉄分野での強大化を図ること、

図5-9　中国の固定資産投資額と伸び率

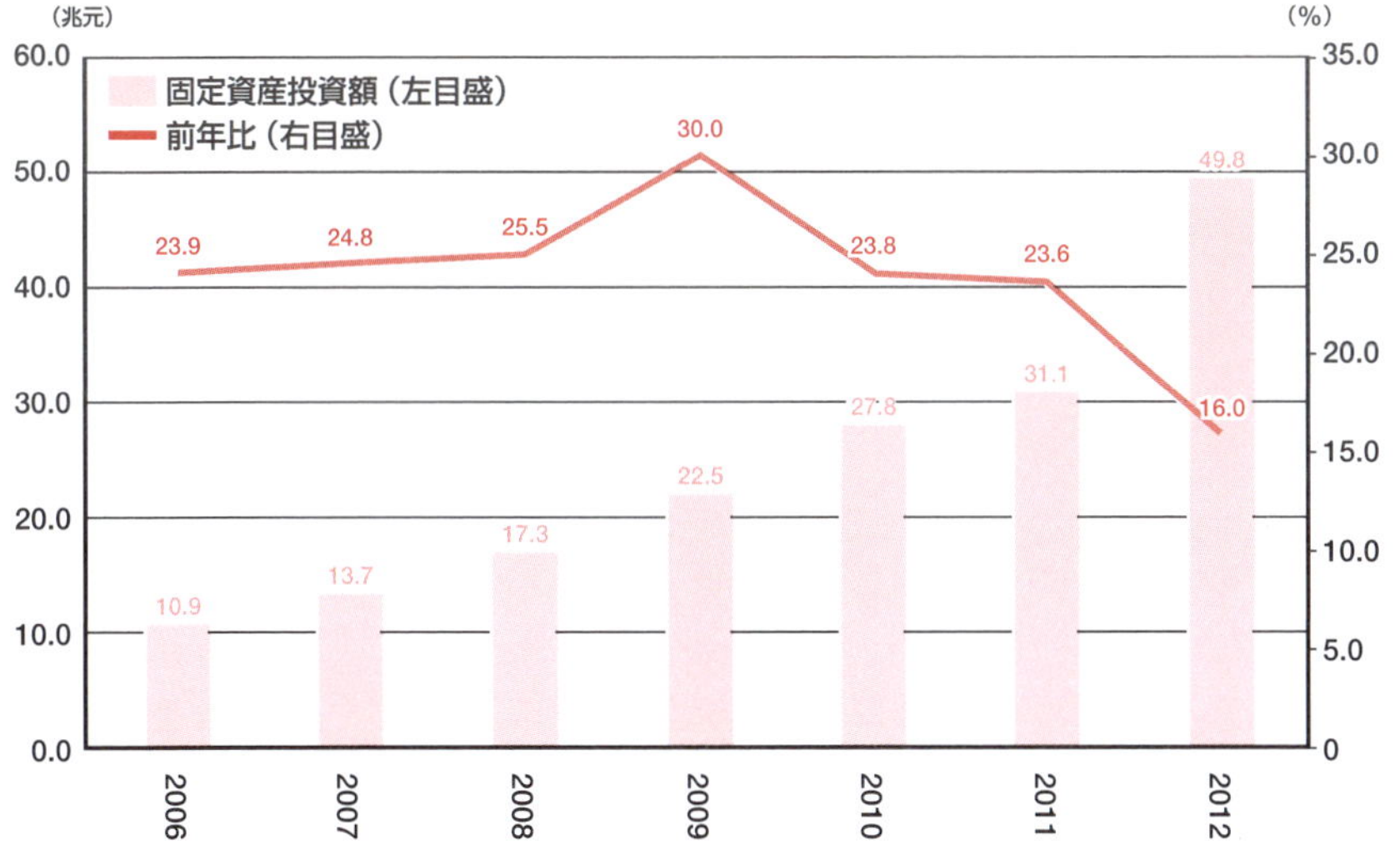

［出所］国民経済発展統計公報

二は「二つの戦線」で、海外の銅・アルミ・亜鉛などの資源を開発の中心とすること、三は「主要業務地域」を指す。

すでに中国は、アフリカ中南部、豪州、近隣アジア諸国、カナダでの開発を進めている。例えば、ザンビアのチャンビシ銅鉱山（含有量は銅５０５万トン、コバルト15万トン）については、99年に鉱業権を取得し03年７月に操業を開始。豪州では、銅・鉛・亜鉛・金の探査権と鉱物製品の販売権を取得している。

こうした、中国の資源争奪戦への参戦＝国際市場からの資源輸入の拡大は、直接、資源価格の押上げ要因となると同時に、国内の需給動向を増幅した形で国際市場にインパクトを及ぼすことを意味する。

なお、中国は鉄の防腐剤（亜鉛メッキ）として利用される亜鉛の生産・消費でも世界最大である。２０１１年の統計では、鉱山生産量４３０万トンで世界シェアの33％、亜鉛地金生産は５２４万トンで同39％。消費量は５３５万トンで同42％と高い。今後は自動車関連産業の伸びとともに市場規模の拡大は必至だ。

CHAPTER 5-4

WHAT HAS OCCURRED TO THE RESOURCE?

ベースメタル②［アルミニウム］

供給過剰は解消され需給はバランスへ向かう

……………自動車・船舶など輸送機器はじめ、幅広い用途を持つ金属素材

現在では高圧送電線の99％がアルミニウム製

アルミニウムは比重2・7、密度2700kg／㎥と、金属の中では軽い部類である。このため軽量化による性能・効率の向上という目的に適した素材として、輸送機器や各種機械等、さまざまな分野でアルミニウムの需要が高まっている。

比強度（単位重量当たりの強度）が大きいため、輸送機器や建築物などの構造材料として多く使用されている。熱処理を施したり、他の物質を添加して合金にすることによって、引張強度や剛性を高めることができるため、大型構造物用の材料としても注目されるようになっている。また、アルミニウムは展性（叩いて延ばす）・延性（引っ張って延ばす）に富み、塑性加工が容易なため、薄い箔や複雑な形状の押出形材を容易に製造することができることから、幅広い分野で使用されている。

常温常圧で電導率・電気抵抗率と、高い電気伝導性を示すことから、銅に比べると電導率は劣るが、アルミニウムのほうが密度が相対的に小さいため断面積を大きく取れるので、全体としての電気抵抗値は銅と同

図5-10　世界のアルミ新地金・消費見通し

年	1995	2000	2005	2006	2007	2008	2009	2010	2011
アメリカ	526	635	639	650	654	535	427	469	515
西ヨーロッパ	526	608	675	691	703	678	549	590	625
日本	242	236	234	236	240	223	179	193	205
南アメリカ	87	90	112	119	125	136	122	127	137
アジア	263	242	361	381	399	386	369	381	427
豪州	38	40	41	42	43	43	37	39	41
アフリカ	26	29	40	42	44	49	47	49	53
西側需要計	1,708	2,032	2,306	2,369	2,420	2,250	1,911	2,038	2,213
東ヨーロッパ	51	55	87	93	100	94	69	75	81
CIS	77	62	89	97	106	113	89	100	107
中国	170	332	703	880	1,072	1,315	1,421	1,544	1,690
東側需要計	298	449	879	1,070	1,278	1,521	1,579	1,719	1,879
世界需要計	2,006	2,481	3,185	3,439	3,698	3,771	3,490	3,757	4,092

（単位：万トン）

［出所］丸紅軽金属部予測2009.12

等となる。また材料費もほぼ拮抗するため、極めて経済的な導電体となる。

アルミニウムは単体では酸やアルカリに浸されやすいが、空気中で表面に酸化皮膜（アルマイト）ができると、この皮膜が腐食を防止するため、耐食性に優れ、内部は浸されにくい（皮膜の自己補修作用）。なお、アルミニウムが実際に用いられる場合には、その大半はアルミニウム合金（代表例がジュラルミン）であり、アルミニウム単体のものは稀である。

軽くて丈夫な特性から輸送機器には欠かせない素材

世界のアルミニウム需要で、最も高い比重を占めているのは、自動車、航空機、船舶などといった輸送機の構造部分においてである。

自動車や二輪車で多く使われているのが、シリンダー・ブロックやピストンなどのエンジン部品で、これらは主に再生地金を使って製造した鋳物・ダイカストが用いられる。

また、ホイールやラジエーター、トラックのあおり（泥よけ）、オイルタンクなどもアルミニウム製が主流となっており、日本ではアルミ・ホイールの装着率はすでに50%を越えている。さらに最近では、軽量化のため、欧米のメーカーを中心にボディ材にアルミニウムを採用する動きも活発化している。

自動車部品にアルミニウムを使用することは、車体の軽量化を可能にし、燃費を向上させ、省エネルギーに貢献すると共に、二酸化炭素の排出を抑えて地球温暖化の防止にも役立つことから、アルミニウムは環境に優しい金属だと言える。

航空機では、外板材や骨格など構造材の約80%にジュラルミンが使われている。鉄道車両では新幹線の車両の側面や土台、屋根などにアルミニウムの板や押出材が使用され、その使用率は車両全体の50%以上にも及ぶ。その他、地下鉄車両やリニア・モーターカーにもアルミニウムが採用されている。

船舶に使われるアルミニウムは小型の漁船が主流となっている。最近はプラスチックの複合材を用いる小型船も増えているが、強度やリサイクルの点ではアルミニウムのほうが優れていると言われている。またLNG船のタンク材にもアルミニウムの板が使われており、一隻あたりの需要は、3500トン程度となっている。

建設用途に用いられるアルミニウムの代表としては、住宅やビルなどのアルミサッシが挙げられる。日本のアルミサッシ比率は98%と、世界で最も普及している。その他、玄関ドアや門扉やバルコニーなどの多くもアルミニウム製である。

軽さなど数々の利点から多くの分野で活用が広がる

アルミサッシは、溶解したアルミニウムのビレットを「ところてん」の要領で成形加工する押出材で、複雑な形状や大量生産に適している。一方、ビルや公共建造物などの外壁材にも、軽くて錆びないアルミニウムが使われており、特に高層ビルでは「カーテンウォール」と呼ばれる、外壁に負荷を与えない工法が盛んに

図5-11　世界アルミ地金需給ギャップ（生産－消費）の推移

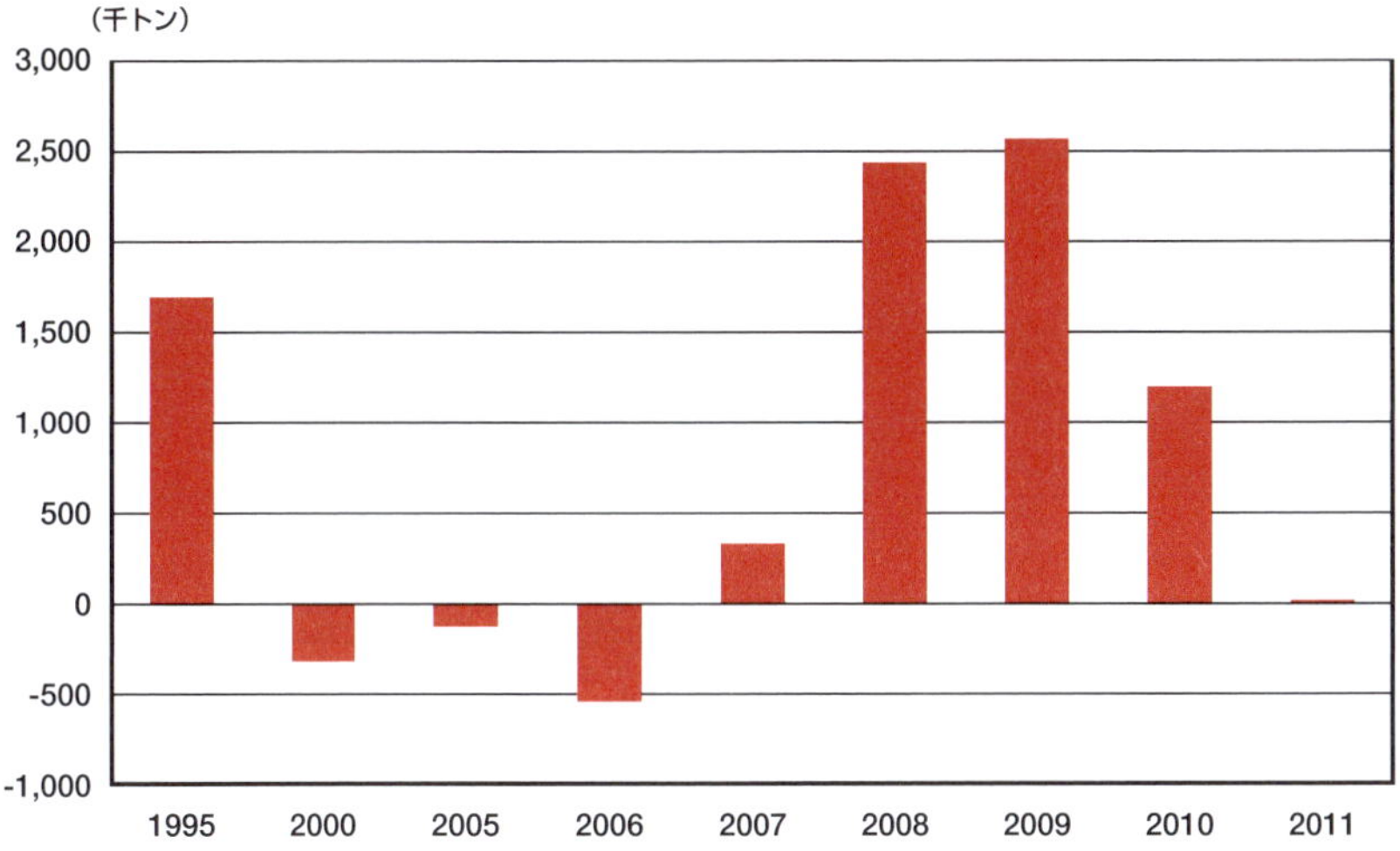

［出所］丸紅軽金属部予測

行われ、建築材料において重要な地位を占めている。最近では断熱材などの需要も増えている。

食品・包装関連でも用途が広がっている。80年代以降、世界のアルミニウム需要の増加に最も貢献したのはアルミ缶であり、アルミ缶はアルミニウム板の需要で最も高いシェアを占めている。

軽さや外観のよさ、無害、リサイクル性といったアルミニウムの特性が広く受け入れられ、アメリカではほぼ100%の飲料缶がアルミニウム製となっている。アルミ缶の需要は日本でも90年代半ばにかけて大きく伸びたが、後半はペットボトルが伸びて全体のシェアの約50%を占めるようになり、アルミ缶は23%（2000年度推定）にまで落ち込んだ。

しかし近年は、リサイクルの容易さ・効率のよさからアルミ缶が再び見直されつつある。この他、キャップやアルミ箔などの用途も急速に拡大している。ビンなどのキャップのほとんどがアルミニウム製となっており、箔ではレトルト食品や煙草や医薬品などの包装用が主流となっている。

図5-12 **ロンドン・アルミ価格**

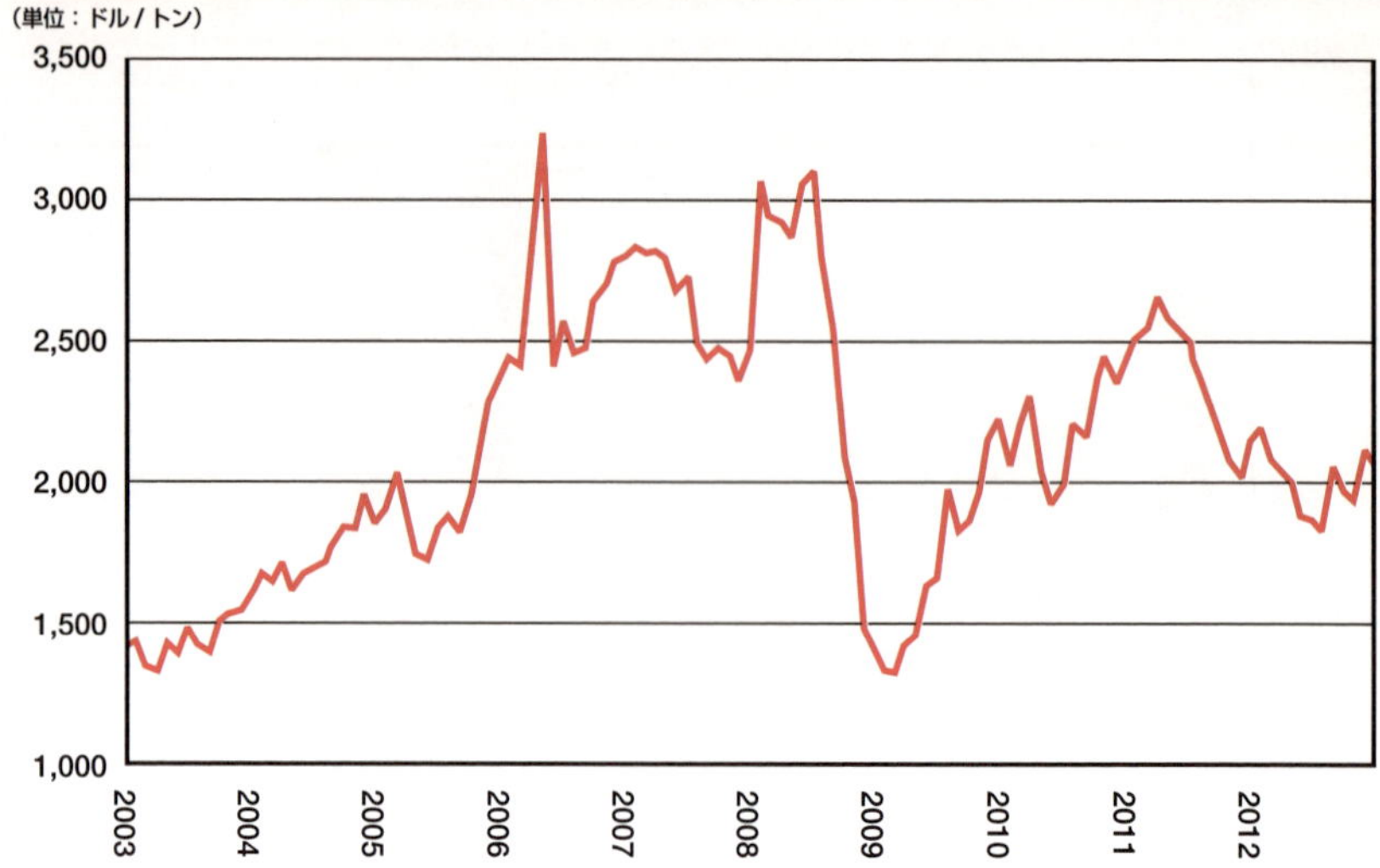

［出所］ロンドン金属取引所（LME）

供給過剰減少により需給は11年にはバランスへ

エレクトロニクス機器にもアルミニウムが多量に使用されている。コンピューターに用いられる磁気ディスクや電解コンデンサー箔や複写機の感光ドラム基板などがその典型例として挙げられる。

通信分野では、アルミニウムは送電線や通信ケーブルに多く使用されている他、リニアモーターカーの超伝導コイルにも採用されている。その他の金属製品としては、印刷板、ネームプレート、金属バット、鍋、フライパンなどがアルミニウムからつくられている。

10年には中東・インドにおける新規製錬案件の立ち上がりから世界の新地金生産量が08年の３９４９万トンから11年４３９９万トンに拡大した一方、欧州債務危機や中国の景気減速を受けて、世界在庫が07年の９００万トン台から12年11月現在５２００万トンに拡大。アルミ地金相場もトン当たり２０００ドル前後での上値の重い展開となっている（**図5-12**）。

CHAPTER 5-5

WHAT HAS OCCURRED TO THE RESOURCE?

レアメタル①

そもそもレアメタルとは何か？

……素材・材料の進歩には欠かせない金属として急増する需要

産出国の輸出規制などから「レア」な印象を与える金属

先にも述べたとおり、レアメタルは直訳どおり希少金属のことであるが、必ずしもレア（希少）ではない。レアメタルとは、プラチナなどの白金族はじめニッケル、クロム、コバルト、タングステン、モリブデン、マンガンなど先端科学技術で使われている31種類の元素のことである。

このうちランタノイド（ランタンLaからルテニウムLu）に、イットリウムYとスカンジウムScを含めた17の元素がレアアース（希土類）である。

各々の金属元素により、耐熱性、耐食性、超伝導、強磁性、蛍光性などの特性を持ち、素材の強度を増す、融点を高める、防錆性《ぼうせい》を強めるなどの目的で、素材産業はじめ自動車、航空機、デジタル家電、産業機械などに利用されている。

かつては、特殊鋼などの添加剤であるニッケルはじめ、モリブデン、タングステン、マンガン、クロム、バナジウムなどが、合金鉄の素材として利用されるのが大半だったが、1970年代以降、日本の電子産業が本格的に発展してからは、高機能性材料としての用途が急拡大した。

近年では、航空・宇宙分野での耐熱合金（スーパーアロイ）の素材としてのチタンをはじめ、携帯電話、精密機械、環境・クリーンエネルギー（太陽電池、電気自動車、大気・水質汚染防止、排水汚濁防止）などの電子材料・機能材料としての使用が多くなった。

そんなレアメタルだが、今世紀に入って、国際価格が急騰している。世界経済の拡大・発展に伴い、需要が急拡大する中、主要生産国である中国が、輸出を抑制していることが背景にある。

日本の先端技術分野でも幅広く利用され、国際競争力の源泉であるレアメタルの調達が困難になれば、自動車や液晶テレビ、産業機械などの製造業のみならず、経済全体にとって死活問題だ。

資源外交、戦略備蓄、リサイクル・システムの整備、代替材の開発、関連データベースの整備を柱にした、長期・戦略的なマテリアルフローの確立を進める必要がある。

価格上昇にみられる2つの側面

供給面からみると、レアメタルは2つのグループに分けられる。

銅や鉛、亜鉛などのベースメタルの製錬過程でさまざまな中間精製物の副産物として回収されるものがひとつ。

例：コバルト［超合金材料］
カドミウム［電池や合金材料］
インジウム［蛍光体、透明電極］
タリウム［光学レンズ、殺鼠剤］

他方が、独自の探鉱開発・製錬により生産されるものだ。

例：レアアース
シリコン［半導体材料］

チタン［航空機やミサイルの機体材料］
ニオブ［超耐熱性合金、高張力鋼］
ベリリウム［電機絶縁体］
ジルコニウム［原子力の炉心構造材］
白金族金属など

しかし、近年は世界的に需要が急増する中、銅や亜鉛などベースメタルそのものの供給が不足傾向にあり、副産物としてのレアメタル供給にも不安が生じている。

このうち、前者については、生産国の資源ナショナリズムの高揚や、チリのエスコンディーダ鉱山ストなど世界の鉱山で相次ぐストや事故などの生産障害が発生した。

独自の探鉱開発・製錬によるレアメタルについても、供給の大半を握る中国が、旺盛な国内市場向け供給を優先し輸出抑制に傾いているなどの傾向がみられる。

従来、レアメタル価格の上昇といえば、独自に探鉱開発、製錬が行われている金属の埋蔵量の偏在性や枯渇などの供給問題が要因だった。

しかし、最近のベースメタルの副産物として生産されるレアメタルの供給不足の場合、簡単に増産できないだけに問題はより深刻だ。

中国の供給抑制も、新たな不安要因である。

中国は、世界のレアアース生産（10万トン）、樹脂の難燃剤に使われるアンチモン生産（5万トン）の各9割を占めている。フェロマンガン、タングステン、ストロンチウム、リチウム、バリウム、ビスマス、インジウムの生産でも世界一だ。


一方、従来、レアメタルの最大の消費国は日本。例えば、携帯電話の機材や青色発光ダイオードの素材として利用されている高純度ガリウムの約8割、インジウム鉱石消費量の約6割に及ぶ。当然、最大の輸入先は中国である。

しかし、中国政府は、急速な自動車や情報通信産業などの成長に伴うレアメタル需要の急増に対し、国内向けの供給を優先するため輸出を抑制した。

80年代よりレアメタルの備蓄を進めていた日本

レアメタルの安定供給を確保するために、日本は、

①中国のみならず中国以外での新たな埋蔵量・供給源の確保を狙いとした資源外交を強める

②戦略備蓄

③リサイクル・システムの整備

④代替材の開発

⑤生産量や埋蔵量に関する独自のデータベースの整備などを柱にした複合的な取り組みが必要である。

レアメタルの備蓄は経済産業省・資源エネルギー庁の主導で、代替が難しく世界の偏在性が著しいニッケル、クロム、タングステン、コバルト、モリブデン、マンガン、バナジウムの7種類（09年にガリウム、インジウムを追加）を83年より実施している。

民間備蓄と国家備蓄を合わせて年間消費量の60日分あるという。

ちなみに、米国は戦略的に最も重要なコバルトやクロム、タングステンは、2年〜4年分を備蓄。

一方、同じ重要戦略物資であっても、友好関係の深いカナダが世界生産量の多くを支配しているニッケルの備蓄量は0・2年分に止まるなど、品種により対応が異なる。

短期から長期まで期間ごとの戦略が必要に

供給不安に対しては、リサイクル・システムの確立や省資源化、代替材料の開発なども重要だ。

日本が、世界最大のレアメタル消費国であるということは、地上にすでに相当量のレアメタル資源が蓄積されていることでもある。

電子材料、機能性材料、構造材料、ベースメタルの4大取引分野のうち、引き続き需要急増が予想され、資源が偏在している電子材料、機能性材料について短期的、中期的、長期的面から安定供給を図る。

●短期的安定供給

資源外交、省エネ・省資源の徹底、リサイクルの研究

●中期的安定供給

新備蓄制度の拡充、代替資源・代替堕元素の開発、共同備蓄・探査など地域的協力

●長期的安定供給

国内鉱山の見直し、国家規模での資源開発協力と採掘権益の取得、新技術の開発。

例えば（独）産業技術総合研究所は、製錬技術や化学プロセスを利用した白金族元素の分離回収やメッキ廃液からのニッケル回収や代替材料の開発に取り組んでいる。

これまで、鉱業が最も多くの努力を払ってきたことは、いかに安価に多量の鉱石を提供するかにあった。

しかし、いまや最大の課題は、資源の探査から始まり、開発、利用、リサイクル、代替品をも含めた一連の資源の流通経路（マテリアルフロー）を捉え、円滑に供給し続けることにある。

特に、供給構造が脆弱化し、供給不安が高まっているレアメタルに関しては、先の①~⑤を柱にした、長期・戦略的なマテリアルフローの確立が急務だ。

鉄族・白金族	銅族	亜鉛族	アルミニウム族	炭素族	窒素族	酸素族	ハロゲン族	不活性ガス族
								2 He ヘリウム
			5 B ホウ素	6 C 炭素	7 N 窒素	8 O 酸素	9 F フッ素	10 Ne ネオン
			13 Al アルミニウム	14 Si 珪素	15 P リン	16 S イオウ	17 Cl 塩素	18 Ar アルゴン
28 Ni ニッケル	29 Cu 銅	30 Zn 亜鉛	31 Ga ガリウム	32 Ge ゲルマニウム	33 As ヒ素	34 Se セレン	35 Br 臭素	36 Kr クリプトン
46 Pd パラジウム	47 Ag 銀	48 Cd カドミウム	49 In インジウム	50 Sn 錫	51 Sb アンチモン	52 Te テルル	53 I ヨウ素	54 Xe キセノン
78 Pt 白金	79 Au 金	80 Hg 水銀	81 Tl タリウム	82 Pb 鉛	83 Bi ビスマス	84 Po ポロニウム	85 At アスタチン	86 Rn ラドン

先端産業からみた機能と用途

（ ）内数字は直近の世界地金生産・消費量

Mo	鉄を強くする金属（7.5万t）
W	融点が最も高く硬い金属（5.6万t）
In	液晶になくてはならない金属（325t）
Ni	ステンレス鋼（125万t）
Ti	航空機のエンジン、熱交換器（7.6万t）
Co	鉄鋼添加剤、二次電池（4.5万t）
Pt	自動車排ガス触媒（218t）
Cr	鉄の脱酸・脱硫、特性向上（469万t）
Mn	鉄の脱酸・脱硫、特性向上（711万t）
V	鉄鋼の性能向上に不可欠（7.9万t）
Nb	鋼材強化や超伝導技術用（3.9万t）
Ta	携帯電話などのコンデンサー用（1,280t）
Ge	半導体元素、軍事用、健康器具（－）
Sr	花火を深い赤色に演出（17.1万t）
Sb	工業用材料（4.9万t）
Pd	コンデンサー接点、自動車触媒（205t）
Be	扱いは難しいが潜在能力高い（285t）
Zr	高温での耐食性に優れ、原子炉の燃料被覆管（115万t）
Re	電気接点、高温測定温度計部品（37t）
Li	軽量・大容量の電池用（－）
B	水素と結合して多用な化合物（503万t）
Ga	携帯電話などで現代社会に不可欠な素材（175t）
Ba	レントゲン他、用途は多様（600万t）
Se	高い光伝導性からコピー機に転用（1,500t）
Te	ノンフロン冷却装置向け（284t）
B	医薬品から電子産業向け（4,229t）
Cs	原子時計やGPSに使用（微量）
Rb	地球の年齢測定に使用（微量）
Tl	強い毒性があり扱いに注意（15t）
Hf	中性子の吸収率高く原子炉に使用（1.6万t）
RE	先端分野で幅広く活躍（17.3万t）

図5-13　元素表に見るレアメタルと機能・用途

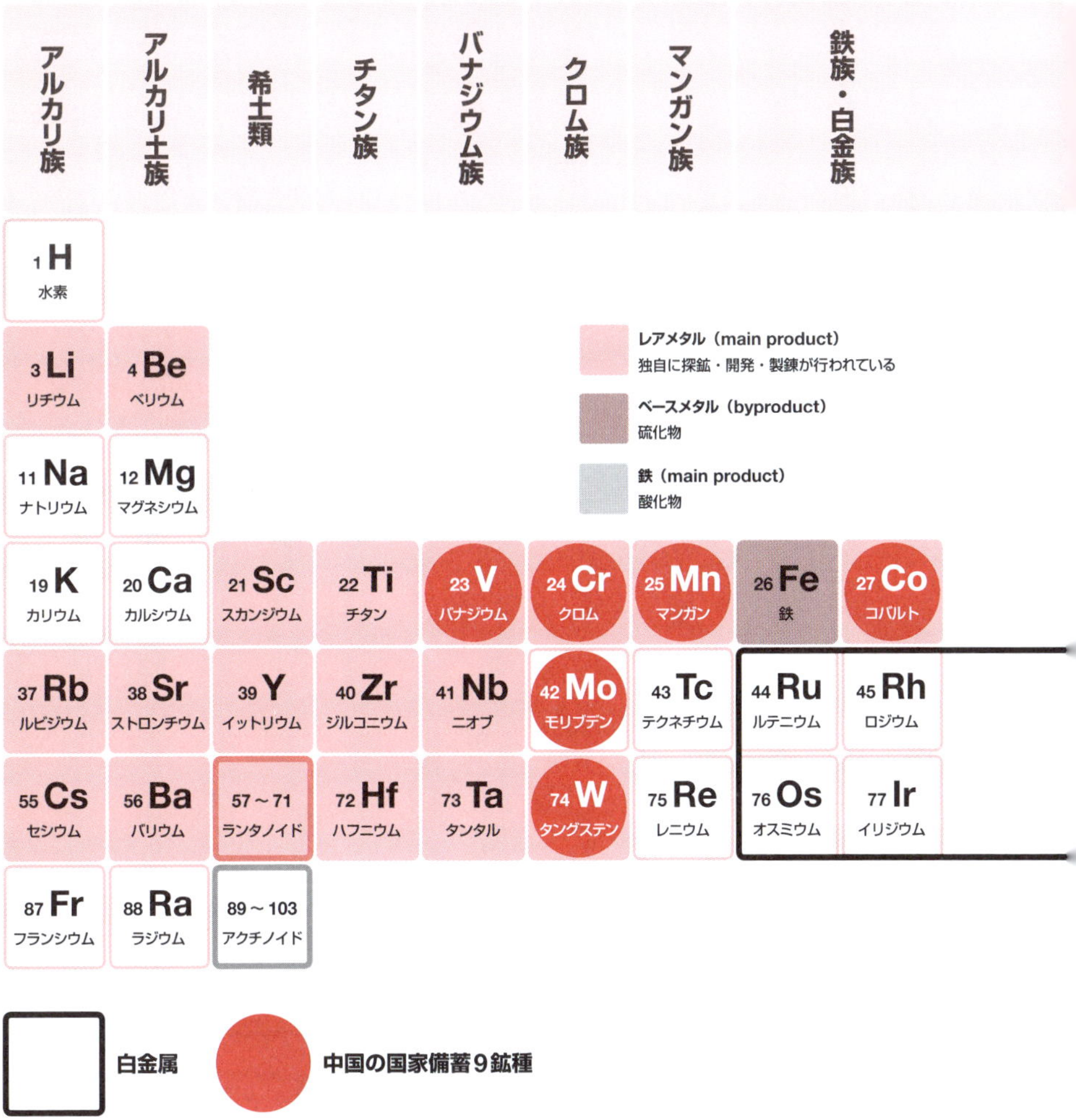
アルカリ族
アルカリ土族
希土類
チタン族
バナジウム族
クロム族
マンガン族
鉄族・白金族
1 H 水素
3 Li リチウム
4 Be ベリウム
11 Na ナトリウム
12 Mg マグネシウム
19 K カリウム
20 Ca カルシウム
21 Sc スカンジウム
22 Ti チタン
23 V バナジウム
24 Cr クロム
25 Mn マンガン
26 Fe 鉄
27 Co コバルト
37 Rb ルビジウム
38 Sr ストロンチウム
39 Y イットリウム
40 Zr ジルコニウム
41 Nb ニオブ
42 Mo モリブデン
43 Tc テクネチウム
44 Ru ルテニウム
45 Rh ロジウム
55 Cs セシウム
56 Ba バリウム
57～71 ランタノイド
72 Hf ハフニウム
73 Ta タンタル
74 W タングステン
75 Re レニウム
76 Os オスミウム
77 Ir イリジウム
87 Fr フランシウム
88 Ra ラジウム
89～103 アクチノイド
レアメタル（main product）
独自に探鉱・開発・製錬が行われている
ベースメタル（byproduct）
硫化物
鉄（main product）
酸化物
白金属
中国の国家備蓄9鉱種

La（ランタン）、Ce（セリウム）、Pr（プラセオジム）、Nd（ネオジム）、Pm（プロメチウム）、Sm（サマリウム）、Eu（ユウロピウム）、Gd（ガドリニウム）、Tb（テルビウム）、Dy（ジスプロシウム）、Ho（ホリミウム）、Er（エルビウム）、Tm（ツリウム）、Yb（イッテルビウム）、Lu（ルチウム）

Ac（アクチウム）、Th（トリウム）、Pa（プロトアクチニウム）、U（ウラン）、Np（ネプツニウム）、Pu（プルトニウム）、Am（アメリシウム）、Cm（キウリシウム）、Bk（バークリウム）、Cf（カリホルニウム）、Es（アインスタニウム）、Fm（フェルミウム）、Md（メンデレビウム）、No（ノーベリウム）、Lr（ローレンシウム）

［出所］石油天然ガス・金属鉱物資源機構（JOGMEC）『非鉄金属のしおり』他を参考に作成

レアメタル②

日本の調達戦略はどうなっていく？

……………穀物などと比べ、絶対量が不足しているレアメタルは技術がカギ

CHAPTER 5-6

WHAT HAS OCCURRED TO THE RESOURCE?

レアメタルの分野でも進む資源のメジャー化

2000年代に入って、あらゆるレアメタルの価格がシンクロナイズして上昇してきた（図5-14）。レアメタルの生産の7割方は、中国に集中するような構図になっているのがその一因だろう。

かつては中国が生産し、日本が輸入して新しい技術分野で使用していたわけだが、最近は中国自身の需要が伸びてきたばかりか、ある種類のレアメタルについては、輸出しないという動きが出ている。日本企業が中国に進出して、レアメタルを使って製造した製品の輸出なども制限されてきている。

レアメタルは、「日本の技術競争力の源泉だ」と言われ、鉄の分野に限らず電子分野、環境関連製品の触媒など、急速に需要のすそ野が広がっている（図5-15）。それだけに、資源ナショナリズムの動きが強まるのは脅威である。

中国だけではない。この資源ナショナリズムの管理強化が世界的に強まっている。ロシア、あるいはモンゴルなども、「戦略的鉱床」といった位置づけをし、各種プロジェクトに外資が51％以上参加をするのを拒

図5-14 主要金属の価格指数推移

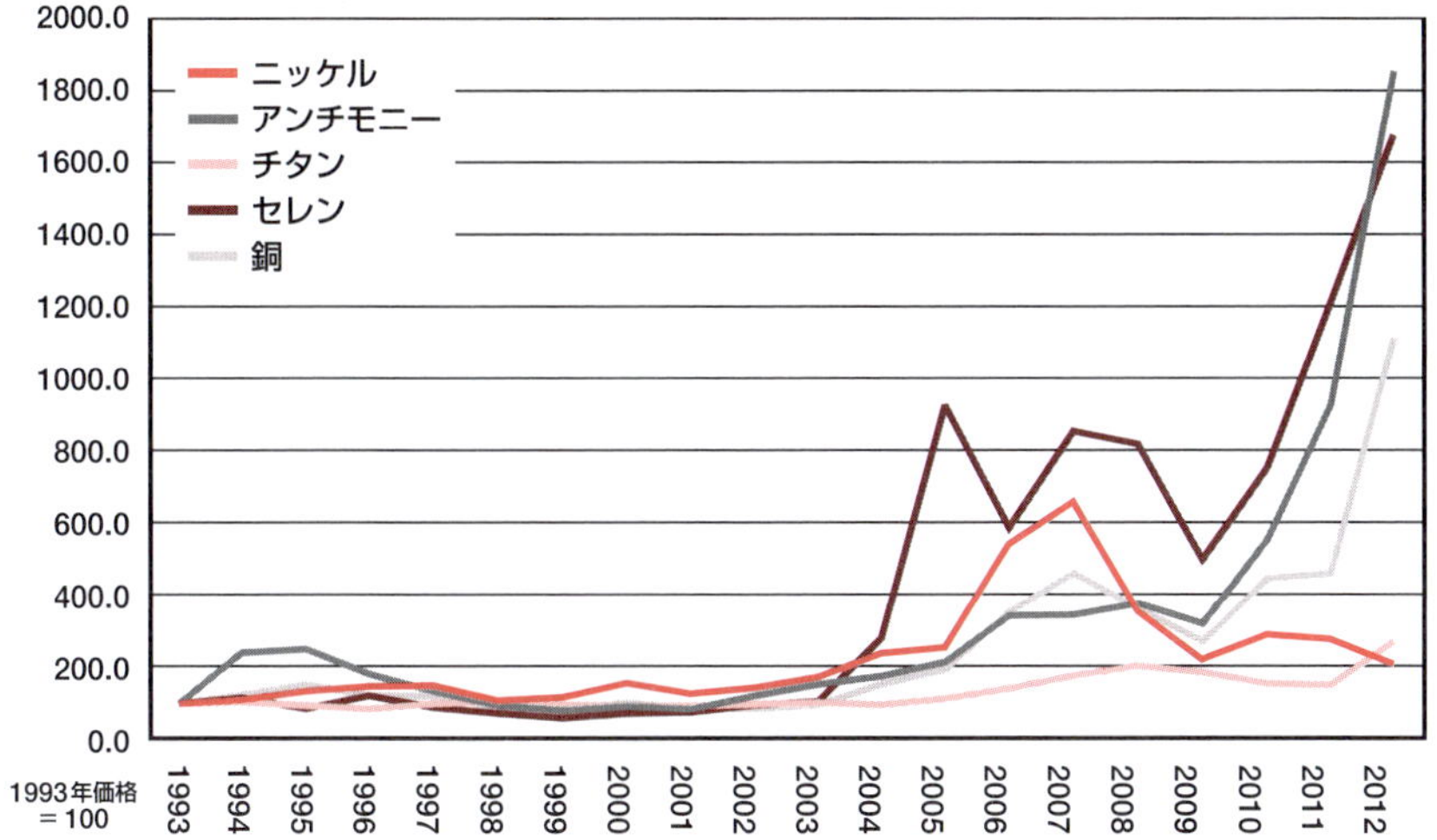
2000.0
1800.0
1600.0
1400.0
1200.0
1000.0
800.0
600.0
400.0
200.0
0.0
ニッケル
アンチモニー
チタン
セレン
銅
1993年価格＝100
1993
1994
1995
1996
1997
1998
1999
2000
2001
2002
2003
2004
2005
2006
2007
2008
2009
2010
2011
2012

［出所］日経商品情報

図5-15 産業競争力の向上に不可欠なレアメタル

医療機器（MRI等）
テレビ
パソコン等

デジタルカメラ
携帯電話
MDプレーヤー
先進ロボット
医自動車（電気・ハイブリッド等）

高機能材

特殊鋼：
ニッケル（Ni）、クロム（Cr）、タングステン（W）、モリブデン（Mo）、マンガン（Mn）等

液晶：
インジウム（In）

電子部品（半導体、コネクターリードフレーム、接点等）：
ガリウム（Ga）、タンタル（Ta）、ニッケル（Ni）、チタン（Ti）、ジルコニウム（Zr）、コバルト（Co）等

製品の小型軽量化・省エネ化・環境対策

希土類磁石（Nd-Fe・B磁石）小型モーター：
レアアース（ネオジム（Nd）、ジスプロシウム（Dy）、テルビウム（Tb））、コバルト（Co）

小型二次電池（リチウムイオン電池、ニッケル水素電池）：
リチウム（Li）、コバルト（Co）、ニッケル（Ni）、レアアース等

超硬工具：
タングステン（W）、コバルト（Co）、チタン（Ti）、モリブデン（Mo）、バナジウム（V）等

排気ガス浄化：
白金（Pt）、ロジウム、パラジウム

［出所］筆者作成

むような状況になっている。

さらに、資源のメジャー化も進んでいる。かつて、非鉄関連といえば、BHPビリトン、アングロ・アメリカン、リオティントといったところが「資源の三大メジャー」だった。

しかし最近では、企業買収・M&Aなどで、スイスのエクストラータなどが進出している。さらに問題は、中国のミンメタルなど新興資源メジャーの台頭だ。日本の総合商社も随分頑張っているが、規模がまったく異なっている。

「都市鉱山」をはじめ日本は技術力で調達力を

また07年には、英・豪系資源大手のBHPビリトンが英系リオティントの買収を提案。最終的には断念したものの、もし合併が実現すれば、世界の鉄鉱石の6割ほどを一社で握られかねない事態でもあった。なぜ合併などにより価格支配力を強めたがるのか。いまや中国一国で、世界の鉄鉱石の貿易量10億トンのうち、6億トン以上を占めるほどバイングパワーを強めてきているためだ。この中国の強烈さに対抗するため、残りがまとまらざるを得ない状況なのである。

そうした中で、日本の戦略ということがよく言われる。資源外交とか、権益の確保とか、備蓄を厚くするとか、人材の育成といった言葉で表されるが、中国に対抗していくのは難しい。

日本の場合には、武器となる技術にもっと注目すべきである。たとえば、低品位鉱から有用な鉱物資源を採集する技術であり、省エネ、省資源の技術である。

それからよく言われる「都市鉱山」もある。日本には携帯電話や情報機器、パソコンという形で資源が累積している。それをリサイクルすることで「都市鉱山」から必要なレアメタルを回収するのだ。

金を1グラム採集するには、およそ1トンから3トンほどの鉱石を粉砕し、製錬していく必要がある。しかし携帯電話1トンからは、150グラムほどの金が採れるのだ。いかにこのリサイクルがこれから有効になってくるかを示しているだろう。

CHAPTER 5-7

WHAT HAS OCCURRED TO THE RESOURCE?

レアメタル③ 自国に偏在する中、輸出を抑制する中国

……開発資源の温存と共に、安値輸出の警戒感も強める中国

レアメタルの輸出規制には2つの側面がある

かつて鄧小平は「中東に石油あり、中国にレアアースあり」と言った。中国の新資源ナショナリズムがより鮮明になっているのがレアアースである。

レアメタルの一種であるレアアースは、中国が世界の生産シェアの9割以上を占める。触媒や液晶ガラス基板の研磨剤、磁石、コンデンサーなどの電子部品向けに需要が急増している。ちなみに、世界的に生産が急増している電気自動車では、磁石が強力なほどモーターが強力になり走行性能が上がる。

通常、磁石には鉄が使われるが、高温になると磁力が失われモーターストップが生じる。しかし、これにレアアースを加えると高温でも磁力を維持することが可能になる。

中国は2007年まで6万トンの輸出許可枠を設けてきたが、08年以降これを削減する方針を打ち出し、10年、11年の輸出枠は約3万トンと半減。ただ、12年の輸出枠は前年比2・7%拡大すると発表した。世界的な景気減速で需要が減っている中での中国の措置に対して、市場では、「不当に輸出を規制しているとの

国際批判をかわすため」との見方が多い。

そもそも2004年以降、中国がレアメタルの規制を強めているのは、国内の開発資源を温存すると同時に、不当な安値で貴重なレアメタルが国外に流出するのを防ぐ狙いがある。なお、中国は2012年に入って価格安定を狙いに、採掘会社の鉱石出荷制限や、生産規模の下限を設け小規模企業の淘汰を促すなどの政策を打ち出している。

中国はレアアースをはじめとするレアメタルの生産大国でありながら、最近は海外のレアメタルを買い漁っている。その対象はアフリカ、中南米、アジアなどの資源保有途上国であり、資源大国のカナダや豪州でもある。

援助によって勢力拡大を図る中国のアフリカ外交

これら地域の資源保有国には胡錦濤や温家宝など中国トップが自ら乗り込んで、経済貿易協力協定や「戦略的パートナーシップ」を結ぶ。その上で、中国の国営資源会社のトップが乗り込み、2兆ドルを超える外貨準備を後ろ盾に次々に探鉱、資源開発の権益取得やM&Dを進める。中でもアフリカでの活動が目立っている。

中国は発展途上国の代表として1980年代からアフリカ42カ国に対して、第4章で記したとおりコメ栽培、野菜栽培、淡水養殖、農業機械の訓練など農業開発をはじめとするさまざまな支援を行ってきた。

06年11月にはジンバブエ、コンゴ、リビア、スーダン、モザンビーク、ボツワナなどの首脳を北京に招き「中国・アフリカ協力フォーラム」を開催。その集大成である北京宣言では、アフリカ支援のため07〜09年の3年間の行動計画が打ち出された。

主に、①10年までに中国・アフリカ間の貿易総額を1000億ドルに拡大（すでにこの目標は08年に達成）、②中国企業約1600社がアフリカに進出し、累積直接投資は78億ドルに、③さらに中国企業の対アフリカ投資を奨励するため220件のプロジェクトに約5億ドルの投資を実施した他、ビジネス活動を支援するた

図5-16 資源の囲い込み政策を進める中国

	2004年	2005年	2006年	2007年	2008年	2009年	2010年
増値税(17%)の還付廃止	◆RE(レアアース)	◆RE酸化物、Mo(モリブデン)精鉱、In(インジウム)精鉱	◆W(タングステン)、Mo、Sb(ストロンチウム)の金属製品	◆V(バナジウム)酸化物、Cr(クロム)酸化物			
輸出税課税			◆金属鉱石など110品目に最大15に、REを10%引き上げ	◆Wが5%、Mo、In、Crを15%に引き上げ ◆Nd(ネオジム)、Dy(ジスプロシウム)が10%、Ni、Cr、Mn鉱石を10→15%へ	◆REを10→25%へ、Wを10%、フェロCrを20%へ	(◆W、Mo、Inを5%に引き上げへ)	
輸出許可制度（輸出許可を得た者しか輸出不可）輸出許可品目を追加					◆09年の対象50品目 (Zn、W、Mo、In、Co、白金族、V、Sb【アンチモン】…)		
輸出許可＋輸出数量制限（輸出数量は毎年削減される）		トン	トン	トン	トン	トン	
	RE	49,000	45,000	43,500	34,166	31,310	
	W	18,300	15,300	15,400	14,900	14,600	
	Sb	65,700	63,700	61,800	59,900	58,700	
	Mo	−	−	−	25,300	25,500	
	In	−	−	−	210	233	
加工貿易の禁止			◆銅等の加工貿易（輸入した鉱石やスクラップを製錬し、製品を輸出）を禁止	◆レアメタルの一部を追加			

［出所］筆者作成

め20億ドルの融資を行った。

レアメタル以外にも各地で爆食を進める中国

アフリカ53カ国のうち、中国はすでにエチオピア、アンゴラ、アルジェリア、ボツアナ、コンゴ、ガーナなど43カ国の石油開発、レアメタル開発投資を進めている。そのために高速道路、発電、都市整備などのインフラ建設を進めている。

アフリカ以外でも、中国の資源爆食は、豪州での鉄鉱石、銅、ボーキサイト、ウラン、チリでの銅、ブラジルの鉄、アルミニウム、アフガニスタンの銅、イランの原油、アルミニウム、ベトナムの鉄、ボーキサイト、モンゴルの銅、金、ロシアのアルミニウムなど広範囲にわたる。

これら資源は、いまや中国のみならず世界の国々にとって戦略物資と化しているが、中国は海外の資源を押さえることにより、自国が保有する資源の戦略性をより高めることができると判断しているようだ。

CHAPTER 5-8

貴金属［金、銀、白金］

2000ドルも近い？金相場の変動要因とは

……歴史的低金利が続き資金流入も、依然として金価格は安い？

WHAT HAS OCCURRED TO THE RESOURCE?

世界貨幣としての金リスクの中で輝きを増す

金（Au）は、銅（Cu）とともに人類が古くから利用していた金属だ。元素記号のAuは、オーロラ（aurora）と同じ語源のラテン語aurumに由来する。金の英語名Goldは、インド・ヨーロッパ語のghel（輝く）が由来だ。

金の比重は19・3と非常に重く、鉄（7・9）の2倍以上ある。展性・延性にもすぐれ、1gの金を針金に伸ばすと3000mにもなり、叩いては金箔にすると厚さは0・0001㎜まで薄くなる。科学的にも安定で酸にも塩基にも侵されない。このため古来より錆びることなく、永遠の輝きを保ち続けている。

ただ、金を溶かすものは存在する。それが古代より「生きている銀」「早く流れる銀」といわれた水銀（Hg）だ。水銀は化学的反応が激しく、他の金属とアマルガムという合金をつくり、溶かしこむという性格を持つ。金をも例外ではなく液体の状態にする。この金が溶け込んだ液体を建物や仏像などの表面に塗布し、その後、加熱すると水銀だけが揮発し、薄い金の幕が形成される。ただ、渡辺泉の『重金属のはなし』（中

図5-17 世界の金需給の推移

年	1971	1980	1985	1990	1995	2000	2005	2007	2008	2009	**2010**	**2011**
新産金	1,233	965	1,236	1,755	2,291	2,620	2,549	2,473	2,409	2,584	**2,693**	**2,818**
公的機関売却	96	–	210	405	167	479	663	484	232	30	**–**	**–**
スクラップ回収	–	493	334	511	631	620	902	982	1,316	1,671	**1,651**	**1,661**
ネット生産者ヘッジ	–	–	62	234	475	0	0	0	0	0	**0**	**6**
退蔵放出	54	90	168	–	79	299	–	–	–	–	**–**	**–**
供給合計	1,383	1,548	2,010	2,905	3,657	4,018	4,115	3,939	3,957	4,285	**4,344**	**4,486**
宝飾用需要	1,064	525	1,212	2,099	2,812	3,205	2,718	2,417	2,193	1,758	**2,017**	**1,973**
その他	323	157	115	148	502	557	581	672	696	658	**767**	**786**
加工需要計	1,387	682	1,327	2,247	3,314	3,762	3,299	3,089	2,889	2,416	**2,784**	**2,759**
退蔵・他	–	350	244	261	343	264	264	236	386	212	**593**	**455**
ネット生産者ヘッジ	–	na	0	0	0	15	92	444	352	252	**108**	**–**
投資家純購入	–	516	438	396	318	na	459	169	330	1,406	**859**	**1,271**
需要合計	1,390	1,548	2,009	2,904	3,657	4,018	4,115	3,939	3,957	4,285	**4,306**	**4,486**

（単位：トン）

［出所］GFMS社Gold Survey 2012

公新書）によると、奈良の大仏の表面を金メッキする際、水銀中毒というわが国最古の環境汚染を引き起こした可能性が強い。著しい中毒者の激増を目の当たりにして、当時の桓武天皇は奈良を捨て、京都に遷都したと言われている。

また、金は電気伝導性が強く腐食しにくいことや、合金は強度も高いことから携帯電話などの電子部品や歯科治療材など工業用にも利用されている。

しかし、何といっても金の最大の利用は「貨幣としての金」であろう。一般に貨幣とは、交換手段、価値保蔵手段、計算単位の3つの機能を保有するものである。この意味では、金は本質的に貨幣である。

特に金は、その国の貨幣単位を法律によって一定量の金と結び付けた金本位制度下で、国際通貨システムの重要な役割を果たしてきた。一国の通貨がどれも国際基軸通貨になるわけではない。その通貨が国際基軸通貨となるためには、

（1）信認（インフレに対する通貨価値の安定すなわちア

ンカーカレンシー）

（2）国際流動性の確保（支払い手段としての通貨）

（3）不均衡の調整（国際収支の不均衡を円滑に調整）

という3つの機能を持つ必要がある。このうち金は、（2）の流動性の確保という面では難点があるが、（1）（3）の面で優位性がある。このため、第二次世界大戦後、国際通貨システムはドルを基軸通貨とし、金との交換性（1オンス＝35ドル）を保証された金＝ドル本位制として運営されてきた。

しかし、この制度は、数度にわたるドル危機のために維持不可能となり、米大統領ニクソンは1971年8月15日、金とドルの交換性を停止した。以来、主要各国は変動相場制を採用し今日に至っている。ドルは金との交換性という保障は失ったものの、国際基軸通貨の位置を保っている。とはいえ、ドルをはじめとする各国の野放しの貨幣増発によるインフレーションの懸念は根強く、金本位制復帰を望む声も多い。

図5-17は、世界の金需給の推移をみたものである。1980年代まで1200トン台であった新産金量は、2011年では2818トンと倍以上になった。スクラップの回収などを含めると金供給量は4486トンである。一方、宝飾品需要が1973トンと4割以上を占め、工業用需要の786トンと合わせると2759トンで、全体の6割強を占める。最近の特徴は、投資家の純購入が1271トンと08年までの300～400トンから3～4倍に増えていることだ。

また、**図5-18**は主要国の金準備高の推移をみたものである。最大の金保有国は米国の8133トンであるが、中国は2010年に金準備を620トンから1054トンに拡大した。国家外為管理機関によると、近く1万トンまで増大する計画がある。インドも同様に357トンから558トンに金準備を増やしている。ドルの信認が低下する中で、ドル準備から金準備へといった流れが静かに進行しているのだ。

金相場の指標としての原油相場

ニューヨーク金相場（期近）は、今世紀に入って本

図5-18 **主要国の金準備高の推移**

年	1965	1970	1980	1990	2000	2005	2010	2011	00-90	05-00	11-05
米国	12,450	9,807	8,220	8,147	8,136	8,134	8,133	8,133	-11	-2	-1
カナダ	1,022	702	650	459	37	3	3	3	-422	-34	0
フランス	4,182	3,138	2,545	2,545	3,024	2,921	2,435	2,435	479	-103	-486
ドイツ	3,919	3,536	2,960	2,960	3,468	3,433	3,406	3,406	508	-35	-27
英国	1,992	1,198	586	589	487	311	310	310	-102	-176	-1
イタリア	2,136	2,565	2,074	2,074	2,452	2,452	2,452	2,452	378	0	0
オランダ	1,560	1,588	1,367	1,367	911	718	718	718	-456	-193	0
ベルギー	1,384	1,307	1,063	940	258	235	235	235	-682	-23	0
スイス	2,702	2,426	2,590	2,590	2,422	1,419	1,039	1,039	-168	-1,003	-380
オーストリア	622	634	657	634	377	313	281	281	-257	-64	-32
ポルトガル	511	801	689	492	607	432	432	432	115	-175	0
南ア共和国	377	592	377	127	183	128	128	128	56	-55	0
ブラジル	56	40	58	142	58	14	14	14	-84	-44	0
オーストラリア	220	212	246	246	79	83	83	83	-167	4	0
サウジアラビア	65	106	142	143	143	143	143	143	0	0	0
インド	250	216	267	292	357	357	558	558	65	0	201
中国	na	na	395	395	395	620	1,054	1,054	0	225	434
日本	291	473	754	754	764	765	765	765	10	1	0

［出所］IMF-IFS(2011.4) より作成。　　（単位：トン）
（注）100万トロイオンス=31.1トンにて換算。

格的な上昇トレンドを辿っている。２００１年４月の１オンス（31・1g）＝２５５ドルを底に、上昇に向かい、05年末には節目の５００ドルを突破。07年末には８００ドルを突破し、１９８０年来の史上最高値に並んだ。上昇の勢いは止まらず、08年３月には１０１４ドルと史上初の１０００ドル台に乗せた。その後はファンド筋の利食い売りにより08年１０月には７００ドル前後まで急落した。

リーマンショックという未曽有の金融危機の中で金が暴落したことで、安全資産の逃避先としての金にも陰りが生じたとの見方も出た。しかし、これは当時の株価や債券価格の急落に対して、金にも現金確保のための換金売りが生じたものである。事実、世界的な金融不安が残る中で、金は09年になると再び買われ始め、09年10月には改めて１０００ドルを突破した。以来、金は１度も１０００ドルを割ることがない。金１０００ドル時代の到来である。

２０１０年以降も、欧州ソブリンリスク（国家の信用リスク）や中東情勢の緊迫化などを背景に、安全資産としての金の魅力が高まり、11年9月には1911ドルの史上最高値を付け、2000ドルに迫った（図5-19）。ただ、2012年後半には金は、ユーロに対するドル高の進行や原油価格の下落を受けて1500ドル台半ばまで急落するなど、1500〜1700ドル台でのもみ合いとなっている。

ところで、筆者は今後の金価格の行方を占う上で、原油価格の動向に注視している。原油価格の上昇は、リスクヘッジ、インフレヘッジの両面から金価格の押し上げ要因となる。ちなみに、金価格を原油価格で割った「比価」は、90年代前半は概ね20倍ゾーンで推移していた。90年台後半〜02年は、原油が20ドル弱で推移する一方、金が暴落したことで同比価は10倍前後まで低下した。2003〜08年にかけては、金の上昇（320→1014ドルへ3倍弱）以上に原油が急騰（25→147ドルへ6倍弱）したことで、同比価は10倍ゾーンに低下した。

これに対し、09年以降は金相場上昇で同比価は上昇し、12年以降は18倍前後で推移。今後は再び20倍ゾーンに復帰する動きにある（図5-20）。

12年の原油価格は後半にかけて下落基調を辿った。これは、米国で進むシェール革命に加えて、

（1）長期化する欧州債務問題
（2）米国での「財政の崖」問題
（3）中国の景気減速

などから、世界経済が減速し石油需給が緩和するとの見方が広がったためだ。ちなみに、IEA（国際エネルギー機関）は12月のレポートで、12年の世界石油需要を日量8966万バレルと予測。年初の同9010万バレルから下方修正している。

しかし、2013年については、（2）の米国での「財政の崖」問題がクリアされたのをはじめ、（1）（3）についても明るさが見え始めた。IEAの世界石油需要も13年は同9052万バレルに回復する見通しだ。これらの環境変化を受けて、13年初めの原油は再び90ドル台に乗せてきた。原油が90ドルレベルを維持するようであれば、金も1800ドル台に戻る可能性が高い。

図5-19 ニューヨーク金相場とWTI原油価格の比較

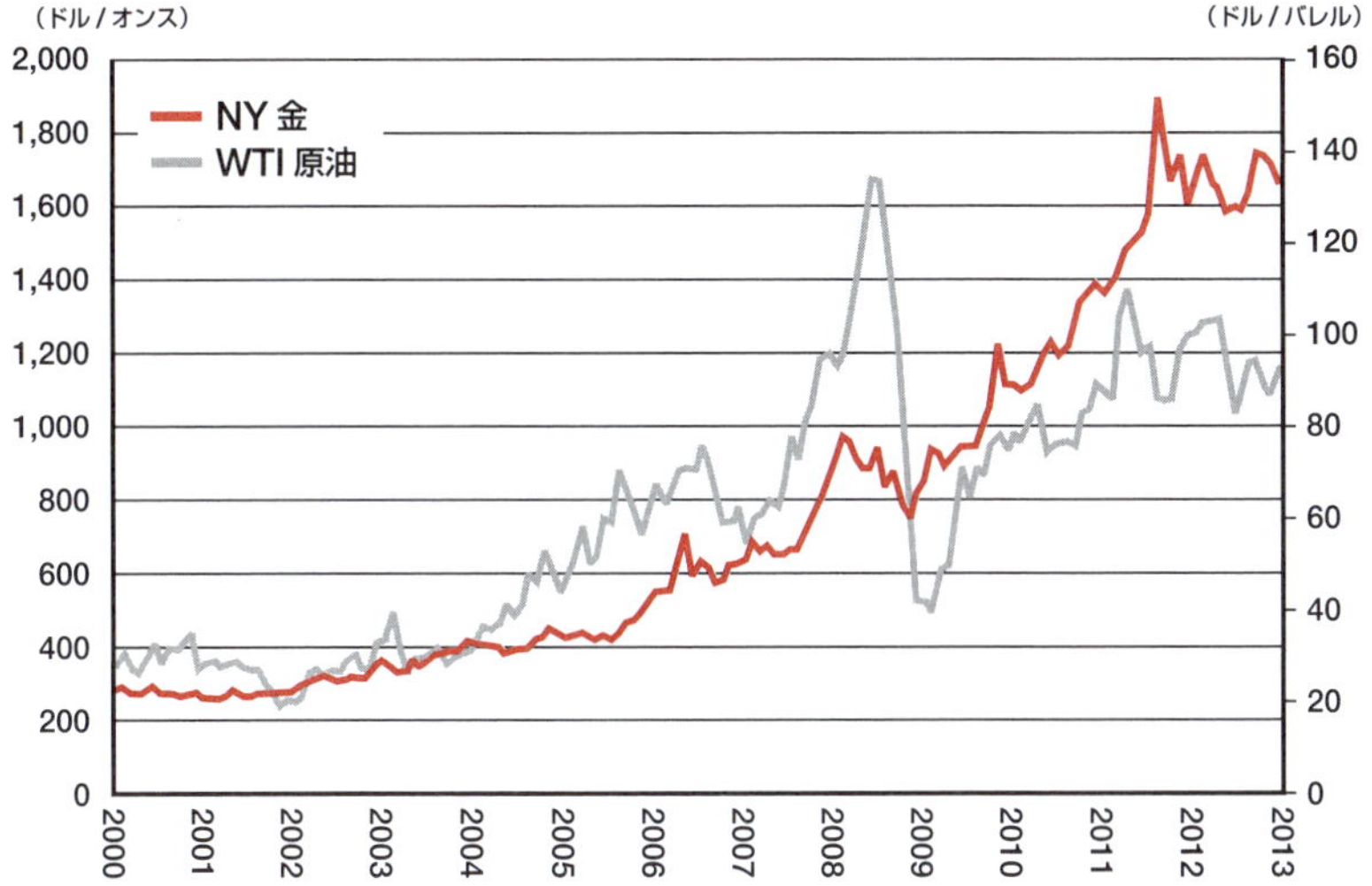

［出所］ニューヨーク・マーカンタイル取引所(NYMEX)より筆者作成

図5-20 金/原油の比価

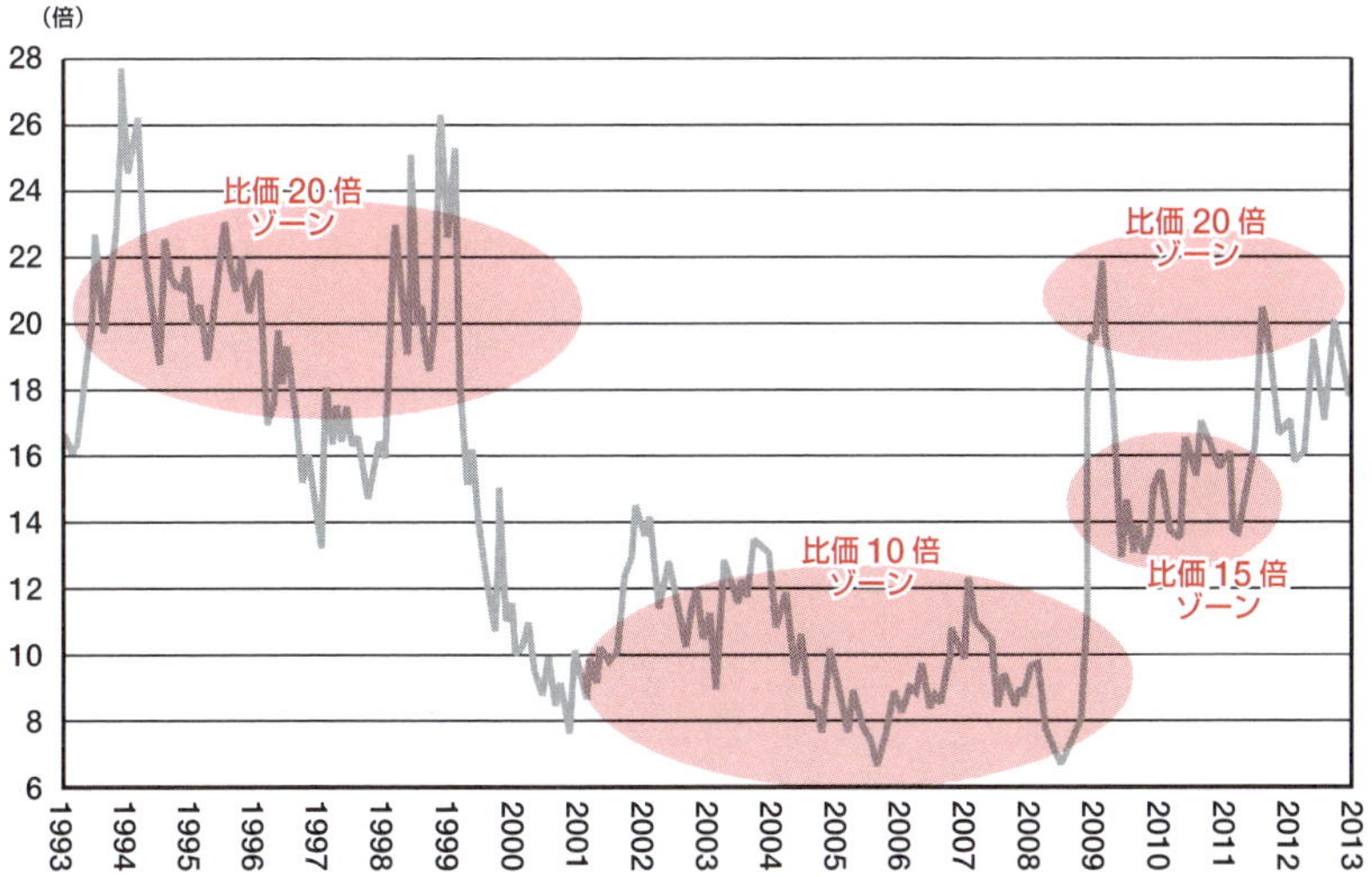

［出所］ニューヨーク・マーカンタイル取引所(NYMEX)より筆者作成

図5-21 インフレ＆リスクヘッジ商品として注目される金

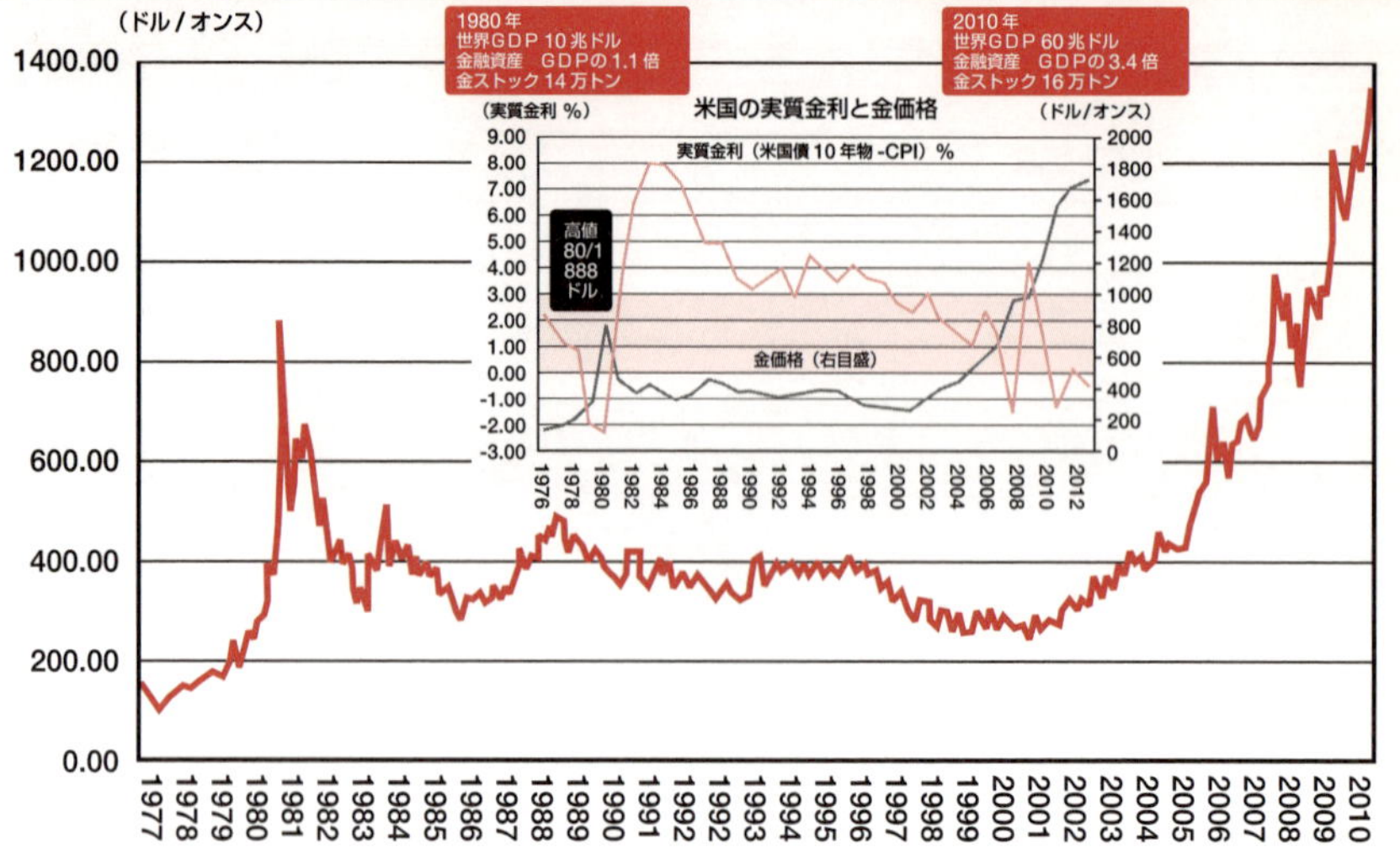

（ドル／オンス）
1980年
世界GDP 10兆ドル
金融資産 GDPの1.1倍
金ストック14万トン
2010年
世界GDP 60兆ドル
金融資産 GDPの3.4倍
金ストック16万トン
米国の実質金利と金価格
（実質金利 %）
（ドル/オンス）
実質金利（米国債10年物 -CPI）%
高値 80/1 888 ドル
金価格（右目盛）

［出所］ニューヨーク・マーカンタイル取引所(NYMEX)

長期的に見た金価格のレベルをどう見るか。そもそも筆者は、金は２０１３年１月現在の１６００ドル台の水準では安過ぎると見ている。

図5-21は、長期的な金価格の動向と、１９８０年および10年の世界環境の変化を比較したものである。１９８０年１月に当時の史上最高値の８８８ドルを付けた金価格は、その後長期下落トレンドを辿り、ようやく８００ドル台に復帰したのが28年後の08年だ。さらに１０００ドル時代を迎えたのが２０１０年である。

この間の金を取り巻く環境を比べると、１９８０年の世界のＧＤＰ（国内総生産）は約10兆ドルに対し２０１０年は約60兆ドルと6倍になっている。また、世界銀行によると、世界の金融資産も、80年ではＧＤＰの１・１倍だったものが、10年には３・４倍に拡大している。前者の6倍と、後者の３・４倍を乗じると20倍。つまり、ドルのストックは、ざっと20倍に膨れ上がっている。ところが、金の地上在庫は80年の14万トンに対し、10年16万トンに止まっている。インフレとリスクヘッジ商品として、金はもっと高評価されていい。

エピローグ　確実に迫り来る「資源危機時代」を乗り越えるには？

ここ数年の資源価格の高騰の背景には、中国やインドなどの人口大国が工業化による持続的かつ本格的な経済成長軌道に乗ってきたことで、「資源の枯渇」と「地球温暖化」という、誰にも止められない「2つの危機」が加速していることがある。この延長線上を辿れば、ポイント・オブ・ノーリターン（後戻りのできない時点）である地球の「臨界点」を迎えてしまう。均衡点が変わるような原油価格の高騰は、早くこの2つの危機に対処せよとのシグナルとも言える。

もっぱら化石燃料である地下系の資源に依って立って成長する20世紀型の成長モデルに限界が生じているのである。この意味では、リーマン・ショック後、世界経済が直面しているより本質的な課題は、この「2つの危機」に対して産業構造の転換を果たせるかどうかにあると言えよう。この点、オバマ米大統領が提唱するグリーンニューディール政策、すなわち太陽光発電、太陽熱発電、二次電池、燃料電池、スマートグリッド、ハイブリッドカー、電気自動車など再生可能エネルギーの開発ブームは、「太陽系エネルギーに依存した21世紀型の成長」という低炭素社会の構築への移行期に入ったという認識に立ったものといえる。

我々が転換すべきは、「地下系資源に依って立った20世紀型の産業構造」から「太陽系エネルギーに依って立つ21世紀型産業構造」へのシフトである。

しかし、地下系資源から太陽系エネルギーへの移行は、自然体で訪れるものではなく、我々が意識してつくり上げなければならない。しかもかなり強引に進めていかない限り、移行期間は今後50～60年を要してしまうだろう。そのような悠長な時間の余裕は我々には残されていない。２０３０年前後に地球は、人為的制御の及ばない「臨界点」を迎えてしまう可能性が高いためだ。

例えば、原油は楽観的な見方に立っても30年には、「液体で濃縮された生産コストの安い」原油は、埋蔵量の半分を掘り尽くされ生産のピーク、すなわちオイルピークを迎える。地球の平均気温が2度上昇してしまうのも早ければ２０３２年～40年との見方がある。世界人口が地球の養える人口80億人を超えるのは25年だ。一見バラバラに進んでいる現象が２０３０年前後に繋がって、ついに臨界点に達してしまう。

我々は「地下系資源」から「太陽系エネルギー」への移行を急がなければならない。高い資源価格はそのための移行コストであり、臨界点を超えないための保険料といえるだろう。制度的に移行を加速させようとすれば、「排出権の取引」や「炭素税」「環境税」の導入も有効である。

世間には「排出権取引」について「自然や環境を商売のネタにするのはけしからん」という意見もある。しかし「排出権取引」はあくまでも移行をスムーズにするための手段であるのだ。人々の自覚を待つのであれば、小学生の頃から環境問題についての教育も欠かせない。

さらに、「つなぎ」への対応も重要である。これは、将来的に太陽系エネルギーに依って立つ21世紀型成長に向かうとしても、その間の「つなぎ」をどうするかという問題でもある。「つなぎ」といっても5年や10年の話ではない。目指す太陽系エネルギーに立脚した低炭素社会は早急には訪れないからだ。

自動車を例に取ろう。JPモルガン証券によると、世界のハイブリッド車の販売台数はガソリン価格の上昇や環境規制強化により、08年の48万台から20年には1128万台へと23倍に拡大する見通しだ。しかし、世界の自動車保有台数は07年時点ですでに9億4580万台（国土交通省調べ）を数える。一般に、自動車の耐用年数は15～20年といわれる。ガソリン車を早めに切り替えるとしても、ハイブリッド車や電気自動車など次世代自動車が普及していくにはかなりの年月を要する。社会経済のシステムを入れ替えていくことは、かように大変なのである。

この間、地下系資源の省エネ・省資源・環境対応などの政策がこれまで以上に重要である。自動車であれば引き続き燃費効率の良い車の開発やバイオ燃料、GTL（ガス・トゥ・リキッド）、CTL（コール・トゥ・リキッド）などのガソリン代替燃料を適材・適所・適時に組み合わせていくことであろう。

《主な参考資料・文献》

柴田明夫『資源インフレ』日本経済新聞出版社　２００６年
柴田明夫『食糧争奪』日本経済新聞出版社　２００７年
柴田明夫『水戦争』角川ＳＳＣ新書　２００８年
柴田明夫・丸紅経済研究所『資源を読む』日経文庫　２００９年
柴田明夫『資源争奪戦』かんき出版　２０１０年
西山孝『資源経済学のすすめ』中公新書　１９９３年
千葉泰雄『国際商品協定と一次産品問題』有信堂　１９８７年
小幡積『すべての経済はバブルに通じる』岩波新書　２００８年
岩井克人『ヴェニスの商人の資本論』『二十一世紀の資本主義論』ちくま学芸文庫　２００６年
谷口誠『東アジア共同体』岩波新書　２００５年
小原雅博『東アジア共同体』日本経済新聞社　２００５年
原洋之介『東アジア経済戦略』ＮＴＴ出版　２００５年
岩間剛一編『オイル・リポート』２０１２年各週刊号
（財）農政調査委員会『平成19年度　食糧安全保障に係る情勢分析に関する報告書』２００９年
ＩＥＡ“Oil　Market　Report”　２０１２年
エネルギー・資源学会編「エネルギー・資源ハンドブック」オーム社　１９９７年
矢野恒太記念館「世界国勢図絵」２０１１／12年版

東谷暁『間違いだらけのTPP』朝日新書　2011年
農林水産省『世界の水資源と食料生産への影響』　2006年7月
伊原賢『シェールガス争奪戦』日刊工業新聞社　2012年
小泉達治『バイオエネルギー大国ブラジルの挑戦』日本経済新聞出版社　2012年
川崎健『イワシと気候変動』岩波新書　2009年
渡邊泉『重金属のはなし』中公新書　2012年

ミンメタルズ　80,224
モノカルチャー経済　82
リーマン・ショック
19,32,37,43,48,52,66,113,235
リオティント　80,224
レアアース（希土類）
24,78,215,223,225
レアメタル　29,59,62,66,79,196,
215～221,222～224,225～227
レーショニング　150

【タ行】

タールサンド（油砂） 62
第12次5カ年規画（12・5規画） 66,68,205,208
第4次中東戦争 36,103
大豆 39,52,65,133,148,159,170,187,189
太陽系エネルギー 24,62,117,235
太陽光発電 63,69,118,235
太陽熱発電 63,235
単収 135,148
地域統合 87～92,93～96
地下系資源 63,235
地下水 122,128,130,137
地球温暖化（グローバル・ウォーミング） 18,38,40,45,58,63,95,101,105,111,117,135,212,235
地熱発電 63,69,118
チャイナ・セブン 77
チャイナルコ 80
中国 18,30,37,39,47,56,62,84,68～70,71～74,75～77,78～80,81,94,99,105,106,113,119,123,133,140,150,159,167,173,180,187,189,198,200～205,206,211,216,222,225～227,230,235
中国共産党 68,75
中国全国人民代表会議（全人代） 66,68
中進国の罠 38
超純水 127,139
ディスインフレ 60
鉄鋼消費量 39,199
鉄鉱石 18,31,55,60,66,74,79,200～205,224,227
天然ガス 27,58,69,78,98～105,130,159
天然ゴム 39,55,60,66,83,86
銅 27,32,59,65,78,82,197,206～209,210,216,223,227
投機マネー 19,42,50,52,56,62,135,148,172,186
銅地金 32,42,55,206
銅マーケット 32
トウモロコシ 38,134,148～154,155～157,159,167～172,189
「都市鉱山」 224

【ナ～ハ行】

ニクソンショック 49
二次電池 23,63,119,223,235
日本企業 63,73,139～147,222
バイオ燃料(バイオマスエネルギー) 62,135,155,158,237
白金 83,196,215,222
パワーシフト 20,37,55,61,87
東アジア共同体 94
比強度 210
非鉄金属 79,196
風力発電 118
ブラジル 20,37,41,66,83,115,133,150,158～166,168,174,177,191
プルトニウム 115
プレビッシュ報告 85
ベースメタル（卑金属） 196,206～209,210～214,216
ヘッジファンド 50,51
ペティ＝クラークの法則 34

【マ～ラ行】

水市場 129
水ビジネス 127,139～147
水不足 63,122～132,135,140
密植 129,137,154

均衡点価格　19,60,100,134,148,198
グリーン・ニューディール政策　113,235
軽金属　197
限界生産コスト　32,59,63
原子力発電　69,112,117
原油　19,27,36,44,51,55,60,65,74,78,82,98～105,106～111,113,156,198,227,230,235
原油価格　22,36,44,52,55,60,86,98,107,113,156,160,184,232,235
原料炭　56,80,200
交易条件　84
鉱物系資源　26
コーヒー　60,83,174,176～179
コーヒー危機　176,178
国際河川　125,127
国際コーヒー機関　179
国際商品協定　84
穀物価格　38,86,134,148,185
穀物生産量　134,149,189
国家エネルギー局（中国）　79
コデルコ　33,80
小麦　38,134,149,159,165,167,186,189
コメ　35,154,172,186,189,226
コモディティ市場　42,51～54,55
コモンズ　122,127,132

【サ行】

再生可能エネルギー　101,112,117～120,161,235
「財政の崖」問題　30,106,232
先物市場　46,174
砂糖　30,60,83,158,173～175
砂漠化　129,137
シェールガス／シェールオイル　22,30,59,62,98,106,122,130,232
資源ナショナリズム／新・資源ナショナリズム　23,78,83,87,217,222,225
資源埋蔵量　27,78
資源メジャー　74,80,224
実体経済　46
シノグレイン（中国食糧備蓄管理総公司）　79
重金属　197
重要金属　29
取水　125,192
需要強度　39～41,199
食料安全保障（フードセキュリティー）　185,189
食料自給率　170,185
食糧需要　150,171
飼料　150,155,168,189
深海油田　22,62
人民元　71
水銀　86,197,228
水産資源　180～184
水力発電　69,118
生物系資源　27
世界金融恐慌　44
世界経済成長率　35
石炭　18,26,31,56,61,66,69,74,78,99,116,118,159,200
石油　24,26,36,39,45,59,60,66,69,78,98～105,106～111,113,118,159,225,232
戦略的鉱床　80,222
粗鋼生産　35,39,56,198,200
ソブリンリスク　21,231

主要用語索引

【アルファベット】
APEC（アジア太平洋経済協力会議） 91,94
ASEAN（東南アジア諸国連合） 93～96,171
BHP ビリトン 80,224
BRICs 20,31,37,45,62,199
ECSC（欧州石炭鉄鋼共同体） 88
EU 87～92,161,174,177,187
FAO（国連食糧農業機関） 150,185
FRB 30
FTA（自由貿易協定） 87,91,94,96
GATT（貿易と関税の一般協定） 85,89
IAEA（国際原子力機関） 109,114
IEA（国際エネルギー機関） 99,106,232
IMF（国際通貨基金） 60,94
LME（ロンドン金属取引所）32,206
LNG（液化天然ガス） 82,100,104,143
NAFTA（北米自由貿易協定） 92
OPEC（石油輸出国機構） 86,99,102,110
TPP（環太平洋経済連携協定） 87,90,189
UNCTAD（国連貿易開発会議） 85
USDA（米農務省） 148,152,170
WTI（ウェスト・テキサス・インターメディエート） 52,103,106,233
WTO（国際貿易機関） 65,73,89,91,94,170,202

【ア行】
亜鉛 29,78,197,206,217
アジア通貨危機 65,93,96
アルミ新地金 39,211
アルミニウム 29,78,197,210,227
アルミニウム合金 211
アングロアメリカン 80,224
一次産品価格 42,60,84,86
一次産品協定 86
一般炭 55,57,203
ヴァーレ 80
ウラン 78,80,108,112,118,227
エクストラータ 80,224
エタノール／バイオエタノール 150,155～157,158～166,174,193
エロージョン（土壌浸食） 129,137
オイルショック（石油危機） 36,86,98,102,109,139,162
オイルピーク説 98
オルタナティブ投資 52

【カ行】
カーボンニュートラル 120,161
海水淡水化 127,139
価格弾力性 42
可採年数 27,105
化石燃料 24,56,63,100,116,118
価値の差異性 48
火力発電 99,102,116
環境問題 18,40,45,66,126,137,166,236
貴金属 50,196,228
金 29,30,42,49,52,74,75,83,88,196,209,224,227,228
銀 197,228

【著者紹介】

柴田 明夫（しばた・あきお）

株式会社 資源・食糧問題研究所 代表。1976年東京大学農学部卒業後、丸紅に入社。鉄鋼第一本部、調査部を経て2000年に業務部 経済研究所 産業調査チーム長。01年に丸紅経済研究所主席研究員。03年副所長、06年所長、2010年4月より代表。
2011年10月より株式会社 資源・食糧問題研究所 代表に就任（現職）。
農林水産省「食料·農業·農村政策審議会」食品産業部会、農業農村振興整備部会、「国際食料問題研究会」、「資源経済委員会」、農水省農業政策研究所機関評価委員会、国土交通省「国際バルク戦略港湾検討委員会」等の委員を務める。また、（社）エネルギー・資源学会、（社）フードシステム学会に参画し、法政大学大学院国際政治学専攻非常勤講師、日本大学経済学部非常勤講師、下野新聞社客員論説委員も務める。
主な著書に、『資源インフレ』、『食料争奪』、『食糧危機にどう備えるか』（以上、日本経済新聞出版社）、『水戦争』、『飢餓国家ニッポン』、『コメ国富論』、『食糧危機が日本を襲う！』（以上、角川SSコミュニケーションズ）、『生きるためにいちばん大切な「食」の話』（講談社）、『日本は世界一の「水資源・水技術」大国』（講談社＋新書）、『資源争奪戦』（かんき出版）、『原油100ドル時代の成長戦略』（朝日新聞出版）、『水で世界を制する日本』（ＰＨＰ出版）。

今、資源に迫っている危機

〈資源に何が起きているか?〉
2011年４月５日　初　版　第１刷発行
〈今、資源に迫っている危機〉
2013年４月１日　初　版　第１刷発行

著　　者　柴　田　明　夫
発 行 者　斎　藤　博　明
発 行 所　TAC株式会社　出版事業部
（TAC出版）
〒101-8383 東京都千代田区三崎町3-2-18
西村ビル
電 話　03(5276)9492(営業)
FAX　03(5276)9674
http://www.tac-school.co.jp

組　　版　株式会社　光　邦
印　　刷　株式会社　光　邦
製　　本　東京美術紙工協業組合

ISBN 978-4-8132-5199-6

落丁・乱丁本はお取り替えいたします。

本書は、「著作権法」によって、著作権等の権利が保護されている著作物です。本書の全部または一部につき、無断で転載、複写されると、著作権等の権利侵害となります。上記のような使い方をされる場合には、あらかじめ小社宛許諾を求めてください。

視覚障害その他の理由で活字のままでこの本を利用できない人のために、営利を目的とする場合を除き「録音図書」「点字図書」「拡大写本」等の製作をすることを認めます。その際は著作権者、または、出版社までご連絡ください。

幸せの順番

あなたがうまくいっていないのは、なぜでしょう。“人生においてやるべきものごとには、順番がある”と気づいた瞬間、仕事もプライベートもうまくいくようになります! 著者が、苦難の前半生を経て見出した「人生のステップアップ法」とは?

鳥飼 重和・著
定価1,260円(税込)

月商倍々の行政書士事務所 8つの成功法則

厳しい行政書士の業界で横並びのやり方をしてはジリ貧に…。 資金・人脈・経験がなくてもどんどん稼げる、開業と経営の“非常識”な成功法を教えます!

伊藤 健太・著
定価1,470円(税込)

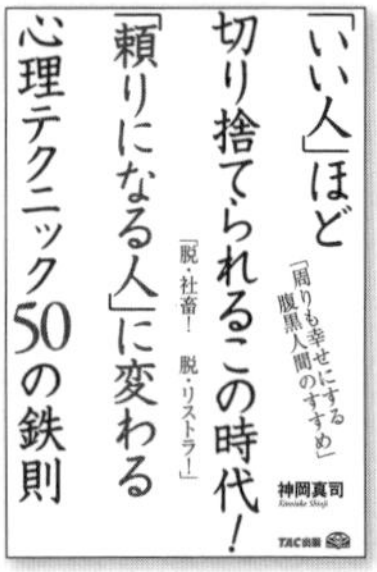

「いい人」ほど切り捨てられるこの時代! 「頼りになる人」に変わる心理テクニック50の鉄則

ちょっとした心がけで、「いい人」から「頼りになる人」へ! 自分の心をコントロールしてたくましい心を持ち、他人の心を巧みに操って思い通りに動かせるようになるための心理コントロール術を紹介します。

神岡 真司・著
定価1,260円(税込)

好評発売中

クレーム・パワハラ・理不尽な要求を必ず黙らせる切り返し話術55の鉄則
神岡真司・著/定価1,260円(税込)

「上質な基本」を身につける! ビジネスマナーの教科書
美月あきこ with CA-STYLE・著/定価1,050円(税込)

コトラーのマーケティング理論が2.5時間でわかる本
岡林秀明・著/定価1,260円(税込)